ESG와 세상을 읽는
시스템 법칙

ESG와 세상을 읽는 시스템 법칙

초판 1쇄 발행 2022년 7월 5일
       2쇄 발행 2023년 5월 25일

지은이 도넬라 H.메도즈
펴낸이 오세인 | 펴낸곳 세종서적(주)

주간 정소연 | 편집 김재열
표지 디자인 섬세한곰 | 본문 디자인 김미령
마케팅 임종호 | 경영지원 홍성우
인쇄 천광인쇄 | 종이 화인페이퍼

출판등록   1992년 3월 4일 제4-172호
주소   서울시 광진구 천호대로132길 15, 세종 SMS 빌딩 3층
전화   경영지원 (02)778-4179, 마케팅 (02) 775-7011
팩스   (02)319-9014
홈페이지   www.sejongbooks.co.kr
네이버포스트 post.naver.com/sejongbooks
페이스북   www.facebook.com/sejongbooks
원고모집   sejong.edit@gmail.com

ISBN 978-89-8407-987-8 03320

모 든   것 은   시 스 템 으 로   통 한 다

ESG와 세상을 읽는
시스템 법칙

도넬라 H. 메도즈 지음 | 김희주 옮김

THINKING
IN
SYSTEMS

도넬라 H. 메도즈(1941~2001년)와
그의 가르침을 구하는 모든 이에게

추천사

이론적 차원과 실전적 방법을 동시에 다루는 것은 매우 난해한 일이다. 게다가 그러한 결과물을 독자에게 잘 전달하는 것은 또 다른 차원의 난제이다. 아주 드물게 그러한 일을 해내는 책을 만나는 행운을 누린다. 이 책은 시스템 사고를 통하여 여러가지 다양한 문제들을 해결하고 목표하는 결과를 지속적으로 달성하기 위한 적절한 이해와 방법론을 제시한다.

복잡계는 모든 요소들이 연결되어 있고, 질서와 무질서가 공존하는 상태이다. 그래서 여러가지 요인들의 상호작용을 이해하는 것이 중요하다. 경제는 다수의 구성원들의 상호작용으로 이루어진 복잡계이다. 다수의 경제 행위자의 상호작용이 만들어내는 집단적 성질을 파악해야 하고, 경계가 모호하고 모순적인 특성을 다루어야 한다. 그렇기에 복잡계에 적용되는 시스템은 확률적인 구조와 수정과 보완이라는 지속적인 변화에 대한 대응방식이 내재된 형태를 가진다.

투자는 세상을 움직이는 다양한 측면들을 고려하여, 사건들로 인하여 어떠한 경제적 현상들이 발생할지 파악하고 최적화된 대응을 하는 시스템을 운영하는 것이다. 지금껏 경제활동의 반복적 성격을 바탕으로 설계된 경기순환론이 지나친 단순화의 단점에도 불구하고 주류의 방식으로 사용되어 왔다. 하지만 과학의 지속적인 발전으로 인류의 활동 방식과 범위가 기하급수적으로 증가하고 영역이 넓어지면서 복잡성을 포괄하는 새로운 시스템을 필요로 하고 있다. 책에서 제시하고 있듯이 이해하기 쉬웠던 기존의 선형적 관계를 넘어서 원인과 결과의 비선형적 관계를 해석하는 것이 장기적인 투자 성과에 결정적인 요인이 된 것이다.

완벽하게 작동하는 시스템이란 존재하지 않는다. 부분도 제대로 이해하지 못하는 인간이 전체를 우리의 좁은 이해를 바탕으로 정의하고 세상을 바라보는 우를 범해왔다. 이제 자신의 무지를 인정하고 전체와 부분들 간의 상호 연결을 포함하는 열린 마음이 필요하다. 다양한 학문의 관점을 받아들이고 끊임없이 개선하고 실행하는 시스템 사고의 반복만이 조금 더 나은 성과로 나아가는 길이다. 독자분들이 책장을 넘기며 얻게 될 배움을 떠올리니 마음이 설렌다.

오종태
《복잡계 세상에서의 투자》 저자
타이거자산운용 투자전략 이사

추천사

모든 것을 눈에 보이지 않는 단위로 잘게 잘라 살펴보면 문제의 본질을 꿰뚫을 수 있다는 환원주의는 거센 도전에 직면해 있습니다. 과학의 발전으로 우리가 살고 있는 세계의 본질을 양자 단위로 살펴볼 수 있게 되면서 '부분의 합은 전체가 아니다'는 당연한 명제가 더욱 힘을 받는 것 같습니다.

얼마 전 미국과 오스트리아 학자들은 생체 분자가 양자역학의 대표 특성인 '파동-입자 이중성'을 갖고 있다는 것을 증명해냈습니다. 이는 특정 물질이 입자와 파동 모두의 특성을 가지는 것을 말하는데요. 20세기 초 빛 입자 하나를 이용해 실험실에서 증명된 이후 이보다 큰 분자 단위에서도 이런 특성이 적용된다는 점이 속속 드러나고 있습니다.

쉽게 설명하자면 단백질 입자가 우리 눈으로 관측될 때는 하나의 입자처럼 움직이는데, 관측되지 않을 때는 마치 파도의 그것처럼 파동으로 움직인다는 신기한 현상입니다. 파동일 때의 단백질 입자는 두개의 구멍을 동시에 통과하는 것처럼 관측됩니다.

이 글이 양자역학에 대해 설명하는 목적이 아니기 때문에 이정도로 줄입니다만. 요약하자면 우리는 우리의 몸을 이루는 단백질 입자의 정체가 무엇인지에 대해서조차 속 시원하게 설명할 수 없는 상황에 직면해 있습니다. 거대한 문제를 잘게 쪼개고, 잘게 쪼갠 문제에서 도출된 답을 모으면 전체 문제 해결의 키워드를 찾을 수 있을 거란 생각은 망상에 가깝다는 얘기입니다.

이 책을 쓴 저자 도넬라 H. 메도즈도 비슷한 문제의식을 가진 것으로 보입니다. 수차례에 걸쳐 '제한된 합리성' 개념에 대해 설명하며 우리가 사는 세상이 '선형적 세상'이 아니라 '비선형적 관계'가 지배하는 곳이라고 설명합니다.

축구를 좋아하시는 분이라면 크리스티아누 호날두의 무회전 프리킥을 생각하시면 됩니다. 회전을 극도로 죽여 공을 차면 공의 뒷면에 가해지는 불규칙적인 공기의 소용돌이에 의해 공이 어디로 갈지 예측을 할 수 없게 됩니다. 사이영상을 수상한 전 메이저리그 투수 R. A. 디키 너클볼처럼 우리는 우리가 던진 공이 어디로 갈지 모르는 세상에 살고 있습니다. 아무리 첨단과학이 발전해도 너클볼의 궤적을 오차 없이 측정하기는 불가능합니다. 손을 떠난 야구공은 공기와 바람으로 이뤄진 연속체 세상에 속하며 많은 변수와 상호작용하기 때문입니다.

우리가 사는 세상은 너클볼의 세계에 가깝다고 저자는 생각합니다. 국가를 경영하는 정책결정자나 기업 CEO는 본인들이 정교하게 다듬어진 직구를 던진다고 생각하지만 메도즈는 그들이 너클볼을 던진다고 믿고 있습니다.

사실 우리를 둘러싼 미지의 변수를 감안하면 국가 정책결정자나 CEO가 참고하는 데이터나 분석 자료는 빙산의 일각에 불과하다고 할 것입니다. 주식시장에 널리 쓰이는 랜덤워크 가설은 주가를 움직이는 변수들이 서로 상호작용하며 주가를 예측할 수 없는 영역으로 몰고 간다고 합니다. 코로나19 사태 직후 한국 코스피는 1400선까지 밀렸지만 이내 전 세계가 돈 풀기에 나서며 3000을 훌쩍 넘어 사상최고치를 기록하기도 했습니다. 코로나19라는 돌발변수가 경제에 어떤 경로로 어떤 영향을 미칠지 정확한 데이터로 이를 파악해 정교하게 제구된 공을 던지는 것은 불가능합니다.

그렇다면 저자는 좀 더 직관적인 방식이 해결책이 아닐까 도전적인 질문을 던집니다. 너클볼을 던지는 투수나 무회전 프리킥을 차는 키커 역할을 맡는 사람이 너클볼을 받는 포수나 무회전 프리킥을 막는 골키퍼 역할을 함께 수행해야 한다는 것입니다.

의사결정권자가 슈퍼컴퓨터를 돌려 얻은 고차방정식의 해법이 실은 방정식의 해가 아니라 의사결정을 합리화하는 도구에 불과하다면 '역할 바꾸기'를 통해 '결정하는 입장'에서 '결정을 당하는 입장'으로 공수를 바꾸는 직관적인 방식이 문제 해결 본질에 가까울 수 있다는 접근입니다.

그래서 저자는 "강에 취수관을 설치하는 마을이나 기업이 자신들의 폐수 배출관에서 흘러나오는 물을 직접 끌어다 쓰도록 하면 어떨까" 혹은 "원자력 발전소 투자를 결정한 관공서, 공무원, 민간인에게 원자력 발전소 폐기물을 자기 집 마당에 쌓으라고 하면 어떨까"라는 질문을 통해 너클볼을 던지는 것에 대한 '책임있는 자세'를 요구하고 있습니다. 그리고 이 같은 방식은 책상에 앉아 계산기를 두드리는 사람과 그 계산에 의해 삶이 송두리째 바뀌는 사람 간의 간극을 확 줄일 수 있습니다. 이는 최근 유행하는 ESG 개념과도 비슷한데 ESG는 재무적 관점에서 애써 무시했던 '환경·사회·지배구조' 등 비재무적 분야를 억지로라도 재무적 분야에 섞어서 통합적으로 의사결정을 내리게 하는 역할을 하기 때문입니다.

이 책의 한국어판 번역본 제목은 'ESG와 세상을 읽는 시스템 법칙'입니다.

하지만 한국어판 제목에 들어간 'ESG'란 단어는 책의 마케팅을 위해 출판사가 의도적으로 집어넣은 것으로 보입니다. 그도 그럴 것이 이 책은 2001년 작고한 저자의 생전 초고를 모아 엮은 것인데 그마저도 1993년 기록한 원고를 주된 재료로 삼고 있기 때문입니다.

당시는 ESG란 단어가 각광받기 훨씬 전이며 ESG를 이루는 개별 철학은 '환경 보호 운동'이나 '사회 변혁 운동', '경제민주화' 등 지금 쓰이는 ESG 개념과 내용 일부를 공유하는 파편화된 내용으로 존재하고 있었을 뿐이었습니다.

하지만 그렇기에 역설적으로 이 책은 추상적일 수 있는 ESG 개념을 현실에 잘 녹인 효시 개념의 책이라 할 수 있을 것입니다. 환원주의적 움직임을 경계하고 전체 시스템 안에서 ESG의 각 개념이 어떻게 포괄적이고 종합적으로 돌아가야 하는지를 저자의 상세한 예문과 해박한 지식으로 충만하게 설명하고 있기 때문입니다. 아마도 저자가 지금 생존해 있다면 한국어 번역판에 'ESG'라는 단어가 포함된 것에 대해 '출판사의 탁월한 결정'이었다고 흐뭇해 했으리라 생각합니다. ESG의 필요성과 개념에 대해 알고 싶은 독자라면 꼭 한번 일독해 볼 것을 권합니다.

홍장원
《ESG 투자의 정석》 저자

Contents

PART 1

시스템의 구조와 행동

PART 2

우리 인간과 시스템

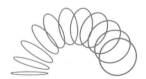

저자의 글

이 책은 본래 MIT대학 시스템 다이내믹스* 그룹 소속이거나 그 영향을 받아 30여 년간 시스템 모델링과 시스템 교육을 담당한 창의적인 인재 수십 명의 지혜가 모인 결과물이다.

시스템 다이내믹스 그룹을 세운 제이 포레스터 Jay Forrester에게 크나큰 지혜를 배우고, 에드 로버츠 Ed Roberts, 잭 퓨 Jack Pugh, 데니스 메도즈 Dennis Meadows, 하르트무트 보셀 Hartmut Bossel, 배리 리치몬드 Barry Richmond, 피터 셍게 Peter Senge, 존 스터먼 John Sterman, 피터 앨런 Peter Allen 등 여러 스승에게서 (그리고 내가 지도한 학생들에게서) 특별한 깨달음을 얻었다.

---

* 시간의 경과에 따라 사회 시스템과 같은 복잡한 시스템의 변화를 해석하기 위한 하나의 방법론. MIT대학은 이 분야에서 독보적인 성과를 내며 경영 이론을 발전시켜왔다-옮긴이

이 책은 커다란 학문 공동체의 지식과 언어, 견해, 사례, 인용문, 저작물을 증류한 결과물이다. 공동체의 구성원 모두에게 존경과 감사의 마음을 담아 인사를 전한다.

다양한 분야에서 활동하는 사상가들의 지혜도 모았다. 내가 알기로 이 사람들은 컴퓨터를 이용해 시스템을 시뮬레이션한 적이 없지만 타고난 시스템 사고자들이다. 그레고리 베이트슨(인류학자)Gregory Bateson과 케네스 볼딩(경제학자)Kenneth Boulding, 허먼 데일리(생태학자)Herman Daly, 알베르트 아인슈타인(물리학자)Albert Einstein, 개릿 하딘(생물학자)Garrett Hardin, 바츨라프 하벨(정치인)Vaclav Havel, 루이스 멈포드(철학자)Lewis Mumford, 군나르 뮈르달(경제학자)Gunnar Myrdal, 에른스트 슈마허(경제학자)E.F. Schumacher, 여러 기업체 임원들을 비롯해 아메리카 원주민부터 중동의 수피교도에 이르는 고대의 수많은 이름 없는 사상가들의 지혜가 이 책에 담겼다. 시스템과 별 연관이 없는 인물들로 보이겠지만, 시스템 사고는 학문 분야와 문화를 초월하고 제대로만 되면 역사도 초월한다.

초월이라는 말이 나왔기 때문에 파벌주의를 인정하지 않을 수 없다. 시스템 분석가는 전체를 아우르는 개념들을 사용하지만, 이들도 결국 인간이다. 그래서 시스템 사고도 여러 학파로 나뉠 수밖에 없다. 이 책에 사용한 언어와 상징은 내가 공부한 시스템 다이내믹스 학파에서 배운 것이다. 또한 이 책의 내용도 시스템 이론의 핵심을 담았지만 최첨단 이론은 아니다. 게다가 나는 실질적인 문제 해결에 도움이 될 이론만 분석하고 싶었기에 대단히 추상적인 이론들은 이 책에서 다루지 않왔다. 지극히 추상적인 시스템 이론이 실제 문제 해결에 도움을 준다고 판단되면 그때 그 이론을 분석한 책을 다시 발표할 것이다. 언젠가 그런 날이 올 것으로 믿는다.

모든 책이 그렇듯 이 책도 당연히 편향되고 불완전하다는 점을 염두에 두기 바란다. 여러분이 시스템 사고를 관심 있게 탐구할수록 이 책에 담긴 내용보다 훨씬 더 많은 것을 발견하게 될 것이다. 내가 이 책을 쓴 목적 중 하나가 여러분의 관심을 불러일으키는 것이다. 더 중요한 목적이 있다. 시스템 사고를 제대로 훈련하는 과정이 이 책 한 권을 읽는 것으로 끝날지라도 결국은 여러분이 복잡 시스템을 이해하고 다룰 수 있는 기본 능력을 갖추는 데 이 책이 큰 도움이 되길 바란다.

도넬라 H. 메도즈, 1993년

편집자의 글

도넬라 H. 메도즈가 지금 여러분이 손에 들고 있는 이 책의 초고를 완성한 때는 1993년이다. 당시 메도즈의 원고는 책으로 출간되지 않고 수년간 비공식적으로 유포되었다. 그리고 메도즈는 책이 완성되기 전인 2001년 급작스럽게 세상을 떠났다. 메도즈가 세상을 뜨고 몇 년이 지난 뒤에도 그의 글은 여전히 각계각층의 독자에게 유익한 내용을 담고 있다는 사실이 분명해졌다. 과학자 겸 저술가인 메도즈는 시스템 모델링 분야의 지식을 가장 뛰어나게 전달한 인물 중 하나였다.

1972년 메도즈는 세계적인 베스트셀러 《성장의 한계》를 주 저자로 참여해 발표했다. 이 책에서 메도즈와 동료 저자들이 경고한 내용은 지속 불가능한 패턴이 수정되지 않고 계속 이어질 때 전 세계에 발생할 피해를 가장 정확하게 예견한 것이었다. 인구와 소비가 계속 늘어나면 생명체를 지탱하는 지구 생태계와 사회시스템에 심각한 피해를 줄 수 있으며 경제 성장만 끝없이 밀어붙이면 결국 수많은 지방과 지역, 세계의 시스템이 무너질 수 있다고 경고한 《성장의 한계》는 출간 당시 세계적인 화제를 불러일으켰다. 원유 생산량이 정점에 도달하고 기후변화의 영향이 현실로 나타나고 전 세계 66억 명이 물질적 성장에 따른 파괴적인 결과에 신음하는 지금 《성장의 한계》에서 이미 경고한 내용과 이후 확인된 최신 정보들이 다시 한 번 신문의 1면을 장식하고 있다.

한마디로 우리의 진로를 바로잡으려면 세상과 세상의 시스템들을 바라보는 관점을 대대적으로 수정해야 한다는 생각이 자리잡게 된 것이다. 이는 메도즈 덕분이다. 오늘날 환경과 정치, 사회, 경제와 관련해 세계가 직면한 많은 문제를 해결하는 데 중요한 도구가 시스템 사고라는 것은 이제는 널리 알려진 사실이다. 크건 작건 모든 시스템은 비슷하게 작동하고, 그 작동 방식을 이해해야 지속적인 변화를 기대할 수 있을 것이다. 도넬라 메도즈가 이런 생각을 더 많은 사람에게 소개하려고 집필한 것이 바로 이 책이며, 지속가능성 연구소의 동료들과 내가 그의 유고를 출간하기로 결심한 것도 바로 그런 이유 때문이다.

책을 한 권 더 발표한다고 이 세상과 여러분에게 정말 도움이 될까? 나는 그렇다고 생각한다. 이 책을 손에 든 여러분은 조직이 더 나은 세상을 향한 변화에 이바지할 방법을 찾고 있는 기업의 리더나 구성원일 수 있다. 혹은 좋은 생각이나 선한 뜻을 펼치려다 다른 사람들의 반발에 부딪힌 정책 입안자일 수도 있다. 기업이나 공동체의 중요한 문제들을 해결하려고 땀 흘렸으나 그 과정에서 불거진 또 다른 도전들에 직면한 경영자일 수도 있다. 사회 혹은 가정이 작동하는 방식과 그것이 가치 있다고 보고 보호하는 대상이 바뀌어야 한다고 주장하지만, 수년에 걸쳐 이룬 성과가 겨우 몇 가지 빠르게 나타난 반작용 때문에 허사로 돌아가는 모습을 목격하고 있는지도 모른다. 점점 더 세계화하는 사회의 시민으로서 긍정적이고 영속적인 변화를 일으키기가 무척 어렵다는 사실에 좌절하고 있는지도 모른다.

만일 여러분이 이런 상황이라면 이 책이 도움이 될 것이다. 이미 '시스템 모델링'이나 '시스템 사고'라는 단어를 제목에 달고 출간된 책이 수십 권이 있지만, 우리가 때때로 시스템 앞에서 더없이 당황하는 이유가 무엇인지 그리고 시스템을 관리하고 재설계하는 방법을 더 잘 배우는 길이 무엇인지 이해하기 쉽게 설명하고 영감을 주는 책은 아직 없다.

도넬라 메도즈가 이 책의 원고를 집필하던 무렵은 《성장의 한계》를 출간한 지 20년 만에 새로운 내용을 보충한 《한계를 넘어서》를 발표한 직후였다. 당시 메도즈는 보존과 환경 분야의 퓨스칼라 Pew Scholar • 였고, 내셔널지오그래픽 협회의 연구탐사위원회에서 활동하며 다트머스대학에서 시스템과 환경, 윤리를 가르쳤다. 메도즈가 모든 연구에서 몰

• 　미국 퓨 재단이 매년 엄선해 장학금을 지원하는 생명과학 분야의 신진 과학자-옮긴이

두한 대상은 현재 일어나는 사건들이다. 그리고 그는 그 사건들이 복잡 시스템의 모습일 때가 많다는 것을 알고 있었다.

이 책은 메도즈가 집필한 원고를 편집 및 재구성한 것이지만, 책에 등장하는 사례는 1993년 초고에 실린 내용이 많다. 다소 시대에 뒤떨어진 것처럼 보일 수도 있지만, 그대로 두고 편집한 이유는 그때도 지금도 그 속에 유의미한 교훈이 담겨 있기 때문이다. 1990년대 초는 소련이 해체되고 많은 사회주의 국가가 대대적인 변화를 겪던 시절이다. 북미자유무역협정NAFTA이 새롭게 체결된 것도 그 무렵이다. 이라크 군대는 쿠웨이트를 침공했다 철수하며 유전을 불태웠고, 넬슨 만델라Nelson Mandela가 감옥에서 풀려나며 남아프리카공화국의 인종차별정책이 폐지되었다. 폴란드에서는 노조 지도자인 레흐 바웬사Lech Wałęsa가 대통령이 되고, 체코슬로바키아에서는 시인인 바츨라프 하벨이 대통령으로 선출되었다. 이 무렵 유엔 IPCC(기후변화에 관한 정부 간 협의체)는 첫 번째 평가 보고서를 발표해 "인간 활동에서 배출되는 가스가 대기 중 온실가스 농도를 크게 높이고 이로 인해 온실 효과가 증폭되며 지구 표면의 추가적인 온난화를 초래할 것이다"라고 경고했다. 그리고 리우데자네이루에서 유엔 환경개발회의가 열렸다.

이 무렵 메도즈는 각종 모임과 회의에 참석하려고 곳곳을 오가는 동안 〈인터내셔널 헤럴드 트리뷴International Herald Tribune〉 신문을 읽으며 관리 방법을 개선하거나 재설계가 필요한 시스템 사례들을 모았다. 많은 사례를 모으는 데 걸린 시간은 고작 7일이었다. 메도즈가 신문에서 사례를 찾은 까닭은 우리 일상에 널린 것이 신문이기 때문이다. 여러분이 현재의 사건을 추세의 일부로 보고 그 추세를 밑에 깔린 시스템 구조의 징후로 보기 시작하면, 복잡 시스템의 세계를 관리하고 그 속에서 사는 새로운 방법들이 떠오를 것이다. 메도즈의 원고를 출판하며 내가 바라는 것은 여러분이 주변의 시스템을 이해하고 논의하며 긍정적인 변화를 일으키기 위해 행동하는 능력을 향상하는 것이다.

이 책은 시스템이 무엇인지, 우리가 시스템에 대해 어떻게 생각하는지 이해하기 쉽게 설명한 얇은 입문서이지만, 아주 복잡한 시스템에서 발생하는 행동들을 서둘러 바꿀 필요가 있는 세상에서 유용한 도구로 쓰이길 바란다. 간단한 책이지만 복잡한 세상을 다룬 책이며 복잡한 세상을 위한 책이다. 더 나은 미래를 만들려는 사람들을 위한 책이다.

다이애나 라이트Diana Wright, 2008년

어떤 공장을 완전히 무너뜨려도 그 공장을 세운 합리성을 남겨 둔다면, 그 합리성이 다시 다른 공장을 세울 것이다. 혁명으로 정부를 무너뜨려도 그 정부를 만든 시스템 사고 패턴을 그대로 두면, 그 사고 패턴이 계속 반복될 것이다……시스템에 대해 이러쿵저러쿵 말은 많지만, 시스템에 대한 이해는 너무나 부족하다.

_ 로버트 피어시그 Robert Pirsig의
《선과 모터사이클 관리술 Zen and the Art of Motorcycle Maintenance》

서문:

시스템 렌즈로 세상 바라보기

관리자가 맞닥뜨리는 것은 서로 아무런 관계가 없는 문제들이 아니라, 상호작용하며 변화하는 문제들이 복잡 시스템을 구성하는 역동적 상황이다. 나는 이런 상황을 난장판이라 부른다……관리자는 문제를 해결하는 사람이 아니라 난장판을 정리하는 사람이다.

_ 러셀 아코프 Russel Ackoff, 운영이론가[1]

시스템을 가르치기 시작할 무렵부터 지금까지 나는 강의 시간에 슬링키를 자주 활용했다. 슬링키를 모르는 사람도 있을 테니 설명하자면, 슬링키는 코일로 길게 이어져 양쪽 손바닥 위를 왔다갔다하거나 위아래로 튕기기도 하고 계단 위에서 떨어뜨리면 저절로 계단을 내려가는 스프링 장난감이다.

우선 슬링키를 한쪽 손바닥에 올려놓는다. 다른 손으로 슬링키 윗부분을 움켜쥐고 약간 늘어트린 뒤, 밑에 받치고 있던 손을 치운다. 그러면 슬링키가 밑으로 떨어졌다 다시 튕겨 오른다. 손에 매달린 슬링키는 요요처럼 오르락내리락한다.

그리고 학생들에게 이렇게 묻는다. "슬링키를 이처럼 위아래로 튕기게 만든 것은 무엇이죠?"

학생들은 "교수님 손요. 밑에 받치고 있던 손을 치웠기 때문입니다"고 대답한다.

나는 슬링키를 다시 상자에 담아 똑같이 한쪽 손바닥 위에 올린 뒤 다른 손으로 상자 윗부분을 움켜쥔다. 그리고 대단한 마술을 펼치는 마술사라도 된 듯 상자를 받치고 있던 손을 뺀다.

아무 일도 벌어지지 않는다. 상자는 한쪽 손에 그대로 매달려 있다. 당연하다.

"다시 묻겠습니다. 슬링키를 위아래로 튕기게 만든 것은 무엇입니까?"

그 답은 분명히 슬링키 안에 있다. 슬링키를 다루는 손은 스프링 구조 안에 잠재한 행동을 억제하거나 해제할 뿐이다.

바로 이것이 시스템 이론을 정확히 이해하는 핵심이다.

구조와 행동 사이의 관계를 파악하면, 시스템이 어떻게 작동하는지 시스템이 좋지 못한 결과를 빚는 이유가 무엇인지 시스템의 행동 패턴을 개선할 방법이 무엇인지 알게 된다. 점점 빠르게 변하고 더 복잡해지는 세상에서 시스템 사고는 우리 앞에 놓인 다양한 선택지를 확인하고 관리하고 적응하는 데 도움이 될 것이다. 시스템 사고는 문제의 근본 원인을 확인하고 새로운 기회를 찾아낼 자유를 주는 사고방식이다.

그렇다면 시스템은 무엇일까? 시스템은 사람이나 세포, 분자 등 시간이 지나며 고유한 행동 패턴을 보이도록 연결된 일련의 대상이다. 시스템은 외부 힘의 영향을 받고 흔들리거나 위축되거나 활발해지거나 추진력을 얻을 수 있다. 하지만 시스템이 외부 힘을 받을 때 보이는 반응은 그 시스템 특유의 반응이며, 현실 세계에서 보이는 시스템의 반응은 단순하지 않다.

슬링키를 떠올리면 쉽게 이해되고, 사람이나 기업, 도시, 경제를 떠올리면 선뜻 받아들이기 어렵겠지만, 시스템의 행동을 유발하는 원인은 주로 그 시스템이다. 외부 사건이 시스템의 행동을 촉발할 수도 있다. 하지만 똑같은 외부 사건을 다른 시스템에 적용하면 다른 결과가 나올 가능성이 크다.

시스템의 행동을 유발하는 원인이 주로 그 시스템이라는 말의 의미를 잠시 살펴보자.

- ◆ 정치 지도자가 경기 호황과 불황을 초래하는 것이 아니다. 경기가 좋아지고 나빠지는 것은 시장 경제 구조의 영향을 받기 때문이다.
- ◆ 어떤 기업이 경쟁사들 때문에 시장 점유율을 잃는 경우는 드물다. 경쟁사들이 유리한 고지를 차지할 수 있지만, 어떤 기업이 시장 점유율을 잃는 이유 중 일부는 자신의 사업 정책 때문이다.
- ◆ 유가 상승 원인은 석유 수출국만의 책임이 아니다. 석유 공급이 중단되면 경제가 취약해지도록 소비 정책과 가격 정책, 투자 정책 등을 수

립한 석유 수입국의 책임도 있다. 석유 수출국들의 행동만으로는 국제 유가 상승과 경제 혼란이 생기지 않는다.

◆ 독감 바이러스가 여러분을 공격하는 것이 아니다. 독감 바이러스가 몸 안에서 자랄 환경을 여러분이 스스로 만든 것이다.

◆ 약물 중독은 한 개인의 잘못이 아니다. 아무리 의지가 굳건하고 환자에 대한 사랑이 깊은 사람도 약물 중독자를 치료할 수 없다. 약물 중독자 자신은 말할 것도 없다. 약물 중독을 치료할 수 있는 출발점은 중독을 더 큰 일련의 영향과 사회 문제의 일부로 이해하는 길뿐이다.

산업혁명 이후 서구 사회는 직관과 전체론*보다 과학과 논리, 환원론**에서 더 큰 도움을 받았다. 우리는 심리적으로나 정치적으로 문제의 원인이 '이 안'이 아니라 오히려 '저 밖'에 있다고 추정한다. 다른 누군가나 어떤 것을 탓하고, 자신의 책임을 떠넘기고, 문제를 사라지게 할 조절 손잡이, 제품, 알약, 기술적 해결책을 찾고 싶은 마음을 참지 못한다.

천연두를 예방하고, 식량 생산량을 늘리고, 무거운 화물과 많은 사람을 멀리 이동시키는 등 우리는 이제껏 심각한 문제들을 외부 요인에

● holism, 기관 전체가 이를 이루는 부분들의 동작이나 작용을 결정한다는 입장. 전체는 단순히 부분을 모은 것이 아닌 부분의 합 이상이라 본다.-옮긴이

●● reductionism, 복잡한 사물을 하위 단계로 세분화하면 더 명확하게 이해할 수 있다는 입장-옮긴이

집중해 해결했다. 하지만 이런 문제들은 더 큰 시스템에 내포된 문제이기에 우리의 '해결책' 중 일부는 또 다른 문제들을 만들었다. 그리고 복잡 시스템의 내부 구조에 아주 깊숙이 박힌 문제들 즉, 진짜 난장판은 사라지지 않았다.

예를 들어 기아나 가난, 환경 파괴, 경제 불안, 실업, 만성 질환, 약물 중독, 전쟁은 우리가 제아무리 분석 능력과 탁월한 기술을 발휘해 뿌리 뽑으려 해도 좀처럼 사라지지 않는다. 누가 일부러 만든 것도 아니고 계속 살아남길 바라는 사람도 없지만 이런 문제는 결코 사라지지 않는다. 왜냐하면 이런 문제는 본질적으로 시스템 문제이기 때문이다. 다시 말해, 바람직한 형태는 아니지만 이런 문제들을 만드는 것이 시스템 구조의 특징이기 때문이다. 우리가 직관을 되찾고 책임 전가를 중단하고 시스템을 문제의 원인으로 보고 시스템을 재구축할 지혜와 용기를 갖출 때 비로소 이런 문제들을 잠재울 수 있을 것이다.

분명하지만 파괴적이다. 낡은 시각이지만 왠지 새롭다. 해결책이 우리 손에 있다는 점에서 위로가 되지만 우리가 반드시 다르게 행동하거나 적어도 다르게 보고 생각해야 한다는 점에서 불안하다.

이 책의 주제는 다르게 보고 생각하는 것이다. 이 책은 자신의 삶을 생각하며 시스템을 이용하고 있지만 '시스템'이라는 말과 시스템 분석 분야를 경계하고 있을지 모르는 사람들을 위한 책이다. 이 책에서 비전문적인 논의를 진행한 이유는 수학이나 컴퓨터에 의존하지 않아도 시스템을 이해하는 폭이 얼마나 넓어질 수 있는지 보여주고 싶었기 때문이다.

도해와 시계열 그래프를 많이 활용한 이유는 시스템을 말로만 설명하면 문제가 생기기 때문이다. 말이나 문장은 단선적이고 논리적인 순서에 따라 한 번에 오직 하나씩 나올 수밖에 없다. 시스템은 한꺼번에 발생한다. 시스템은 한 방향뿐만 아니라 동시에 여러 방향으로 연결되어 있다. 그래서 시스템을 제대로 논의하려면, 어떻게든 논의 중인 현상과 같은 속성을 지닌 언어를 사용해야만 한다.

이런 언어로 사용하기 알맞은 것이 말보다 도표이다. 도표는 모든 부분을 한꺼번에 볼 수 있기 때문이다. 아주 간단한 것부터 시작해 서서히 시스템 도표를 그리려 한다. 여러분도 그래픽 언어가 이해하기 쉽다는 것을 알게 될 것이다.

기본적인 내용부터 시작할 것이다. 즉 시스템을 정의하고 그 부분들을 전체론적이 아닌 환원론적으로 해부한다. 그런 다음 다시 결합하며 그 부분들이 서로 연결되어 시스템의 기본 운영 단위 즉, 피드백 루프를 이루는 모습을 보여주겠다.

그리고 흔하지만 흥미로운 시스템들이 모인 '시스템 동물원'을 구경시켜 주겠다. 여러분은 시스템들이 어떻게 살아 움직이는지 그 시스템들이 어디에서 왜 발견되는지 알게 될 것이다. 여러분도 그 시스템들을 알아볼 것이다. 여러분 주위에 널려 있고 여러분 속에도 있기 때문이다.

시스템 동물원의 몇 가지 '동물'을 기본으로 살펴본 다음 한 걸음 물러서서 시스템이 어떻게, 왜 그토록 아름답게 움직이는지, 시스템이 그토록 자주 우리를 놀라게 하고 당황스럽게 만드는 이유가 무엇인지 이야기를 나눠 보자. 시스템 안의 모든 사람이나 모든 것이 충실하게 합리적으로 행동하는데 이런 선의의 행동이 모두 모여 더없이 끔찍한 결과가 나올 때가 많은 이유도 설명한다. 그리고 어떤 일이 사람들이 생각하는 것보다 훨씬 더 빠르거나 느리게 발생하는 이유도 살펴본다. 여러분이 늘 효과를 본 어떤 일을 하고 있는데 갑자기 대단히 실망스럽게도 여러분의 행동이 더 이상 효과를 발휘하지 못하는 이유도 설명하겠다. 시스템이 아무런 사전 경고도 없이 별안간 전에 보지 못한 방식으로 행동하는 이유도 살펴보자.

다음으로 시스템 사고 공동체가 기업과 정부, 경제와 생태계, 생리학과 심리학 분야에서 거듭 발견한 공통된 문제를 살펴보자. 여러 지역 사회가 수자원을 함께 쓰거나 여러 학교가 재정을 함께 나누어 쓰는 시스템을 보면 "공유지의 비극이 또 발생했군"이라는 말이 저절로 나온다. 새로운 기술 개발을 독려하거나 방해하는 사업 규칙과 유인책을 살펴보면 '목표 침식'이 발견되고, 가정이나 지역 공동체, 국가 안에서 관계의 본질과 의사 결정권을 검토하면 '정책 저항'이 보일 것이다. 카페인이나 알코올, 니코틴, 마약보다 더 많은 요인에서 비롯된 '중독'도 발견될 것이다.

시스템 사고자들은 이처럼 특징적인 행동들이 나타나는 공통된 구조를 '**원형**[*]'이라 부른다. 이 책을 처음 구상할 때 나는 시스템 원형을 '시스템 덫'이라고 불렀다. 그 뒤 '시스템 덫과 기회'로 수정했다. 가장 집요하고 잠재적으로 위험한 문제들이 발생하는 책임이 원형에 있지만, 시스템을 조금만 이해하면 훨씬 더 바람직한 행동을 하도록 원형을 변형시킬 수 있기 때문이다.

이런 이해를 바탕으로 우리가 사는 시스템을 재구축하려면 여러분과 내가 무엇을 할 수 있는지 살펴보자. 변화를 일으킬 지렛점을 찾는 방법을 배우게 될 것이다.

결론 부분에서는 내가 아는 시스템 사고자 대부분이 공유하는 지혜에서 터득한 가장 중요한 교훈을 제시하겠다. 끝으로 시스템 사고를 계속 탐구하고 싶은 사람을 위해 부록을 덧붙였다. 관련 주제를 깊이 연구하도록 용어 해설과 시스템 사고 참고 문헌, 시스템 원리 요약, 1부에서 설명한 모델의 방정식 등을 첨부했다.

몇 년 전 우리 연구진이 MIT대학에서 다트머스대학으로 옮겼을 때였다. 세미나에서 한동안 우리를 지켜보던 다트머스대 공학 교수 한 분이 연구실로 찾아와 이렇게 물었다. "여러분은 다르네요. 던지는 질문의 종류가 달라요. 여러분은 제가 보지 못하는 것들을 봅니다. 뭔가 다른 방식으로 세상에 접근하는 것 같은데, 어떻게 그렇죠? 왜 그렇죠?"

내가 이 책에서 특히 결론 부분에서 전달하려는 내용이 바로 이 질

---

[*]   Archetypes, 특징적인 행동 패턴을 만들어내는 공통적인 시스템 구조.

문에 대한 대답이다. 시스템적 시각이 환원론적 사고방식보다 더 좋다고 생각하지는 않는다. 미처 보지 못한 것을 서로 보여주는 상호보완 관계라고 생각한다. 우리 눈의 렌즈로 보이는 것도 있고, 현미경 렌즈로 보이는 것도 있고, 망원경 렌즈로 보이는 것도 있고, 시스템 이론의 렌즈로 보이는 것도 있다. 각각의 렌즈로 보이는 것은 모두 실재한다. 이런 시각 하나하나 덕분에 우리가 사는 경이로운 세상에 대한 지식이 조금 더 완성되는 것이다.

세상이 전보다 더 어지럽고 더 붐비고 더 긴밀하게 연결되고 상호의존적이고 더 빠르게 변할 때는 시각이 많으면 많을수록 더 좋다. 시스템 사고 렌즈를 이용하면 시스템 전체를 보는 직관을 회복할 수 있으며,

- ◆ 부분을 이해하는 능력을 키우고
- ◆ 상호연관성을 보고
- ◆ 미래에 발생할 행동을 '가정한' 질문을 제기하고
- ◆ 시스템을 재설계할 창의력과 용기를 얻을 수 있다.

그런 다음 그 통찰을 이용해 우리 자신과 우리 세상을 바꿀 수 있다.

장님 코끼리 만지기

옛날에 한 마을이 있었다. 이 마을의 주민은 모두 앞을 보지 못하는 맹인이었다. 어느 날 수행원들과 군대를 이끌고 온 왕이 마을 근처 사막에 진을 쳤다. 왕은 평소 백성들의 경외심을 끌어올릴 목적으로 거대한 코끼리를 끌고 다녔다.

백성들은 그 코끼리를 구경하는 것이 간절한 소망이었고, 맹인 마을의 주민들도 코끼리를 만나려고 정신없이 달려갔다.

코끼리의 생김새나 형태도 모르는 맹인들은 손으로 코끼리 여기저기를 더듬어 정보를 수집했다.

이들은 각자 손으로 직접 더듬어 감지했기 때문에 뭔가 중요한 것을 알아냈다고 생각했다.

코끼리 귀를 만진 맹인은 "커다랗고 까칠까칠한 게 넓고 큰 양탄자 같아"라고 말했다.

그러자 코끼리 코를 만진 맹인이 "내가 진짜 사실을 알고 있어. 곧고 속이 빈 파이프 같아. 무시무시하고 아주 위험해"라고 말했다.

코끼리 다리와 발을 만진 맹인은 "거대하고 단단한 게 기둥 같아"라고 말했다. 맹인들은 많은 부분 중 한 부분만 알아차렸다. 그리고 모두 코끼리를 잘못 인식했다.[2]

이 고대 수피 우화에는 단순하지만 우리가 흔히 간과하는 교훈이 담겨 있다. 시스템을 구성한 요소들을 안다고 해서 시스템의 행동을 알 수 있는 것은 아니라는 교훈이다.

PART 1

THINKING

시스템의 구조와 행동

IN SYSTEMS

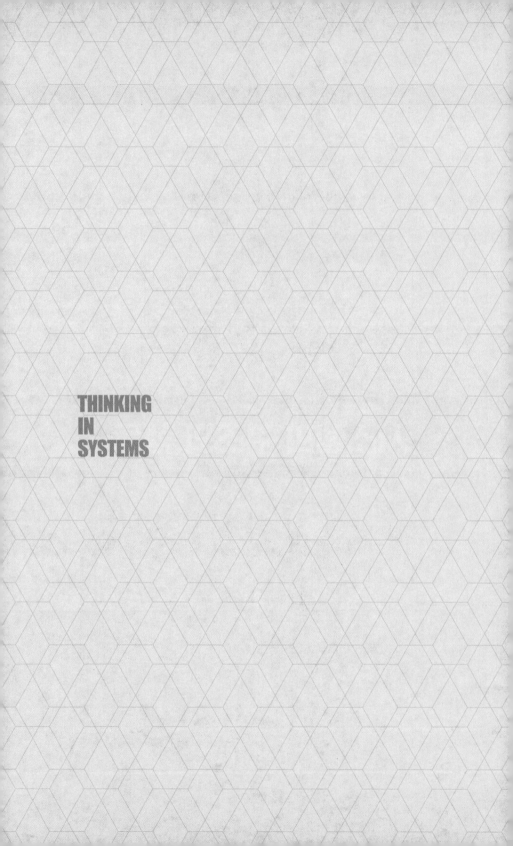

THINKING
IN
SYSTEMS

01
시스템의 기본 법칙

:

제아무리 복잡한 문제도 제대로 들여다보면 훨씬 더 복잡해지지 않는
경우가 이제껏 한 번도 없었다.

_ 폴 앤더슨 Poul Anderson [1]

전체는 부분의 합보다 크다

시스템은 그저 오래된 대상들의 집합이 아니다. **시스템**은 일련의 요소
들이 뭔가를 달성하도록 일관되게 조직되고 상호 연결된 것이다. 이
정의를 잠깐만 깊이 살펴보면 시스템은 요소, 상호연관성, 기능 혹은
목적이라는 세 가지로 구성된다는 사실을 알 수 있다.

• System, 일련의 요소나 부분들이 흔히 '기능'이나 '목적'으로 분류되는 특징적인
행태를 만들어내는 패턴이나 구조로 일관되게 조직되고 상호연결된 것.

예를 들어 소화기관은 치아와 효소, 위, 내장 등의 요소로 이뤄진다. 이 요소들은 음식물이 물리적으로 흘러가는 과정에서 일련의 우아한 화학적 조절 신호를 통해 서로 연결된다. 이 시스템의 기능은 음식물을 기본 영양소로 분해하고 그 영양소를 (또 다른 시스템인) 혈액으로 전달하고 쓸모없는 찌꺼기는 배출하는 것이다.

축구팀은 선수와 감독, 운동장, 축구공 등의 요소로 구성된 시스템이다. 축구팀의 상호연관성은 경기 규칙과 감독의 전략, 선수들의 의사소통, 선수와 공의 움직임을 지배하는 물리적 법칙이다. 팀의 목적은 경기에서 우승하거나 즐기거나 체력을 단련하거나 엄청난 돈을 버는 것이다. 혹은 이 모든 것이 목적이 될 수도 있다.

학교도 시스템이다. 도시나 공장, 기업, 국가 경제도 모두 시스템이다. 동물도 시스템이고 나무도 시스템이다. 숲은 나무와 동물이라는 하위 시스템들을 포함한 더 큰 시스템이다. 지구도 시스템이고 태양계도 시스템이다. 은하계도 마찬가지다. 시스템은 다른 시스템에 포함될 수 있다.

시스템이 아닌 것이 있을까? 있다. 특별한 상호연관성이나 기능이 없는 복합체는 시스템이 아니다. 우연히 도로 위에 흩어진 모래 자체는 시스템이 아니다. 모래를 조금 치우거나 더 갖다 부어도 도로 위에는 모래가 있을 뿐이다. 하지만 축구 선수나 소화기관의 요소를 마음대로 빼거나 더하면 시스템은 그 즉시 달라진다.

생물이 죽으면 '시스템다움'을 잃는다. 생물을 유지하던 다양한 상호관계가 더 이상 기능하지 않고, 그 물질이 더 큰 먹이 사슬 시스템의 일부로 남더라도 생물은 소멸한다. 어떤 사람들은 도시에서 이웃끼리 서로 잘 알고 정기적으로 교류하는 오래된 동네는 사회 시스템이지만 낯선 사람들로 가득한 최신 아파트 단지는 사회 시스템이 아니라고 말한다. 즉 새로운 관계가 형성되고 체계가 잡힐 때까지는 시스템이 아니라는 것이다. 이런 사례들을 통해 시스템에는 온전함 혹은 총체성과 그 온전함을 유지하는 일련의 능동적인 메커니즘이 있다는 사실을 알 수 있다. 시스템은 살아 있지 않은 것들로 구성되거나 살아 있지 않은 것을 포함하더라도 살아 있는 것처럼 변화하고 적응하고 사건에 반응하고 목표를 추구하고 상처를 치료하고 생존을 위해 몸을 사릴 수 있다. 시스템은 자기 조직화가 가능하며 최소한 어느 정도의 장애는 스스로 극복할 때가 많다. 복원력을 갖추고 있으며, 진화하는 시스템이 많다. 어느 한 시스템에서 전에 상상도 하지 못한 완전히 새로운 시스템들이 발생할 수 있다.

> 시스템은 부분들의 합보다 크다. 시스템은 적응하고 동태적이고 목표를 추구하고 자기를 보존하는 행동과 때로는 진화하는 행동을 보일 수 있다.

선수가 아닌 경기 규칙을 보라

> 사람들은 하나 더하기 하나는 둘이기 때문에 '하나'를 이해하면 반드시 '둘'도 이해한다고 생각한다. 하지만 사람들은 '더하기'도 반드시 이해해야 한다는 사실을 잊고 있다.
>
> _수피 우화

여러분이 그저 부분들의 묶음이 아닌 시스템을 보는지 확인하는 방법

1. 부분들이 구분되는가? 그렇다면
2. 부분들이 서로 영향을 주는가? 그렇다면
3. 부분이 모두 모여 각 부분이 발휘하는 효과 외에 다른 효과를 일으키는가? 그렇다면 혹시
4. 그 효과 즉, 시간의 흐름에 따른 행동이 다른 환경들에서도 계속 지속되는가?

시스템의 요소는 대부분 아주 쉽게 파악된다. 눈에 보이고 분명히 실재하는 요소가 많기 때문이다. 나무를 구성하는 요소는 뿌리와 줄기, 가지, 잎이다. 더 자세히 들여다보면 수분을 위아래로 운반하는 물관과 엽록체 등 분화된 세포들도 보인다. 대학이라는 시스템은 건물과 학생, 교수, 행정직, 도서관, 책, 컴퓨터로 구성된다. 대학을 구성하는 각각의 요소도 모두 마찬가지로 어떤 요소들로 구성된다. 반드시 물질적인 것만 요소가 되는 것은 아니다. 무형의 것도 시스템의 요소가 될 수 있다. 대학에서는 학교의 자부심과 학문적 기량이 시스템을 구성하는 아주 중요한 두 가지 무형의 요소일 수 있다. 시스템의 요소를 나열하기 시작하면 끝이 없다. 요소는 하위 요소들로 나뉘고 하위 요소는 다시 그 아래 하위 요소들로 나뉘기 때문이다. 그러다 보면 어느새 시스템은 보이지 않는다. 흔히 이야기하는, 나무만 보고 숲은 보지 못하

는 것이다.

그러니 너무 늦기 전에 요소 해체 작업을 멈추고 상호연관성 즉, 요소들이 함께 연결된 관계를 찾는 것이 좋다.

나무 시스템의 상호연관성은 나무의 대사 과정을 지배하는 수액의 물리적 흐름과 화학적 반응 다시 말해, 한 부분이 다른 부분에서 일어나는 일에 반응하도록 만드는 신호다. 예를 들어 햇빛이 쨍쨍한 날 잎이 마르면 물을 운반하는 물관의 압력이 떨어져 뿌리가 더 많은 물을 흡수한다. 반대로 건조한 땅에 뿌리가 박혀 수압이 떨어지면 귀중한 수분을 더 이상 잃지 않도록 기공을 닫으라는 신호가 잎에 전달된다.

온대 지방에서 낮의 길이가 점점 짧아지면 낙엽수는 영양분을 잎에서 줄기로 이동시키고 가지를 약하게 만들라는 화학적 신호를 내보내 잎을 떨군다. 어떤 나무는 한 부분이 해충의 공격을 받으면 방충 화학 물질을 생성하거나 세포벽을 단단하게 만들라는 신호도 내보내는 것으로 보인다. 나무가 이런 일을 하도록 만드는 관계를 낱낱이 파악할 수 있는 사람은 아무도 없다. 관계를 이해하는 지식이 부족한 것은 놀랄 일이 아니다. 시스템의 요소들을 파악하는 것보다 시스템의 상호연관성을 파악하는 것이 더 어렵기 때문이다.

대학 시스템에서 상호연관성은 입학 기준, 학위 취득 요건, 시험과 성적, 예산과 현금 흐름, 입소문 그리고 어쩌면 가장 중요한 시스템 전체의 목적인 지식의 교류다.

시스템의 상호연관성 중에는 물이 나무줄기를 따라 흐르거나 학생들이 대학에 들어가는 것처럼 실제 물리적인 흐름도 있지만, 정보의 흐름 즉, 시스템 안에서 결정의 순간이나 행동의 순간에 보내는 신호가 많다. 이런 상호연관성은 대체로 잘 보이지 않지만, 집중해서 주목한다면 시스템을 볼 수 있다. 예를 들어 대학생은 수강 과목을 선택할 때 좋은 학점을 받을 수 있다는 비공식적인 정보를 활용할 것이다. 소비자는 소득과 예금액, 신용 등급, 집에 비축한 재고, 가격, 상품의 유용성 등에 관한 정보를 활용해 상품 구매 여부를 결정한다. 정부도 수질 오염을 감축할 합리적인 규정을 마련하려면 수질 오염의 종류와 정도에 관한 정보가 필요하다(여기서 우리는 문제가 있다는 정보는 행동을 유발하는 필요조건이지 충분조건은 아니라는 사실에 유념해야 한다. 자원이나 유인책, 결과에 관한 정보도 마찬가지다).

시스템의 상호연관성은 정보의 흐름에 따라 움직이는 경우가 많다. 시스템을 결합하고 시스템의 작동 방식을 결정하는 중요한 역할을 하는 것이 정보다.

정보에 기반한 관계도 잘 보이지 않지만, 기능 혹은 목적은 훨씬 더 보기 어렵다. 시스템의 기능이나 목적이 반드시 말이나 글로 명시되는 것은 아니기 때문이다. 시스템의 작동으로 드러날 뿐이다. 시스템의 목적을 추론하는 가장 좋은 방법은 시스템이 어떻게 행동하는지 한동안 지켜보는 것이다.

개구리가 오른쪽으로 돌아 파리를 잡아먹은 다음 왼쪽으로 돌아 파리를 잡아먹고 다시 뒤로 돌아 파리를 잡아먹는다면 개구리의 목적은 왼쪽이나 오른쪽, 뒤쪽으로 도는 것이 아니라 파리를 잡아먹는 일과 관련이 있다. 만일 어떤 정부가 환경 보호에 관심이 있다고 공언하면

일반적으로 기능이라는 단어는 비인적 시스템에 쓰고 인적 시스템에는 목적
이라는 단어를 쓰지만 반드시 그런 것은 아니다. 인적 요소와 비인적 요소가
모두 포함된 시스템이 아주 많기 때문이다.

서 예산을 거의 배정하지 않거나 목표를 달성하려는 노력을 기울이지
않는다면 사실 그 정부의 목적은 환경 보호가 아니다. 목적은 미사여
구를 늘어놓거나 공언하는 목표가 아니라 행동에서 알 수 있다.

난방 온도조절 시스템의 기능은 건물 내 온도를 일정하게 유지하는
것이다. 식물의 기능은 씨앗을 맺어 더 많은 식물을 만들어내는 것이
다. 행동으로 판단할 때 국가 경제의 목적은 계속해서 성장하는 것이
다. 거의 모든 시스템의 한 가지 중요한 기능은 자신의 영원한 존속을
확보하는 것이다.

시스템의 목적은 인적 목적일 필요도 없고 반드시 시스템 내 어느
행위자가 의도한 목적도 아니다. 사실 시스템에서 가장 당황스러운 점
중 하나가 하위 단위들의 목적이 모여 아무도 원치 않는 전반적인 행
태로 나타나는 것이다. 약물 중독과 범죄가 만연한 사회를 만들려고
의도한 사람은 아무도 없지만, 다음과 같은 관련 행위자들의 복합적인
목적과 그에 따른 행위를 생각해보자.

- 정신적 고통에서 빨리 벗어나길 간절히 바라는 사람들

- 돈을 벌고픈 농부와 중개상, 은행가

- 단속하는 경찰보다 민법의 규제를 덜 받는 마약 밀매업자

- 유해 물질을 불법으로 규정하고 경찰력을 동원해 제지하는 정부

- 빈민층과 아주 가까운 곳에 거주하는 부유층

- 약물 중독자의 재활을 격려하기보다 자신들의 안위에 더 큰 관심을
  두는 비중독자들

이들이 함께 모여 약물 중독과 범죄를 근절하기가 대단히 어려운 시
스템을 구성한다. 시스템은 시스템 안에 둥지를 틀 수 있다. 목적 안에
목적이 있을 수 있다는 뜻이다. 대학의 목적은 지식을 발견해 보존하
고 후대에 전달하는 것이다. 그런데 대학 안에서 학생의 목적은 좋은
학점을 받는 것, 교수의 목적은 종신교수로 임명되는 것, 관리자의 목
적은 수지 균형일 것이다. 이런 하위 목적들이 전체적인 목적과 충돌
할 수 있다. 학생은 시험을 칠 때 부정행위를 할 수 있고 교수는 논문
을 준비하느라 학생들을 등한시할 수 있고 관리자는 수지 균형을 맞추
려고 교수들을 해임할 수 있다. 하위 목적들과 전체적인 시스템 목적
의 조화를 유지하는 것이 성공적인 시스템의 필수 기능이다. 이 문제
는 나중에 계층을 다룰 때 다시 이야기하자.

시스템의 요소와 상호연관성, 목적을 하나씩 바꿔보면 상대적인 중
요성을 이해할 수 있다. 일반적으로 시스템에 최소한의 영향을 주는

방법은 요소를 바꾸는 것이다. 축구팀은 선수를 모두 바꿔도 여전히 같은 축구팀이다(팀의 기량이 훨씬 더 좋아지거나 떨어질 수는 있다. 시스템에는 정말 중요한 특정 요소들이 있기 때문이다). 나무는 끊임없이 세포를 바꾸고 해마다 잎을 바꾸지만, 본질적으로 여전히 같은 나무다. 여러분의 몸도 몇 주마다 한 번씩 대부분 세포를 교체하지만 계속해서 여러분의 몸이다. 대학도 새로운 학생들이 계속 들어오고 교수와 관리자도 더디게 꾸준히 들어오고 나가지만 여전히 대학이다. 사실 여전히 같은 대학이다. 제너럴모터스나 미국 의회가 구성원이 모두 바뀌어도 정체성을 유지하는 것처럼 다른 대학과 미묘하게 다른 정체성을 유지한다. 일반적으로 시스템은 계속 자신을 유지하며 모든 요소가 바뀌어도 상호연관성과 목적이 변하지 않는 한 아주 느리게 변한다.

> 시스템에서 가장 불분명한 부분인 기능 혹은 목적이 흔히 시스템의 행태를 결정하는 가장 중요한 요인이다.

상호연관성이 바뀌면 시스템은 크게 달라진다. 선수 교체 없이도 상호연관성이 바뀌면 같은 팀인지 몰라볼 정도로 달라진다. 축구건 야구건 규칙을 바꾸면 완전히 새로운 구기 종목으로 변한다. 흔히 말하듯 상황이 완전히 바뀌는 것이다. 나무의 상호연관성을 바꿔보자. 예를 들어 나무가 이산화탄소를 흡수하고 산소를 배출하는 대신 산소를 흡수하고 이산화탄소를 배출한다면 동물이지 더 이상 나무가 아닐 것이다. 대학에서 학생이 교수에게 학점을 주고 이성 대신 힘으로 논쟁의 승패를 가른다면 대학 대신 다른 명칭이 필요할 것이다. 흥미로운 조직이겠지만 대학은 아닐 것이다. 상호연관성이 바뀌면 시스템이 극적으로 변한다.

기능 혹은 목적의 변화도 극적이다. 예를 들어, 축구팀의 선수와 규칙은 그대로 두고 목적을 승리가 아니라 패배로 바꾸면 어떻게 될까? 나무의 기능이 생존과 증식이 아니라 땅속 영양분을 모두 빨아들여 무한히 성장하는 것이라면? 대학도 마찬가지다. 돈을 벌거나 특정 사상을 주입하거나 축구 경기에서 승리하는 등 지식의 전파 외에도 사람들이 이제껏 상상한 대학의 목적은 아주 많다. 모든 요소와 상호연관성이 그대로 있어도 목적이 변하면 시스템이 완전히 바뀐다.

시스템에서 가장 중요한 것이 요소인지 상호연관성인지 기능인지 묻는 것은 시스템 사고에 걸맞은 질문이 아니다. 세 가지 모두 필수적이고 상호작용하며 각각의 역할이 있다. 하지만 시스템에서 가장 불분명한 부분인 기능 혹은 목적이 흔히 시스템의 행동을 결정하는 가장 중요한 요인이다. 상호연관성도 매우 중요하다. 관계가 바뀌면 대체로 시스템의 동태가 변하기 때문이다. 흔히 시스템의 독특한 특징을 규정할 때 가장 중요하지 않은 것은 시스템에서 가장 눈에 잘 띄는 요소다. 다만, 요소의 변경이 관계나 목적의 변경으로 이어지지 않을 때만 그렇다.

브레즈네프Brezhnev에서 고르바초프Gorbachev로, 카터Carter에서 레이건Reagan으로 바뀐 것처럼 지도자 한 명이 달라지면 토지나 공장, 수많은 국민이 이전과 같아도 온 나라가 새로운 방향으로 나아갈 수 있고 그렇지 않을 수도 있다. 지도자는 새로운 규칙을 마련해 토지나 공장,

국민이 다른 경기를 하도록 만들 수 있으며, 그 경기를 새로운 목적으로 이끌 수 있다.

반대로 시스템의 물리적 요소인 토지나 공장, 사람은 오랫동안 지속하며 서서히 변하기 때문에 지도자가 국가의 방향을 전환하는 속도에 제한이 따른다.

욕조를 통해 이해하는 시스템의 기본 원리

> 자연에 포함된 정보 덕분에⋯과거를 부분적으로 재구성할 수 있다. 강물의 굽이와 점점 더 복잡해지는 지각은⋯유전자 시스템과 같은 방식으로 정보를 저장하는 장치다⋯정보를 저장한다는 것은 메커니즘의 복잡성이 커진다는 의미다.
>
> _ 라몬 마르갈레프 Ramon Margalef [2]

모든 시스템의 기초는 **저량**[*]이다. 저량은 우리가 언제든 보고 느끼고 헤아리고 측정할 수 있는 시스템 요소다. 시스템 저량은 말 그대로 시간이 지나며 쌓인 정보나 물질의 양, 저장량, 축적량이다. 욕조에 담긴 물일 수도 있고, 서점에 꽂힌 책이나 나무의 목질부[**], 은행에 맡긴 돈, 여

- stock, 어느 한 시점에 측정되는 존재량. 이와 대비되는 유량flow은 일정 기간 동안 측정되는 거래량이다.
- xylem, 나무 구조 중 물과 양분의 이동 통로 역할을 하는 조직-옮긴이

러분의 자신감일 수도 있다. 저량은 물질적인 것만이 아니다. 여러분이 남에게 베푸는 호의나 세상이 더 좋아질 수 있다는 희망도 모두 저량이다. 저량은 **유량**˙의 작용을 통해 시간이 지나며 변한다. 유량은 채움과 비움, 출생과 사망, 구매와 판매, 성장과 쇠퇴, 예금과 출금, 성공과 실패다. 그렇다면 저량은 시스템 내부에서 유량이 변한 역사의 현재 기억이다.

도표 1 저량 - 유량 도해 읽는 법

저량은 네모로 표기하고 유량은 저량으로 들어가거나 저량에서 나오는 화살표 모양의 '파이프'로 표기한다. 파이프에 T자 모양으로 달린 것은 '수도꼭지'다. 수도꼭지는 좌우로 돌려 높이를 조절할 수 있으며 완전히 열거나 잠글 수 있다. '구름'은 유량이 흘러나온 곳과 흘러가는 곳 즉, 유량의 원천과 싱크를 의미한다. 여기서는 논의의 편의상 유량의 원천과 싱크는 표기하지 않는다.

도표 2 채굴로 감소하는 광물 저량

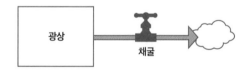

- Flow, 일정 기간에 걸쳐 저량에 들어오거나 저량에서 빠져나가는 정보나 물질.

50

예를 들어, 지하 광상mineral deposit은 저량이고, 채굴로 이 저량에서 광물 유량이 빠져나간다. 광상에 유입되는 광물 유량은 수백억 년이 지나도 그 양이 아주 미미하므로, 유입 유량이 없는 단순한 시스템 도표(도표 2)를 그렸다. 이 책에 나오는 모든 시스템 도해와 설명은 현실 세계를 단순화한 것이다.

댐 뒤 저수지에 담긴 물도 저량이다. 빗물과 강물은 저량으로 유입되고 댐으로 방류하고 저수지에서 증발하는 물은 저량에서 유출된다.

숲속 살아 있는 나무의 목질부 총량도 저량이다. 유입 유량은 나무

도표 3 다양하게 유입되고 유출되는 저수지 물의 저량

도표 4 숲속 나무 저량과 연계된 목재 저량

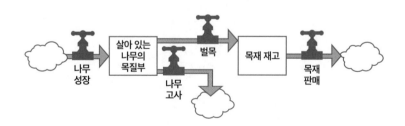

의 성장이고, 유출 유량은 자연적인 나무의 고사와 벌목이다. 벌목한 나무는 제재소의 목재 재고라는 또 다른 저량으로 유입될 것이다. 그리고 목재가 고객에게 팔리며 재고 저량에서 목재 유량이 흘러나간다.

저량과 유량의 **다이내믹스**˙ 즉, 시간 흐름에 따른 행동을 이해한다면 복잡 시스템의 행동에 대해 많은 것을 이해하는 셈이다. 여러분이 욕조를 사용한 경험이 많다면 저량과 유량의 다이내믹스를 이해할 수 있다.

배수구도 막히고 수도꼭지도 잠긴 채 물이 가득 찬 욕조가 있다고 생각해보자. 이 욕조는 변화가 없고 정태적이며 지루한 시스템이다. 이제 배수구를 연다고 상상하자. 당연히 물이 흘러나간다. 물의 수위는 욕조가 완전히 빌 때까지 계속 내려간다.

•   Dynamics, 시스템이나 시스템 구성 요소의 시간 흐름에 따른 행동.

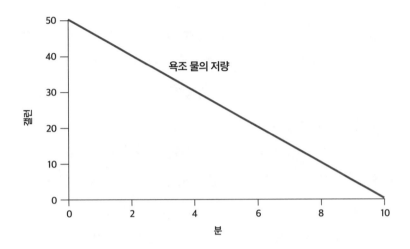

시간 흐름에 따른 행동 그래프 BOTG

시스템 사고자들은 개별 사건에 주목하는 대신 시스템 행동 그래프를 이용해 시간 흐름에 따른 추세를 파악한다. 이 책에서도 시스템이 목표에 접근하는지 한계에 접근하는지 그리고 그 속도는 얼마나 빠른지 알기 위해 시간 흐름에 따른 행동 그래프 BOTG를 활용한다.

그래프의 변수는 저량이나 유량이다. 패턴 즉, 변수 선의 모양이 중요하고, 선의 모양이나 방향이 변하는 지점도 중요하다. 그래프 축의 정확한 수치는 그다지 중요하지 않다.

시간을 가로축으로 삼은 덕분에 앞서 무슨 일이 벌어졌고 다음에 어떤 일이 생길지 탐구할 수 있으며, 여러분이 파고드는 의문이나 문제에 알맞은 시간 범위에 집중할 수 있다.

물이 가득 찬 욕조를 다시 떠올려보자. 배수구도 열자. 하지만 이번에는 욕조 물이 절반쯤 빠져나갈 때 물이 들어오는 수도꼭지를 열어 유출되는 물의 양과 유입되는 물의 양이 같도록 맞추자. 그러면 어떻게 될까? 욕조의 물은 유입 유량과 유출 유량이 같아졌을 때 도달한 수위를 계속 유지한다. 이것이 바로 **동적평형** 상태다. 수위는 변하지 않지만 물은 계속해서 욕조를 통과해 흐른다.

이번에는 물이 꾸준히 유출되는 가운데 유입량이 조금 더 많도록 수도꼭지를 연다고 상상하자. 그러면 욕조 물의 수위가 서서히 올라간다. 이때 수도꼭지를 다시 돌려 유출 유량과 유입 유량이 정확히 일치하도록 맞추면 욕조 물은 더 이상 증가하지 않을 것이다. 수도꼭지를 조금 더 잠그면 수위가 서서히 내려갈 것이다.

이 욕조 모델은 저량과 유입 유량, 유출 유량이 각각 하나씩인 아주 단순한 시스템이다. 관심 있게 살펴볼 몇 분의 시간 동안 욕조에서 증발로 유출되는 물의 양은 아주 적을 것으로 추정해 포함하지 않았다. 정신 모델이건 수학 모델이건 모든 모델은 현실 세계를 단순화한 것이다. 여러분은 이 욕조에 잠재된 힘의 작용을 모두 알고 있다. 이를 바탕으로 여러분은 더 복잡한 시스템에도 적용될 다음과 같은 중요한 원칙을 추론할 수 있다.

- Dynamic equilibrium, 유량이 유입되고 유출되지만 저량의 상태(수위나 크기)가 변하지 않고 일정한 조건. 모든 유입 유량이 모든 유출 유량과 같을 때만 가능함.

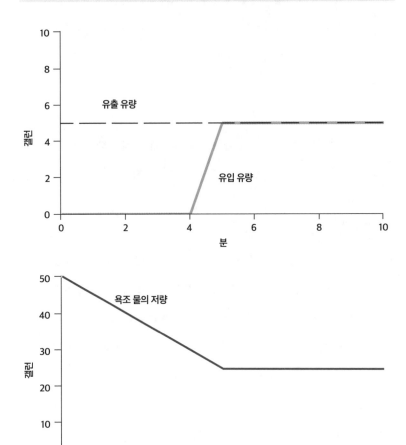

- 유입 총량이 유출 총량을 초과하는 동안은 저량 수위가 올라갈 것이다.

- 유출 총량이 유입 총량을 초과하는 동안은 저량 수위가 내려갈 것이다.

- 유출 총량과 유입 총량이 같으면 저량 수위는 변하지 않을 것이다. 유출량과 유입량이 같아졌을 때 도달한 수위에서 동적평형을 유지할 것이다.

우리 인간의 마음은 유량보다 저량에 더 쉽게 집중하는 것 같다. 유량에 집중할 때도 유출량보다 유입량에 더 쉽게 집중하는 경우가 많다. 따라서 유입률을 높일 때도 욕조를 채울 수 있지만, 유출률을 낮추는 방법으로도 욕조를 채울 수 있다는 사실을 놓치곤 한다. 새로운 원유 매장층을 찾아냄으로써 석유 기반 경제의 수명을 연장할 수 있다는 것은 누구나 이해하는 내용이다. 하지만 석유 소비량을 줄여도 같은 결과를 얻을 수 있다는 것은 쉽게 이해하지 못하는 듯하다. 가용 석유 저량에 미치는 영향으로 따지면 에너지 효율을 획기적으로 개선하는 방법이나 새로운 유전 발견이나 효과는 다르지 않다. 이득을 보는 사람은 다르지만 말이다.

유출률을 낮춰도 유입률을 높여도 저량은 증가한다. 욕조를 채우는 방법이 하나만 있는 것은 아니다.

마찬가지로 기업은 고용을 늘려 노동력을 확대할 수 있지만 퇴직률과 해고율을 낮춰도 같은 결과를 얻을 수 있다. 이 두 가지 전략에 들어가는 비용은 크게 다를 것이다. 국가의 부는 공장과 기계의 저량을 확대하는 투자를 통해 증가할 수 있다. 하지만 공장과 기계가 마모되고 고장 나고 폐기되는 비율을 낮춰도 국가의 부가 증가할 수 있으며, 대체로 이것이 비용이 덜 들어가는 전략이다.

욕조의 수도꼭지나 배수구 즉, 유량은 순식간에 조정할 수 있지만, 물의 수위 즉, 저량을 빠르게 변화시키는 것은 훨씬 더 어렵다. 배수 수도꼭지를 여는 즉시 물이 한꺼번에 흘러나가는 것도 아니고, 급수 수도꼭지를 한껏 연다고 욕조가 그 즉시 차오르는 것도 아니다. 저량이 변하는 데 시간이 걸리는 까닭은 유량이 흐르는 데 시간이 걸리기 때문이다. 이것이 시스템의 움직임을 이해하는 정곡이자 핵심이다. 일반적으로 저량은 서서히 변한다. 시스템에서 저량은 지연과 지체, 완충재, 바닥짐ballast, 원동력으로 작용한다. 저량, 특히 아주 큰 저량은 갑작스러운 변화가 닥쳐도 서서히 차오르거나 비워진다.

우리는 흔히 저량에 내재하는 동력을 과소평가한다. 인구가 증가하거나 인구 증가가 멈추거나 숲에 나무가 늘어나거나 저수지에 물이 차거나 광산이 고갈되려면 긴 시간이 걸린다. 어떤 경제도 가동 공장과 고속도로, 발전소로 이루어진 큰 저량을 하룻밤 사이에 확보할 수는 없다. 동원할 수 있는 자금이 아무리 많아도 불가능하다. 만일 경제가 석유를 태우는 수많은 용광로와 자동차 엔진으로 구성된다고 가정해보자. 유가가 아무리 급변해도 다른 연료를 태우는 용광로나 엔진으로 신속히 전환할 수 없다. 오염 물질이 지구 오존층을 파괴할 만큼 성층권에 쌓이기까지 수십 년이

유입 유량이나 유출 유량이 갑자기 변해도 저량은 대체로 서서히 변한다. 즉, 저량은 시스템에서 지연이나 완충재, 충격 흡수재 역할을 한다.

걸렸다. 이 오염 물질을 제거하려면 또 수십 년이 걸릴 것이다.

저량은 시스템의 동력과 속도를 맞춰 변한다. 산업화 속도는 기계를 조립하고 공장을 건설하는 속도나 인간이 그 기계와 공장을 운영하고 유지하는 방법을 배우는 속도보다 빠를 수 없다. 나무는 하룻밤 사이에 자라 숲을 이루지 못한다. 오염 물질이 지하수에 쌓이면 그 오염 물질은 지하수가 순환하는 속도에 따라 제거될 수밖에 없다. 그 시간은 수십 년이 될 수도 있고 수백 년이 걸릴 수도 있다.

저량이 서서히 변하는 과정에서 발생하는 시차가 시스템의 문제를 일으킬 수 있지만, 동시에 그 시차가 안정성의 원천일 수도 있다. 수세기에 걸쳐 쌓인 흙이 갑자기 침식되는 경우는 드물다. 사람들은 많은 기술을 습득한 뒤 즉시 잊어버리지 않는다. 다시 채워지는 속도보다 빠르게 지하수를 퍼 올려도 대수층(지하수를 함유한 지층)이 손상될 만큼 수위가 떨어지려면 오랜 시간이 걸린다. 저량이 유발하는 시차 덕분에 정책을 마련해 시험하고 효과가 없는 정책을 수정할 여유가 있는 것이다.

저량의 변화 속도를 이해하면 어떤 일이 더 빨리 일어나길 기대하거나 성급하게 포기하지 않게 된다. 시스템의 동력이 제공하는 기회를 활용해 좋은 결과를 이끌 수 있다. 유도 선수가 상대의 힘을 이용해 이기는 것과 흡사하다.

시스템 내 저량의 역할과 관련해 중요한 원리가 하나 더 있다. 피드백 개념과 곧장 연결되는 원리다. 유입 유량과 유출 유량이 서로 분리되고 일시적으로 균형이 깨져도 문제가 되지 않는 것은 저량 덕분이라는 원리다.

정유소에서 휘발유를 생산하는 속도가 자동차들이 휘발유를 소비하는 속도와 정확히 일치해야 한다면 정유회사를 운영하기 어려울 것이다. 숲에서 나무가 성장하는 속도와 정확히 일

> 유입 유량과 유출 유량이 독립적으로 분리되고 일시적으로 균형이 깨져도 문제가 되지 않는 것은 저량 덕분이다.

치시켜 벌목하는 것은 불가능하다. 저장 탱크에 든 휘발유와 숲속 나무는 유량이 단기적으로 제각각 변해도 어느 정도 확실성과 영속성, 예측 가능성이 있는 삶을 살 수 있도록 하는 저량이다.

이제껏 인류는 유입 유량과 유출 유량을 서로 독립적으로 안정시키기 위해 수많은 저량 관리 메커니즘을 고안했다. 강 하류의 주민과 농부들이 변화하는 강의 유량 특히, 가뭄과 홍수에 끊임없이 적응할 필요 없이 농사를 짓고 살 수 있는 것은 저수지 덕분이다. 우리가 일시적이나마 돈을 버는 비율과 다르게 돈을 쓸 수 있는 것도 은행이 있기 때문이다. 유통업자부터 도매상과 소매상으로 이어지는 상품 공급망의 재고 덕분에 고객들의 수요가 제각각 달라도 상품이 원활하게 공급되고, 생산 속도가 들쑥날쑥해도 고객 수요를 만족시킬 수 있다.

개인이나 기관의 결정은 대부분 저량 수준을 조절하기 위한 것이다. 재고가 너무 많으면 가격을 낮추거나 광고 예산을 키우고 판매량을 늘리고 재고량을 줄인다. 부엌에 비축한 식량이 줄어들면 식료품점으로 간다. 논에서 키우는 곡물의 저량이 증가하거나 정체하면 농부는 물을

댈지 살충제를 뿌릴지 결정하고 곡물회사는 수확물을 운반할 배를 몇 척을 예약할지 결정하고 투기꾼은 수확물의 미래 가치에 돈을 걸고 축산농가는 사육두수를 늘리거나 줄인다. 저수지의 수위가 너무 높이 올라가거나 너무 낮게 떨어지면 온갖 종류의 시정 조치가 동원된다. 여러분 수중의 자금이나 정유회사가 보유한 석유 매장량, 제지공장에 공급할 목재 칩 더미, 호수에 쌓인 오염 물질의 농도도 모두 마찬가지다.

사람들은 지속적으로 저량을 지켜보고, 저량이 적절하게 유지되도록 높이거나 낮추는 조치를 한다. 이런 결정들이 온갖 종류 시스템의 부침, 성공과 문제로 귀결된다. 시스템 사고자들이 보는 세상은 유량을 조작해 저량 수위를 조절하는 메커니즘이 있는 저량들의 집합이다.

시스템 사고자들은 세상을 '피드백 과정들'의 집합으로 본다는 의미다.

시스템이 작동하는 방법 - 피드백

> 속도가 더딘 생물학적 진화부터 최신 우주 위성 발사까지 모든 생물과 인간 활동의 바탕은 정보피드백 제어 시스템이다……개인적이거나 산업적, 사회적으로 우리가 하는 모든 일은 정보피드백 시스템의 맥락에서 이루어진다.
>
> _ 제이 W. 포레스터[3]

저량이 대폭 증가하거나 급속히 감소하거나 혹은 주변에서 무슨 일이 벌어지건 상관없이 일정 범위를 벗어나지 않는다면, 어떤 제어 메커니즘이 작동하고 있을 것이다. 다시 말해, 어떤 행동이 시간이 지나도 계속 나타나면 일관된 행동을 만들어내는 메커니즘이 있을 확률이 높다. 그리고 그 메커니즘은 **피드백 루프**˚를 통해 작동한다. 피드백 루프가 존재한다는 것을 알 수 있는 첫 번째 힌트는 장기간에 걸쳐 나타나는 일관된 행동 패턴이다.

피드백 루프는 저량의 변화가 그 저량으로 들어오거나 그 저량에서 흘러나가는 유량에 영향을 줄 때 형성된다. 피드백 루프는 아주 간단하고 직접적일 수 있다. 이자가 붙는 정기예금 계좌를 생각해보자. 정기예금 총액(저량)은 계좌에 입금되는 이자 금액에 영향을 준다. 원칙적으로 은행이 정기예금에 매년 일정한 비율로 이자를 지급하기 때문이다. 매년 계좌에 입금되는 이자 총액(유량)은 고정된 금액이 아니라 정기예금 총액에 따라 달라진다.

보통예금의 거래 명세서를 매달 확인해도 아주 직접적인 피드백 루프를 경험할 수 있다. 여러분은 보통예금의 현금 잔고(저량)가 내려가면 더 많이 일해서 돈을 더 벌 것이다. 계좌에 입금되는 돈은 여러분이 현금 저량을 더 바람직한 수준으로 올리기 위해 조절하는 유량이다.

• Feedback loop, 저량의 변화가 그 저량의 유입 유량이나 유출 유량에 영향을 미치는 (규칙이나 정보 흐름, 신호) 메커니즘. 저량, 저량 수준에 따른 일련의 결정과 조치, 다시 저량을 변화시키는 유량이 폐쇄적으로 연결된 인과 관계 사슬.

보통예금의 현금 잔고가 아주 커지면 마음 편하게 (유입 유량을 줄이며) 근로 시간을 줄일 수 있다. 여러분은 이런 식의 피드백 루프를 통해 현금 잔고 수준을 알맞은 범위로 유지한다. 현금 저량에 작용하는 피드백 루프가 수입 조절만 있는 것은 아니다. 계좌에서 빠져나가는 돈의 유출 유량을 조절하는 방법도 있다. 지출에 대한 유출 유량 조절 피드백 루프라고 할 수 있다.

피드백 루프로 인해 저량은 일정한 범위 안에서 수준을 유지하거나 증가하거나 감소할 수 있다. 저량의 크기 변화 때문에 저량으로 들어오거나 저량에서 나가는 유량이 조절되는 것이다. 사람이건 사물이건 저량의 수준을 감시하는 주체가 교정 조치를 시작해 유입 유량이나 유출 유량의 (혹은 이 둘의) 비율을 조절하고 저량의 수준을 변화시킨다. 저량 수준이 일련의 신호와 조치를 통해 피드백하며 자신을 통제한다.

피드백 루프가 모든 시스템에 있는 것은 아니다. 저량과 유량의 사슬이 상대적으로 단순하게 열린 시스템도 있다. 이런 사슬도 외부 요인의 영향을 받을 수 있지만 이 사슬의 저량 수준은 유량에 영향을 미치지 않는다. 하지만 우리 주위에 흔하고 상당히 우아하거나 놀라운 시스템은 피드백 루프를 포함한 시스템이다.

> 피드백 루프는 저량 수준에 따른 일련의 결정이나 규칙이나 물리적 법칙이나 조치, 다시 저량을 변화시키는 유량이 저량과 폐쇄적으로 연결된 인과 관계 사슬이다.

도해마다 저량과 저량을 변화시키는 유량, 조치의 방향을 나타내는 (가는 곡선으로 표기된) 정보 연계가 다르다. 이 도해에서 중요한 내용은 조치나 변화가 언제나 유량 조절을 통해 이루어진다는 것이다.

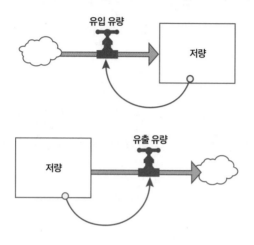

균형을 유지하려는 메커니즘

흔히 보이는 피드백 루프 중 하나는 보통예금 사례처럼 저량 수준을 안정시키는 피드백 루프다. 저량 수준이 완전히 고정되는 것은 아니지만 적절한 범위 안에 머문다. 우리에게 익숙한 안정화 피드백 루프 사례를 몇 가지 더 살펴보며 피드백 루프가 어떤 단계를 거치는지 자세히 들여다보자.

당신이 커피를 즐긴다면 에너지 수준이 떨어지는 느낌이 들 때 다시 기운을 차리려고 뜨거운 블랙커피를 한 잔 마실 것이다. 커피를 즐기는 당신의 마음속에 바람직한 저량 수준(일에 쓸 수 있는 에너지 수준)이 있는 것이다. 이 카페인 전달 시스템의 목적은 당신의 실제 저량 수준을 바람직한 수준이나 그에 가깝게 유지하는 것이다(물론 향을 즐기거나 사회 활동 참여 등 커피를 마시는 다른 목적도 있을 수 있다). 매일 카페인 섭취량을 조절하는 결정을 내리도록 하는 것은 일에 사용할 바람직한 에너지 수준과 실제 수준 사이의 틈 즉, 차이다.

이 책의 모든 도해가 그렇지만 〈도표 9〉 도해의 표기도 방향이 없다. '낮은 에너지 수준'이 아니라 '몸속에 저장된 에너지'고 '더 많은 커피'가 아니라 '커피 섭취'다. 흔히 피드백 루프는 양방향으로 작용하기 때문이다. 이 경우 피드백 루프는 섭취 부족과 더불어 과잉 섭취도 조정

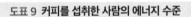

도표 9 커피를 섭취한 사람의 에너지 수준

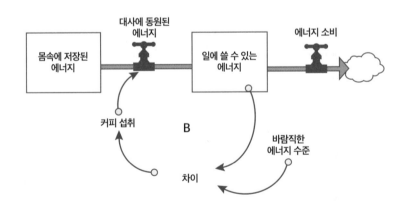

한다. 커피를 너무 많이 마신 탓에 에너지가 남아 흥분한 느낌이 들면 잠시 커피를 멀리할 것이다. 높은 에너지는 '너무 많다'는 차이를 만들고, 이 차이가 에너지 수준이 안정될 때까지 커피 섭취를 줄이도록 만든다. 〈도표 9〉의 도해는 피드백 루프가 에너지 저량이 양방향으로 조절되도록 작용한다는 것을 보여준다.

〈도표 9〉의 시스템 도해는 구름에서 에너지 유입 유량이 들어오는 모습을 생략했지만 사실은 조금 더 복잡하다. 다시 말하지만, 모든 시스템 도해는 현실 세계를 단순화한 것이다. 얼마나 많은 복잡성을 볼지는 각자에게 달렸다. 이 도해에서 나는 저량을 하나 더 추가했다. 몸속에 저장된 에너지 중 카페인으로 활성화될 수 있는 에너지다. 단순한 루프 하나가 시스템 전부가 아니라는 것을 보여주고 싶었다. 커피를 마시는 사람이면 모두 알겠지만 카페인은 단기적인 자극제에 불과하다. 카페인이 여러분의 모터를 더 빨리 돌릴 수는 있어도 연료 탱크를 채우지는 못한다. 결국 카페인 각성 효과는 사라지고 몸속 에너지는 전보다 더 떨어진다. 에너지가 떨어지면 다시 피드백 루프가 작동해 커피포트로 향하게 된다(이 책에서 나중에 다루는 중독도 참조하길 바란다). 하지만 장기적이고 더 건강한 피드백 반응을 유발해, 음식을 먹고 산책을 하고 잠시 눈을 붙일 수도 있다.

이렇게 안정시키고 목표를 추구하며 조절하는 루프가 **균형 피드백 루프**˙다. 그래서 〈도표 9〉도해의 루프에 B(balancing-옮긴이)라는 표식을 붙였다. 균형 피드백 루프는 목표를 추구하거나 안정을 추구한다. 저량을 정해진 값이나 일정한 범위로 유지하려 한다. 균형 피드백 루프는 시스템에 주어진 변화가 어느 방향이건 그 반대 방향으로 작용한다. 여러분이 저량을 너무 높이 올리면 균형 피드백 루프는 저량을 다시 끌어내리고, 여러분이 저량을 너무 낮게 떨어트리면 균형 피드백 루프는 저량을 다시 끌어올린다.

커피와 관련한 균형 피드백 루프를 하나 더 살펴보자. 하지만 이번에는 피드백 루프가 인간의 결정이 아니라 물리적 법칙에 따라 작동하는 사례다. 컵에 담긴 뜨거운 커피는 실내 온도에 맞춰 서서히 식는다. 커피가 식는 속도는 커피 온도와 실내 온도의 차이에 달렸다. 그 차이가 클수록 커피는 더 빨리 식는다. 루프는 반대 방향으로도 작동한다. 더운 날 냉커피를 타 놓으면 실내 온도와 같아질 때까지 커피 온도가 올라갈 것이다. 이 시스템의 기능은 커피 온도와 실내 온도의 차이를 0으로 만드는 것이다. 차이의 방향이 어느 쪽이건 상관없다.

균형 피드백 루프는 시스템에서 평형을 유지하거나 목표를 추구하는 구조이며, 안정의 근원이자 변화에 대한 저항의 근원이다.

〈도표 11〉은 끓기 직전부터 얼기 직전까지 다양한 커피 온도가 (마시지 않고 두었을 때) 시간이 지남에 따라 어떻게 변할지 보여준다. 그 래프를 보면 균형 피드백 루프의 '귀소' 행동을 확인할 수 있다. 시스템 저량의 초기값(이 경우

- Balancing feedback loop, 목표를 추구하며 안정시키고 조절하는 피드백 루프. 시스템에 주어진 변화가 어느 방향이건 그 반대 방향으로 작용하기 때문에 '음성 피드백 루프'로도 불림.

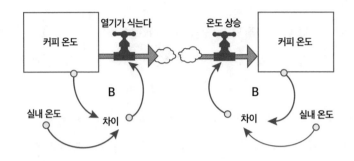

도표 10 냉각되는 커피(왼쪽)와 가열되는 커피(오른쪽)

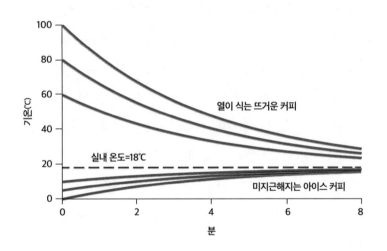

도표 11 실내 온도 18℃에 가까워지는 커피 온도

에는 커피 온도)이 '목표(실내 온도)' 이상이건 이하건 상관없이 피드백 루프는 시스템 저량의 초기값을 목표에 접근시킨다. 처음에는 빠르게 변하지만, 저량과 목표 사이의 차이가 줄어들면서 변화 속도가 점점 느려진다.

방사성 원소의 원자핵이 붕괴할 때나 미사일이 목표물을 찾을 때, 자산 가치가 하락할 때, 저수지 수위가 바람직한 수위로 올라가거나 내려갈 때, 우리 몸이 혈당 농도를 조절할 때, 정지 신호에 맞춰 자동차를 멈출 때 등 시스템이 규정 목표에 접근하는 행동 패턴을 확인할 수 있는 사례는 많다. 세상은 목표를 추구하는 피드백 루프로 가득하기 때문이다.

피드백 메커니즘이 존재한다고 해서 반드시 그 메커니즘이 제대로 작동하는 것은 아니다. 피드백 메커니즘의 힘이 부족해 저량을 바람직한 수준으로 이끌지 못할 수도 있다. 시스템의 정보 부분이자 상호연관성인 피드백이 약해지는 원인은 다양하다. 정보가 너무 늦게 도착하거나 엉뚱한 곳에 도착할 수도 있고, 정보가 불분명하거나 불완전하거나 해석하기 어려울 수도 있다. 이런 정보는 너무 약하거나 지연되거나 자원의 제약을 받거나 전혀 효과가 없는 조치를 부를 것이다. 그러면 실제 저량이 피드백 루프의 목표에 절대 도달하지 못할 것이다. 하지만 커피처럼 간단한 사례에서는 커피 온도가 결국 실내 온도에 도달할 것이다.

현상을 강화하는 메커니즘

머릿속을 다시 맑게 하려면 휴식이 필요하고, 쉬려면 여행을 가야 하고, 여행을 가려면 돈이 있어야 하고, 돈을 벌려면 일을 해야만 해…나는 악순환에 빠졌다…거기서 탈출하는 것은 불가능하다.

_ 오노레 드 발자크 Honore de Balzac, 19세기 소설가이자 극작가[4]

여기서 아주 중요한 특징이 나온다. 순환논법처럼 보이겠지만, 투자가 감소하기 때문에 이익이 감소하고, 이익이 감소하기 때문에 투자가 감소한다.

_ 얀 틴베르헨 Jan Tinbergen, 경제학자[5]

두 번째로 살펴볼 피드백 루프는 증폭하고 강화하고 자기 증식하며 눈덩이처럼 불어난다. 선순환하며 건강한 성장을 이끌거나 악순환하며 걷잡을 수 없는 파멸을 초래하는 이런 피드백 루프가 **강화 피드백 루프***이며, 도해에서는 R(reinforcing-옮긴이)로 표기한다. 강화 피드백 루프는 저량이 많을수록 더 많은 양을 저량에 투입한다(혹은 저량이 적을수록 더 적은 양을 저량에 투입한다). 강화 피드백 루프는 어떤 방향이건 저량에 가해진 변화를 증가시킨다. 예를 들어 이런 식이다.

◆ 형이 나를 세게 밀칠수록 나도 형을 더 세게 밀치고, 그래서 형이 다

---

* Reinforcing feedback loop, 증폭하거나 강화하는 피드백 루프로 변화의 방향을 강화하기 때문에 '양성 피드백 루프'라고도 불림. 선순환하고 악순환함.

시 더 세게 밀치면 나도 다시 더 세게 밀친다.

◆ 가격이 오를수록 임금도 상승해야 사람들이 생활수준을 유지할 수 있다. 그런데 기업이 이익을 유지하려면 임금이 상승할수록 가격도 올릴 수밖에 없다. 결국 임금은 다시 더 상승해야 하고 가격도 다시 더 인상되어야 하는 것이다.

◆ 토끼가 늘수록 새끼를 낳을 어미도 늘어난다. 그래서 새끼 토끼가 늘면 더 많은 토끼가 어미로 자라 더 많은 새끼를 낳는다.

◆ 토양 침식이 증가할수록 땅에서 자랄 식물이 줄고, 뿌리로 흙을 단단히 붙잡는 식물이 줄수록 더 많은 토양이 침식하고, 땅에서 자랄 식물이 그만큼 더 준다.

◆ 피아노 연습을 할수록 피아노 소리가 주는 즐거움이 커지고, 그래서 피아노 연주 시간을 늘릴수록 연습량도 더 증가한다.

강화 피드백 루프는 시스템 요소가 자가 증식하거나 일정한 비율로 증가할 능력을 갖춘 모든 곳에서 발견된다. 이런 능력을 갖춘 대표적인 시스템 요소가 인구와 경제다. 이자가 붙는 예금 계좌 사례를 다시 생각해보자. 은행에 맡기는 금액이 커질수록 지급되는 이자도 커지고, 이자가 계좌 잔고에 추가되며 훨씬 더 많은 이자를 발생시킨다.

은행에 최초 100달러를 맡긴 뒤 12년 동안 추가 입금이나 출금이 없는 조건에서 강화 피드백 루프에 따라 잔고가 느는 상황을 나타낸 것이 〈도표 13〉이다. 연이율 2%에서 10%까지 다섯 가지 이자율에 따

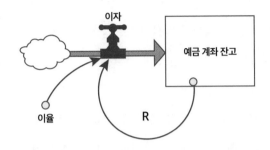

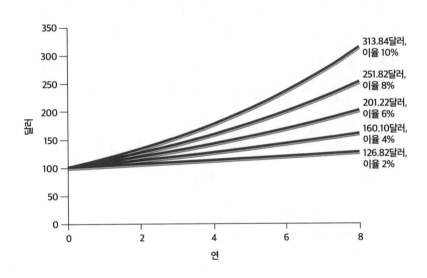

른 잔고 증가 상황을 그래프로 표현했다.

그래프에서 예금 금액은 단순히 직선으로 증가하지 않는다. 시간

자기 향상적인 강화 피드백 루프는 시간이 지나며 지수적 성장이나 걷잡을 수 없는 붕괴로 이어진다. 강화 피드백 루프는 저량이 스스로 강화하거나 증식할 능력만 갖추면 나타난다.

이 지나며 일정하게 증가하지 않는다. 상대적으로 이율이 낮은 경우에는 처음 몇 년 동안 예금액이 직선적으로 증가하는 것처럼 보일 것이다. 하지만 실제 예금액은 갈수록 더 빠르게 증가한다. 시간이 지날수록 더 많이 증가한다. 이것이 바로 지수적 증가다. 은행에 맡긴 돈이나 HIV/AIDS 감염자, 옥수수밭의 해충, 국가 경제, 군비 경쟁 무기 등 증가하는 대상이 무엇이냐에 따라 지수적 증가는 좋은 소식이 될 수도 있고 나쁜 소식이 될 수도 있다.

〈도표 14〉를 보면 ('자본'으로 통칭하는) 기계와 공장이 늘수록 ('산출'로 통칭하는) 재화와 서비스 생산도 증가하고, 산출이 늘면 새로운 기계와 공장에 대한 투자가 늘어날 수 있다. 더 많이 만들수록 생산 능력이 올라가 훨씬 더 많이 만들어내는 것이다. 이런 강화 피드백 루프가 경제 성장의 핵심 엔진이다.

이제 여러분도 균형 피드백 루프와 강화 피드백 루프가 시스템의 기본임을 알게 되었을 것이다. 나는 가끔 학생들에게 인간의 결정 중 피드백 루프 없이 발생하는 것이 있는지 묻곤 한다. 즉, 저량의 수준에 영향을 준다는 정보를 고려하지 않고 내리는 결정이 있느냐는 질문이다. 여러분도 한번 생각해보길 바란다. 생각하면 생각할수록 여러분도 모든 곳에 피드백 루프가 있다는 것을 알게 될 것이다.

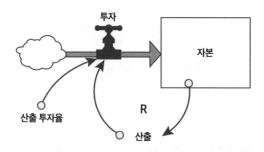

도표 14 자본에 재투자

투자

자본

산출 투자율

R

산출

학생들이 '피드백 없는' 결정으로 흔히 제시하는 대답이 사랑과 자살이다. 사랑과 자살이 실제로 피드백과 관련 없이 이루어지는 결정인지 아닌지 여러분 스스로 판단하길 바란다.

조심해야 한다. 모든 곳에서 피드백 루프가 보이면 여러분은 이미 시스템 사고자가 될 위험에 빠진 것이다. 그러면 여러분도 A가 B에 영향을 주는 것만 보지 않고 B도 A에 어떤 영향을 주는지 그리고 A가 어떻게 스스로 강화하거나 반전할지 고민할 것이다. 만일 여러분이 저녁 뉴스 시간에 연방준비은행이 경제 조치를 취했다는 소식을 들으면 경제가 틀림없이 연방준비은행에 영향을 주는 일을 했다고 생각할 것이다. 인구 증가가 가난을 불러온다는 소리를 들으면 여러분은 가난이 인구 증가를 불러올지 스스로에게 물어볼 것이다.

생각해보자

만일 A가 B를 초래하면 B도 A를 초래할 수 있을까?

___

여러분은 이제 세상을 정태적이 아니라 동태적인 면에서 바라보고 사고할 것이다. 비난할 대상을 찾기보다 "시스템이 뭐지?"라고 질문할 것이다. 피드백 개념에서 나오는 것이 바로 이처럼 시스템이 스스로 행동을 초래할 수 있다는 생각이다.

지금까지 균형 피드백 루프와 강화 피드백 루프를 따로따로 하나씩 설명했지만, 실제 시스템에서 피드백 루프가 하나만 나타나는 경우는 거의 없다. 당연하다. 피드백 루프들은 환상적일 만큼 복잡한 패턴으로 서로 연결되어 있다. 단 하나의 저량에서도 강화 피드백 루프와 균형 피드백 루프 여러 개가 서로 다른 힘으로 저량을 여러 방향으로 끌어당길 수 있다. 단 하나의 유량이 세 개나 다섯 개, 스무 개 저량의 내용물에 의해 조절될 수도 있다. 유량 하나가 저량 하나를 채우는 동시에 다른 저량을 비우며 또 다른 저량을 변화시키는 결정에 영향을 줄 수 있다. 한 시스템 안에서 수많은 피드백 루프가 저량들을 증가시키거나 소멸시키거나 상호 균형을 이루도록 하며 서로 힘을 겨룬다. 그 결과 복잡 시스템은 가만히 머물거나 지수적으로 폭발하거나 순조롭게 목표에 접근하는 외에도 아주 다양한 모습을 보인다. 이제 그 모습들을 살펴보자.

02
다양한 시스템 유형들

:

모든 이론의…목표는 기본 요소들을…적절한 표현을 포기할 필요 없이
가능한 단순하고 적게 만드는 것이다.

_ 알베르트 아인슈타인, 물리학자[1]

새로운 것을 배우는 좋은 방법은 추상적 개념이나 일반론보다 구체적
인 사례를 통해 배우는 것이다. 그래서 우리도 흔하고 단순하지만 중
요한 시스템 사례를 몇 가지 살펴보고자 한다. 알아 두면 도움이 되는
사례들을 살피는 동안 복잡 시스템의 일반 원리들이 드러날 것이다.

시스템 사례들을 모아 놓은 집합은 동물원과 똑같은 장단점을 지니
고 있다.[2] 세상에 존재하는 시스템이 아주 다양하다는 것을 알려주지
만, 그 다양성을 완전하게 표현하지는 못한다. 원숭이는 여기, 곰은 저
기 (단일 저량 시스템은 여기, 이중 저량 시스템은 저기) 식으로 동물을 종

별로 구분하기 때문에 곰과 대조적인 원숭이의 특징적 행동을 관찰할 수 있다. 하지만 이런 시스템 집합은 동물원과 마찬가지로 지나치게 정리되어 있다. 사람들이 보고 이해할 수 있도록 동물들을 서로 분리하고 정상적인 은폐 환경에서도 떼어 놓기 때문이다. 동물원의 동물들이 생태계에서 뒤섞이는 모습이 더 자연스러운 것처럼 이 책에서 설명하는 시스템 동물들도 여기서 제외된 시스템 동물들과 함께 서로 연결되고 상호작용하는 것이 정상이다. 이 모두가 모여 윙윙대고 빽빽거리고 쩍쩍거리며 변화하는 복잡성 속에서 우리가 사는 것이다.

생태계는 잠시 뒤로 미루고, 우선 시스템 동물을 하나씩 살펴보자.

'저량'이 하나인 시스템의 유형들

균형 루프 두 개가 경쟁하는 단일 저량 - 온도조절기

앞에서 우리는 커피가 식는 사례를 통해 목표를 추구하는 균형 피드백 루프의 '귀소' 행동을 살펴보았다. 그런데 균형 피드백 루프 두 개가 하나의 저량을 서로 다른 목표로 끌어당기면 어떻게 될까?

이런 시스템 사례가 실내 난방을 조절하는 (혹은 에어컨과 연결되어 냉방을 조절하는) 온도조절장치다. 모든 시스템 모델과 마찬가지로 〈도표 15〉에 표현된 온도조절기도 실제 가정에 있는 난방 시스템을 단순화한 것이다.

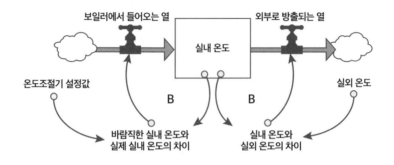

도표 15 온도조절기와 보일러로 조절되는 실내 온도

실내 온도가 온도조절기 설정값 아래로 떨어지면 온도조절기가 차이를 감지하고 보일러에서 열 유량을 유입시켜 방을 덥히라는 신호를 보낸다. 실내 온도가 다시 올라가면 온도조절기는 열 유량의 유입을 차단한다. 이처럼 저량을 유지하는 간단한 균형 피드백 루프를 묘사한 것이 〈도표 15〉의 좌측 부분이다. 이 시스템에 이런 균형 피드백 루프가 하나만 있고 만일 추운 방의 온도조절기 설정값을 18℃(65℉)로 맞추면, 〈도표 16〉과 같은 행동이 나타날 것이다. 보일러가 작동하고 방이 따뜻해질 것이다. 그리고 실내 온도가 온도조절기 설정값에 도달하면 보일러가 작동을 멈추고 방은 목표 온도를 유지할 것이다.

하지만 이 시스템에는 피드백 루프가 하나만 있는 것이 아니다. 열은 외부로 빠져나가기도 한다. 두 번째 균형 피드백 루프가 열 유출 유량을 통제하며, 이를 표현한 것이 〈도표 15〉의 우측 부분이다. 두 번째

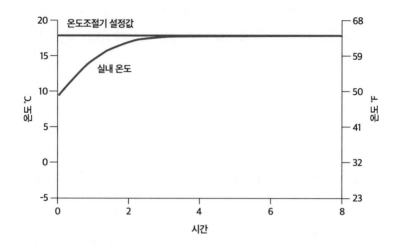

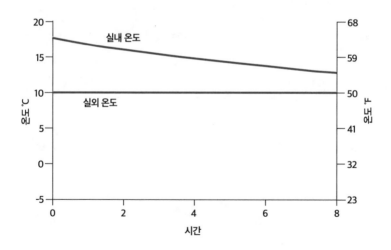

균형 피드백 루프는 항상 실내 온도를 실외 온도와 맞추려 한다. 커피가 식는 것과 마찬가지다. 이 시스템에 이런 피드백 루프만 있다면 (즉, 보일러가 없다면) 추운 날 따뜻한 방의 실내 온도가 〈도표 17〉처럼 변할 것이다.

실내 단열이 완벽하지 못해 열이 따뜻한 방에서 추운 외부로 새어 나간다고 가정한 상황이다. 단열을 보강하면 실내 온도가 더 느리게 떨어질 것이다.

위에서 설명한 피드백 루프 두 개가 동시에 작동하면 어떻게 될까? 단열도 충분하고 보일러 용량도 적당해서 난방 루프가 냉각 루프보다 우세하다고 가정하자. 추웠던 방이 추운 날에도 〈도표 18〉처럼 따뜻해질 것이다.

도표 18 방에서 열이 계속 외부로 새어 나가지만 보일러가 추운 방을 따뜻하게 만든다.

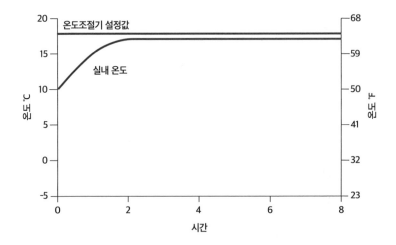

방이 따뜻해지면 방에서 빠져나가는 열도 증가한다. 실내 온도와 실외 온도의 차이가 더 크게 벌어지기 때문이다. 하지만 보일러가 빠져나가는 양보다 더 많은 열을 계속 공급하기 때문에 방은 목표 온도에 가깝게 따뜻해진다. 방이 목표 온도에 접근하면 이때부터 보일러는 반복적으로 켜졌다 꺼졌다 하며 방에서 외부로 빠져나가는 열을 계속 보충한다.

이 시뮬레이션에서 온도조절기의 설정값은 18℃(65℉)이지만, 실내 온도는 18℃(65℉)를 살짝 밑돈다. 보일러가 신호를 받고 실내 온도를 다시 설정값에 맞추는 동안에도 열이 외부로 새어 나가기 때문이다. 이것은 균형 루프들이 경쟁하는 시스템에서 나타나는 특징적이고 때론 놀라운 행동이다. 바닥에 구멍이 뚫린 양동이에 물을 계속 채우는 것과 비슷하다. 게다가 구멍으로 빠져나가는 물에 피드백 루프까지 적용된다. 양동이에 담긴 물이 증가할수록 바닥 구멍에 가해지는 수압도 올라가고 결국 새어 나가는 물의 양도 늘어난다. 이 시뮬레이션에서도 우리는 방을 바깥보다 더 따뜻하게 유지하려고 하지만 방이 따뜻해질수록 열이 외부로 빠져나가는 속도도 빨라진다. 보일러가 늘어난 열 손실을 보충하려면 시간이 걸리고, 그 시간 동안에도 더 많은 열이 새어 나간다. 단열이 잘 된 집은 열이 새어 나가는 속도가 더 느릴 것이고, 이런 집이 단열이 부실한 집보다 더 안락하다. 아무리 용량이 큰 보일러를 설치해도 단열이 부실한 집은 단열이 잘 된 집만큼 안락할 수 없다.

우리는 가정에서 난방 시스템을 이용할 때 온도조절기 설정값을 실제 목표로 삼는 온도보다 조금 더 높게 설정해야 한다는 사실을 알고 있다. 정확히 얼마나 더 높게 설정하느냐고 물으면 대답하기가 어렵다. 날씨에 따라 열 유출률이 다르고, 따뜻한 날보다 추운 날에 열 유출률이 더 높기 때문이다. 하지만 온도조절기로 실내 온도를 통제하는 문제는 심각한 문제가 아니다. 온도조절기의 설정값을 대충 조절해도 사는 데 큰 지장이 없기 때문이다.

　　하지만 이와 똑같이 균형 루프들이 경쟁하는 구조를 지닌 다른 시스템에서는 저량을 통제하려 애쓰는 동안에도 저량이 계속해서 변한다는 사실이 정말 심각한 문제가 될 수 있다. 예를 들어보자. 여러분이 매장 상품의 재고를 일정 수준으로 유지해야 한다고 가정하자. 어떤 상품이 부족하다고 확인되는 즉시 당장 눈에 보이는 부족량만 주문해서는 재고 수준을 맞출 수 없을 것이다. 주문한 상품이 입고되길 기다리는 동안 팔릴 물량까지 고려하지 않으면 재고를 충분한 수준으로 유지할 수 없을 것이다. 현금 잔고나 저수지 수위, 연속 유동 반응 시스템의 화학물질 농도를 일정 수준으로 유지할 때도 마찬가지다.

　　여기서 중요한 일반 원칙 하나와 온도조절기 구조에만 적용되는 특수 원칙 하나가 확인된다. 일반 원칙부터 살펴보자. 피드백 루프로 전달된 정보는 미래 행동에만 영향을 줄 수 있다는 원칙이다. 피드백 루프가 아무리 빠르게 정보를 전달해도 현재의 피드백을 추진한 행동을 교정할 수는 없다. 시스템 내부에서 피드백에 근거해 결정을 내리는 사람은 현재의 피드백을 추진한 시스템의 행동을 바꿀 수 없다. 그의 결정은 오직 미래 행동에만 영향을 줄 것이다.

이 원칙이 왜 중요할까? 반응은 지연되기 마련이라는 의미이기 때문이다. 유량이 유량에 즉각 반응할 수 없다는 의미이기 때문이다. 유량은 저량의 변화에만 반응할 수 있으며, 정보가 들어와도 잠시 지연된 후에 비로소 정보를 등록할 수 있다. 욕조에서 물의 깊이를 잰 뒤 유량을 조절하는 결정을 내릴 때도 아주 잠시나마 시간이 걸린다. 그런데 수많은 경제 모델이 이와 관련한 실수를 저지른다. 소비나 생산이 가격 변동에 즉각 반응할 수 있다고 추정하는 실수를 저지르는 것이다. 흔히 실물 경제가 수많은 경제 모델과 똑같이 행동하지 않는 이유 중 하나가 바로 이 때문이다.

> 피드백 루프로 전달된 정보는 미래 행동에만 영향을 줄 수 있다. 비물리적인 피드백도 마찬가지다. 피드백 루프는 현재의 피드백을 추진한 행동을 교정할 만큼 빠르게 신호를 전달할 수 없다. 비물리적인 정보도 시스템 내부로 피드백되려면 시간이 걸린다.

위에서 살펴본 단순한 시스템에서 우리가 추론할 수 있는 특수 원칙은 온도조절기 같은 시스템에서는 반드시 현재 채우거나 비우는 진행 과정을 모두 고려해야 한다는 것이다. 그렇지 않으면 목표로 삼은 저량 수위에 도달할 수 없기 때문이다. 방의 실내 온도를 18℃(65℉)로 올리고 싶다면 온도조절기 설정값을 원하는 온도보다 조금 더 높게 설정해야 한다. (국채나) 신용카드 잔액을 모두 상환하려면 (이자를 포함해) 상환하는 동안 발생하는 금액을 감당할 수 있을 만큼 상환율을 높여야 한다. 기업의 노동력을 더 높은 수준으로 올리려면 신규 채용하

저량을 유지하는 균형 피드백 루프는 반드시 저량에 영향을 주는 채움 과정이나 비움 과정을 적절히 보상하도록 목표를 설정해야 한다. 그렇지 않으면 피드백 과정에서 저량이 목표치에 도달하지 못하거나 목표치를 초과할 것이다.

는 동안 퇴사하는 인원까지 감당할 만큼 빠르게 근로자를 채용해야 한다. 다시 말해, 시스템 정신 모델에는 중요한 유량이 모두 포함되어야 한다. 그렇지 않으면 시스템의 행동에 놀라게 될 것이다.

온도조절기와 관련해 마지막으로 살펴볼 것이 있다. 실외 온도가 바뀔 때 온도조절기의 움직임이다. 실외 온도가 0℃ 아래로 떨어질 때 제대로 된 온도조절기 시스템이 24시간 정상적으로 작동하는 상황을 나타낸 것이 〈도표 19〉다. 보일러에서 들어오는 열 유입 유량이 외부로 빠져나가는 열 유출 유량을 정확히 쫓아간

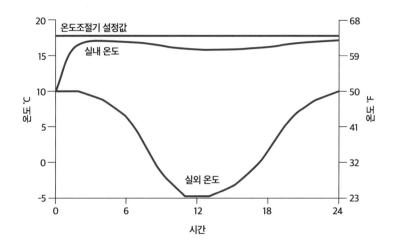

도표 19 방에서 열이 새어 나가고 실외 온도가 0℃ 아래로 떨어져도 보일러가 추운 방을 따뜻하게 만든다.

다. 그래서 일단 따뜻해진 다음에는 방의 실내 온도가 거의 변하지 않는다.

그런데 모든 균형 피드백 루프에는 붕괴점breakdown point이 있다. 붕괴점은 저량을 목표에서 떼어내는 루프들의 힘이 저량을 목표로 되돌리는 균형 피드백 루프의 힘보다 강한 지점이다. 온도조절기 시스템에서는 (보일러 용량을 줄여 열 생산량을 낮추는 등) 가열 루프의 힘을 떨어트리거나 (실외 온도가 더 떨어지거나 단열재를 빼거나 열이 새는 틈이 더 커지는 등) 냉각 루프의 힘을 증가시키면 붕괴점이 발생한다. 〈도표 20〉은 실외 온도가 〈도표 19〉와 같은 조건일 때 방에서 열이 손실되는 속도가 더 빠른 경우다. 실외 온도가 아주 낮으면 보일러가 열 유출 속도

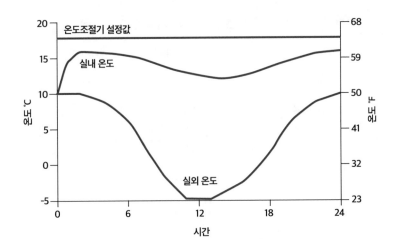

도표 20 열이 새는 집은 추운 날 보일러가 방을 따뜻하게 유지하지 못한다.

를 따라잡지 못한다. 실내 온도를 실외 온도로 끌어내리는 루프가 한동안 시스템을 장악하는 것이다. 얼마나 살기 불편한 방이 되겠는가.

〈도표 20〉의 변수들이 시간이 흐르며 서로 어떻게 연결되는지 자세히 살펴보자. 처음에는 실내와 실외가 모두 서늘하다. 외부로 새어 나가는 열보다 많은 열이 보일러를 통해 들어오며 방은 따뜻해진다. 한두 시간은 바깥 날씨가 안정적이어서 보일러가 외부로 손실되는 열을 대부분 다시 채워 실내 온도가 적정 온도를 거의 유지한다.

하지만 실외 온도가 내려가며 열 유출이 증가하면 보일러가 충분한 열을 빠르게 채우지 못한다. 보일러에서 들어오는 양보다 더 많은 열이 새어 나가기 때문에 실내 온도가 떨어진다. 그리고 실외 온도가 다시 오르며 열 유출 속도가 떨어지면 계속해서 최대 가동 중인 보일러가 마침내 열 유출 속도를 앞지르며 방이 다시 따뜻해진다.

욕조에 적용된 규칙과 마찬가지로 보일러에서 들어오는 열이 유출되는 열보다 많으면 실내 온도가 올라간다. 유입률이 유출률보다 떨어지면 온도가 떨어진다. 위 그래프에 나타난 시스템 변화를 자세히 살펴보고 그 변화와 시스템의 피드백 루프 도해를 연결하면, 이 시스템의 구조적 상호연관성 즉, 서로 상대적으로 변하는 두 피드백 루프의 힘이 시간 흐름에 따른 시스템 행동 전개로 이어진다는 것을 이해하게 될 것이다.

강화 루프와 균형 루프가 하나씩인 단일 저량 - 인구와 산업 경제

강화 루프와 균형 루프가 하나의 저량을 동시에 끌어당기면 어떻게 될까? 가장 흔하고 중요한 시스템 구조 중 하나가 바로 이런 구조이며, 대표적인 것이 인구와 경제다.

인구에는 출산율을 통해 인구 성장을 이끄는 강화 루프와 사망률을 통해 인구 감소를 이끄는 균형 루프가 있다.

(실제 시스템에서는 거의 없는 일이지만) 출산율과 사망률이 변하지 않고 일정하다면 이 시스템은 단순하게 움직일 것이다. 출산을 결정하는 강화 피드백 루프와 사망을 결정하는 균형 피드백 루프 중 어느 것의 힘이 더 강하냐에 따라 인구는 지수적으로 성장하거나 지수적으로 감소할 것이다.

예를 들어, 세계 인구가 66억 명이던 2007년 당시 연간 출산율은 인구 1,000명당 21명, 연간 사망률은 인구 1,000명당 9명 정도였다. 출산율이 사망률보다 훨씬 더 높았다. 강화 루프가 시스템을 지배

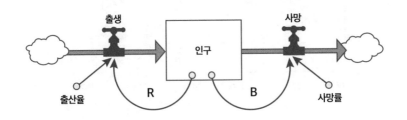

도표 21 **출생의 강화 루프와 사망의 균형 루프가 제어하는 인구**

한 것이다. 만일 이런 출산율과 사망률이 변하지 않고 이어지면 〈도표 22〉에 나타난 것처럼 지금 갓 태어난 신생아가 60세가 되는 시점에 세계 인구는 두 배 넘게 증가해 있을 것이다.

만일 끔찍한 전염병으로 사망률이 1,000명당 30명으로 증가하고 출산율은 계속 21명 수준에 머무르면 사망 루프 시스템을 지배할 것이다. 매년 태어날 아이보다 많은 사람이 사망하고, 인구는 〈도표 23〉처럼 서서히 감소할 것이다.

시간이 흐르며 출산율과 사망률이 변하면 더 흥미로운 상황이 펼쳐진다. 유엔은 장기 인구 전망을 발표하며 전 세계 국가들이 발전할

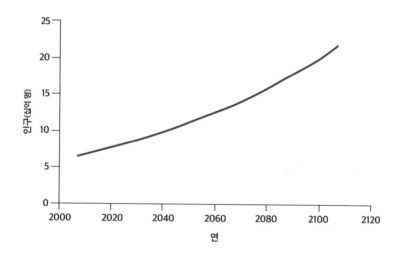

도표 22 1,000명당 21명이 태어나고 9명이 사망하는
2007년의 출산율과 사망률이 이어지면 인구가 성장한다.

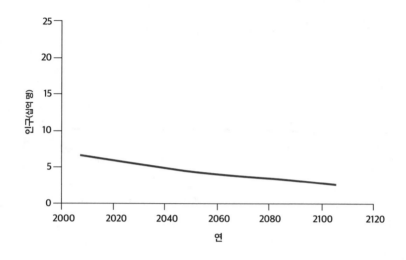

(세로축: 인구(억 명), 가로축: 연)

수록 평균 출산율은 (여성 1명당 1.85명 출산으로) 떨어질 것으로 추정
했다. 세계 대부분 지역에서 사망률이 낮아짐에 따라 전체 사망률도
떨어지지만 사망률 감소 속도가 출산율 감소 속도보다 더 느릴 것으
로 예상했다. 하지만 최근 유엔은 사망률과 관련한 의견을 수정했다.
HIV/AIDS의 확산 때문이다. 이제 유엔은 HIV/AIDS가 유행하는 지
역에서는 평균 수명 증가 추세가 향후 50년에 걸쳐 둔화할 것으로 예
상한다.

출산율과 사망률이라는 유량이 변하면 시간이 흐르며 인구라는 저
량의 형태도 변한다. 선이 구부러지는 것이다. 예를 들어 전 세계 출산

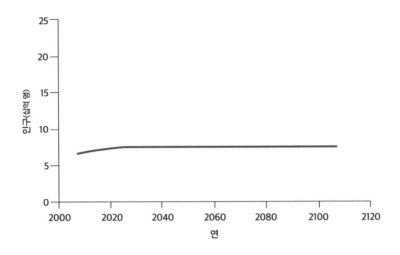

도표 24 출산율과 사망률이 일치하면 인구가 안정된다.

율이 꾸준히 감소해 2035년에 사망률과 같아지고 그 추세가 이후 변함없이 이어진다면 〈도표 24〉처럼 인구가 수평을 유지하며 출산과 사망이 동적 평형 상태에서 정확히 균형을 이룰 것이다.

이런 행태가 피드백 루프의 **지배 전환***을 보여주는 사례다. 지배는 시스템 사고에서 중요한 개념이다. 예를 들어 A루프가 B루프를 지배하면 A루프가 움직임에 더 큰 영향을 준다. 대체로 시스템 안에는 동시에 작동하며 서로 경쟁하는 피드백 루프가 여러 개 있고, 그중 시스템을 지배하는 루프가 행동을 결정한다.

• shifting dominance, 서로 경쟁하는 피드백 루프들의 상대적 힘이 시간이 지나며 변하는 것.

위 도표에서 출산율이 사망률보다 높던 초기에는 성장 강화 루프가 시스템을 지배하면서 지수적 성장이 나타난다. 하지만 출산율이 떨어지며 성장 강화 루프의 힘도 약해지고, 마침내 사망 균형 루프의 힘과 같아진다. 이때 그 어떤 루프도 시스템을 지배하지 않고 동적 평형을 이룬다.

앞서 살펴본 온도조절기 시스템에서도 지배 전환이 나타났다. 실외 온도가 낮고 단열이 부실한 집에서 새어 나가는 열이 실내로 열을 보내는 보일러의 성능을 압도할 때 가열 루프의 지배가 냉각 루프의 지배로 바뀐다.

인구 시스템에서 나타나는 움직임은 몇 가지 뿐이며, 출산율과 사망률이라는 구동driving 변수에 무슨 일이 일어나느냐에 따라 움직임이 결정된다. 강화 루프와 균형 루프가 각각 하나씩인 단순한 시스템에서는 다음과 같은 움직임밖에 나타날 수 없다. 강화 루프와 균형 루프가 연결돼 통제하는 시스템에서는 강화 루프가 균형 루프를 지배하면 저량이 지수적으로 성장한다. 균형 루프가 강화 루프를 지배하면 저량은 소멸한다. (〈도표 25〉처럼) 강화 루프의 힘과 균형 루프의 힘이 같으면 저량은 수평을 유지한다. 그리고 (〈도표 26〉처럼) 강화 루프와 균형 루프의 상대적 힘이 시간에 따라 변하면 위의 세 가지 행동이 하나씩 차례로 나타난다.

지금까지 설명한 인구 시나리오는 모두 도발적이다. 여러 가지 인구

> 시스템의 복잡한 행태는 흔히 피드백 루프들의 상대적 힘이 변하며 행동을 지배하는 루프가 바뀌기 때문에 발생한다.

모델과 시나리오의 요점을 설명하려고 일부러 자극적인 시나리오들을 선택했다. 여러분이 경기 예측이나 법인 예산 책정, 일기 예보, 미래 기

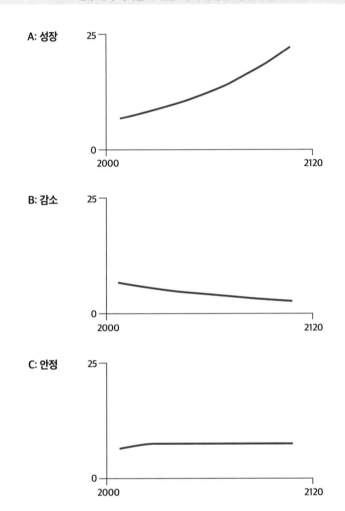

도표 25 인구에서 나타날 수 있는 세 가지 행동: 성장과 감소, 안정

후변화 예측, 특정 주식에 대한 증권 중개인의 전망 등 어떤 시나리오를 접할 때 다음과 같이 질문한다면 그 시나리오의 기본 모델이 현실을 얼마나 잘 나타내는지 판단할 수 있을 것이다.

- 구동 요인들이 이렇게 전개될 가능성이 있나? (출산율과 사망률이 어떻게 될까?)
- 만일 그렇다면, 시스템이 이렇게 반응할까? (출산율과 사망률이 실제로 우리가 생각하는 대로 인구 저량의 움직임을 불러올까?)
- 구동 요인들을 구동하는 것은 무엇인가? (출산율에 영향을 주는 것은 무엇인가? 사망률에 영향을 주는 것은 무엇인가?)

첫 번째 질문은 사실에 근거해 대답할 수 있는 질문이 아니다. 이 질문은 미래를 추측하고, 미래는 본질적으로 불확실하기 때문이다. 미래에 관한 여러분의 의견이 아무리 확고해도 미래가 실제 도래할 때까지는 여러분의 의견이 옳다는 것을 입증할 방법이 없다. 시스템 분석은 구동 요인들이 다르게 전개될 때 어떤 일이 벌어지는지 검토하기 위해 수많은 시나리오를 검토할 수 있으며, 이것이 일반적인 시스템 분석 목적이다. 어떤 시나리오를 실제 가능한 미래로 진지하게 받아들일지는 여러분이 판단할 몫이다.

일반적으로 동태적 시스템 연구는 앞으로 어떤 일이 벌어진다고 예측하려는 것이 아니다. 그보다는 수많은 구동 요인이 다양하게 펼쳐지

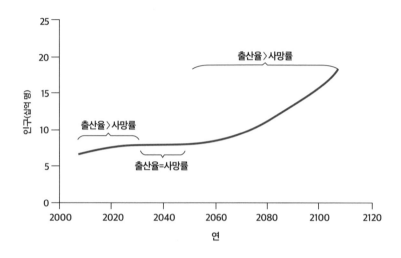

면 어떤 일이 벌어질지 탐구하기 위해 고안된 것이다.

시스템이 실제로 이렇게 반응할까 아닐까를 묻는 두 번째 질문은 한층 과학적이다. 이 질문은 모델이 얼마나 좋은지를 따지는 질문이다. 모델이 시스템에 내재한 움직임을 정확히 포착했는지를 따지는 질문이다. 첫 번째 질문에서 여러분이 구동 요인들이 이렇게 전개될 것으로 생각하건 말건 상관없이, 만일 구동 요인들이 이렇게 전개되면 시스템이 이렇게 반응할지를 따지는 질문이다.

여러분이 개연성이 있다고 생각하건 말건, 위에서 이야기한 인구 시나리오의 경우 두 번째 질문에 대한 답은 대체로 그렇다는 것이다. 다시 말해, 출산율과 사망률이 이렇게 행동하면 인구는 이렇게 행동할 것이다. 이 책에서 제시하는 인구 모델은 아주 단순하다. 더 자세한 모델은 인구를 나이별로 도 구분할 것이다. 하지만 이 모델은 기본적으

시스템 다이내믹스 모델은 가능한 미래를 탐구하고 '가정한' 질문을 제기한다.

로 실제 인구가 보일 법하게 반응한다. 실제 인구가 성장할 조건에서 는 이 인구 모델도 성장하고, 실제 인구가 감소할 조건에서는 감소한 다. 숫자는 현실과 다르지만, 기본 행동 패턴은 현실과 들어맞는다.

모델의 가치를 검토하는 질문

1. 구동 요인들이 이렇게 전개될 가능성이 있나?
2. 그렇다면 시스템이 이렇게 반응할까?
3. 구동 요인들은 구동하는 것은 무엇인가?

끝으로 세 번째 질문을 살펴보자. 구동 요인들을 움직이게 하는 것 은 무엇인가? 유입 유량과 유출 유량을 조절하는 것은 무엇인가? 이 질문은 시스템 경계에 관한 질문이다. 이 질문에 답하려면 구동 요인 들이 독립적 요인인지 아니면 시스템에 포함된 요인인지 자세히 살펴야 한다.

예를 들어, 인구의 크기가 출산율과 사망률에 영향을 미치는 피드백과 관련이 있을까? 경제, 환경, 사회의 흐름 등 출산율과 사망률에 영향 을 주는 다른 요인이 있을까? 인구의 크기가 이

그 누구도 구동 시나리오가 현실적인지 아닌지 확신할 수 없다. 따라서 모델의 유용성을 결정하는 것은 구동 시나리오가 현실적이냐의 여부가 아닌, 구동 시나리오가 현실적인 행동 패턴으로 반응하느냐 아니냐다.

런 경제적 요인, 환경적 요인, 사회적 요인에 영향을 미칠까?

물론 이 세 가지 질문에 대한 답은 "그렇다"이다. 출산율과 사망률도 피드백 루프들의 지배를 받는다. 그리고 최소한 이런 피드백 루프 중 일부는 인구의 크기에 영향을 받는다. 이 인구라는 '동물'은 훨씬 더 큰 시스템의 일부에 지나지 않는다.[3]

더 큰 시스템의 일부 중 인구에 영향을 주는 중요한 부분이 경제다. 경제의 중심에도 또 다른 강화 루프와 균형 루프 시스템이 있다. (〈도표 27〉처럼) 인구와 똑같은 행태를 보이는 똑같은 구조다.

경제에서 물적 자본 저량(기계와 공장)과 자본 단위당 산출률(생산 효율성)이 클수록 연간 생산되는 산출(재화와 서비스)도 그만큼 커진다.

생산되는 산출이 커질수록 새로운 자본으로 투자되는 산출도 증가

도표 27 살아있는 인구와 마찬가지로 경제 자본도 성장을 통제하는 (산출 투자) 강화 루프와 감소를 통제하는 (감가상각) 균형 루프가 있다.

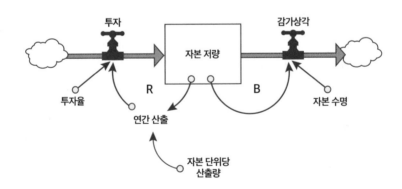

한다. 이것은 인구의 출산 루프와 같은 강화 루프다. 투자율은 출산율과 같다. 한 사회가 산출에 투자하는 비율이 커질수록 그 자본 저량이 성장하는 속도도 빨라진다.

물적 자본은 노후나 마모 등 감가상각*으로 빠져나간다. 감가상각을 통제하는 균형 루프는 사람의 사망률 루프와 같다. 자본의 '사망률'을 결정하는 것은 자본의 평균 수명이다. 수명이 길수록 매년 폐기하고 대체해야 할 자본의 비율도 줄어든다.

이 시스템의 구조가 인구 시스템의 구조와 같다면 행동 목록도 같을 수밖에 없다 최근 역사를 보면 세계 인구와 마찬가지로 세계 자본도 강화 루프의 지배를 받아 지수적으로 성장했다. 세계 자본이 미래에도 성장할지 그대로 머무를지, 쇠퇴할지는 성장 강화 루프가 계속해서 감가상각 균형 루프보다 더 큰 힘을 발휘하느냐 여부에 달렸다. 다시 말해, 다음 세 가지가 세계 자본의 미래를 결정한다.

- 투자율-사회가 얼마나 많은 산출을 소비하지 않고 투자하느냐
- 자본 효율성-일정한 산출을 생산하는 데 드는 자본이 얼마인가
- 자본의 평균 수명

자본 저량에 재투자되는 산출의 비율이 일정하고 (산출을 생산하는

---

* 고정 자산에 생기는 가치의 소모를 셈하는 회계상의 절차-옮긴이

능력인) 자본 효율성도 일정하다면 자본 저량은 자본의 수명에 따라 달라질 것이다. 자본의 평균 수명이 각기 다른 시스템으로 표현된 것이 〈도표 28〉이다. 수명이 비교적 짧으면 자본은 다른 것으로 대체되는 속도보다 더 빠르게 마모한다. 재투자 속도가 감가상각 속도를 따라잡지 못하고 경제는 서서히 쇠퇴한다. 감가상각이 투자와 균형을 맞추면 경제는 동적 평형을 이룬다. 수명이 길면 자본 저량은 지수적으로 증가한다. 자본의 수명이 길수록 자본 증가 속도가 빨라진다.

이 사례에서도 앞서 우리가 살펴본 원칙을 확인할 수 있다. 유입률

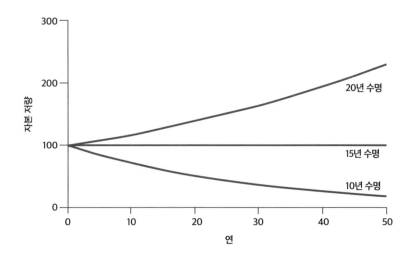

도표 28 자본 수명의 변화에 따른 자본 저량의 증가

자본 단위당 산출률이 1:3이고 투자율이 20%인 시스템에서 수명이 15년인 자본은 감가상각과 속도를 맞춘다. 이보다 수명이 짧으면 자본 저량이 감소한다.

의 증가뿐만 아니라 유출률의 감소를 통해서도 저량을 늘릴 수 있다는 원칙이다.

인구의 출산율과 사망률에 영향을 주는 요인이 많은 것처럼 이자율과 기술, 세금 정책, 소비 습관, 가격 등 산출률과 투자율, 자본 수명에 영향을 주는 요인도 많다. 인구 자체도 투자에 영향을 준다. 노동력을 제공해 산출에 이바지하거나 소비 수요를 증가시켜 투자율을 떨어뜨린다. 그런가 하면 경제 산출도 인구에 다양한 영향을 준다. 경제적으로 풍요로워지면 의료 서비스가 발전하고 사망률이 낮아진다. 출산율도 대체로 떨어진다.

사실 장기적인 실물 경제 모델이라면 당연히 인구와 자본이라는 두 가지 구조를 연결해 서로 어떤 영향을 주고받는지 보여주어야 할 것이다. 경제 발전의 핵심은 사람들이 더 가난해지지 않고 점점 더 부유해지도록 자본 축적 강화 루프를 인구 성장 강화 루프에 뒤처지지 않도록 하는 것이다.[4]

자본 시스템도 인구 시스템과 같은 종류의 '동물원 동물'이라고 하면 여러분은 이상하게 생각할 것이다. 공장과 수송, 경제적 흐름을 갖

> 피드백 구조가 비슷한 시스템들은 동태적 행태도 비슷하다.

춘 생산 시스템은 아기가 태어나고 사람들이 나이를 먹으며 더 많은 아기를 낳고 죽는 인구 시스템과 전혀 비슷해 보이지 않기 때문이다. 하지만 시스템 관점에서 보면, 여러모로 다른 이 두 시스템의 공통점을 알 수 있다. 바로 피드백 루프 구조다. 두 시스템의 저량 모두 성장

강화 루프와 사망 균형 루프에 통제된다. 노화 과정이 있는 것도 두 시스템의 공통점이다. 제철소나 선반, 터빈도 사람처럼 나이가 들고 죽는다.

시스템 이론의 핵심 통찰 중 시스템이 대체로 스스로 행동을 유발한다는 깨달음만큼 중요한 통찰이 있다. 외적인 모습이 완전히 달라도 피드백 구조가 비슷한 시스템들은 동태적 행태도 비슷하다는 통찰이다.

인구와 산업 경제는 완전히 다르지만, 둘 다 스스로 재생산하며 지수적으로 성장한다. 그리고 둘 다 나이를 먹고 죽는다. 따뜻한 커피가 식는 것은 따뜻해진 방이 식는 것과 비슷하고, 방사성 물질이 붕괴하는 것과 비슷하고, 인구나 산업 경제가 늙고 죽는 것과 비슷하다. 이 모두가 균형 피드백 루프의 결과로 쇠퇴하는 것이다.

지연이 있는 시스템 - 기업 재고

재고 저량과 공장에서 입고되는 유입 유량, 신차 판매의 유출 유량이 있는 자동차 판매점을 떠올려보자. 판매점 전시장의 자동차 저량은 욕조의 물처럼 행동할 것이다.

이제 〈도표 29〉처럼 10일간 판매 물량을 늘 확보할 수 있도록 재고를 유지하는 조절 피드백 시스템이 있다고 상상하자. 자동차 판매업자는 재고를 어느 정도 유지해야만 한다. 입고와 판매가 매일 완벽하게 일치할 수는 없기 때문이다. 판매업자는 매일 고객에게 팔리는 자동차 물량을 정확히 예측할 수 없고, 가끔 자동차 공장에서 입고가 지연되

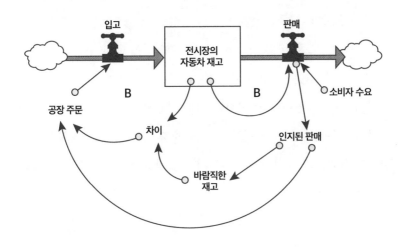

는 일에 대비해 재고를 여유 있게 확보해야 한다.

판매업자는 매출을 지켜보다 자동차 판매량이 늘어나면 공장 주문량을 조절해 재고를 늘린다. 판매율이 늘어난 만큼 10일간 판매 물량을 확보하기에 바람직한 재고도 증가하기 때문이다. 즉, 판매가 증가하면 인지된 판매가 증가하고, 실제 재고와 바람직한 재고의 차이가 늘어나면서 주문량도 많아지고, 더 많은 물량이 입고되고, 재고가 증가한다는 의미다. 그래야 증가한 판매율에 맞춰 수월하게 판매할 재고가 확보되기 때문이다.

이 시스템은 온도조절 시스템의 변형이다. 재고 저량을 비우는 판매

균형 루프와 판매로 손실된 양을 재공급하며 재고를 유지하는 균형 루프가 경쟁한다. 여기서 소비자 수요가 10% 증가할 때 나타나는 결과를 표시한 것이 〈도표 30〉이다.

이 단순한 모델에 뭔가 다른 것을 추가한 것이 〈도표 31〉이다. 도표 31에 추가된 것은 우리가 현실 세계에서 흔히 경험하는 지연 세 가지다.

첫째, 인지 지연이다. 여기서는 인지 지연이 의도적이다. 자동차 판매업자는 일시적인 판매 변화에는 반응하지 않는다. 지난 5일간 평균 판매량을 검토해 일시적인 등락인지 실질적인 흐름인지 구분한 뒤 주문량을 결정한다.

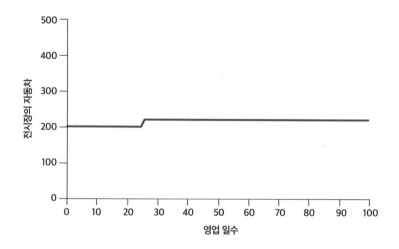

도표 30 25일째 되는 날부터 10퍼센트 늘어난 소비자 수요가 계속 이어질 때 자동차 판매점 전시장의 재고

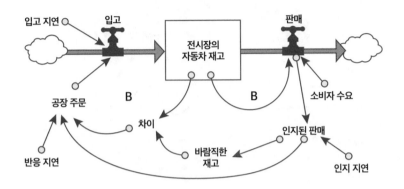

둘째, 반응 지연이다. 분명히 주문량을 조절해야 하는 상황이지만
판매업자는 단 한 번의 주문으로 부족량을 모두 채우지 않는다. 세 번
에 나눠 부족량의 3분의 1씩 채운다. 다시 말해, 판매업자는 사흘에 걸
쳐 주문량을 부분적으로 조정하면서 일시적이지 않고 실질적인 흐름
인지를 다시 확인한다.

셋째, 입고 지연이다. 주문을 접수한 공장이 자동차를 생산해 판매
점에 입고시킬 때까지 5일이 걸린다.

이 시스템도 단순한 온도조절 시스템과 마찬가지로 균형 루프 두 개
로만 구성되었지만, 온도조절 시스템처럼 행동하지 않는다. 〈도표 32〉
를 보자. 마찬가지로 소비자 수요가 늘어 10% 증가한 판매율이 영구
히 이어질 때 어떤 일이 벌어지는가?

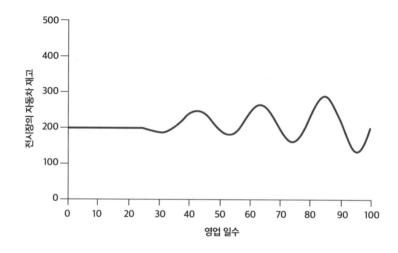

도표 32 시스템에 지연이 있을 때 10% 판매 증가에 따른 재고 반응

진동이다. 판매가 한 차례 증가하면 재고 물량은 줄어든다. 자동차 판매업자는 증가한 판매율이 계속 이어진다는 확신이 들 때까지 충분히 관찰한다. 확신이 들면 새로운 판매율을 감당할 재고를 늘리기 위해 더 많은 자동차를 주문한다. 하지만 주문한 물량이 입고되려면 시간이 걸리므로, 그동안 재고는 줄어든다. 따라서 10일간 판매 물량을 감당할 재고를 다시 확보하려면 주문량을 조금씩 더 늘릴 수밖에 없다.

결국 더 많은 주문량이 도착하기 시작하고, 재고는 안정적으로 쌓인다. 그리고 재고가 적정 수준을 넘어선다. 실질적인 흐름이 됐는지 불확실한 데도 판매업자가 너무 많은 물량을 주문했기 때문이다. 그제야 판매업자는 자신의 실수를 깨닫고 주문량을 줄이지만, 기존에 주문한 많은 물량이 계속 입고되므로 판매업자는 주문량을 더 줄인다. 사실 판매업자는 너무 적은 물량을 주문하게 되고, 이는 거의 불가피한 일이다. 판매업자는 다음에 어떤 일이 벌어질지 여전히 확신하지 못하기 때문이다. 재고는 다시 부족해진다. 그리고 같은 상황이 반복되며, 새롭게 바뀐 바람직한 재고 수준을 오르내리는 일련의 진동이 이어진다. 〈도표 33〉을 보면, 약간의 지연이 얼마나 큰 차이를 만드는지 알 수 있다.

잠시 뒤에 이런 진동을 줄이는 여러 가지 방법을 살펴보겠지만, 우선 진동이 발생하는 이유를 이해해야 한다. 진동이 발생하는 이유는 자동차 판매업자가 어리석어서가 아니다.

> 균형 피드백 루프의 지연은 시스템의 진동을 일으키기 쉽다.

자동차 판매업자가 시의적절한 정보도 없고 그런 정보를 얻을 수도 없으며 조치를 취해도 물리적 지연으로 인해 재고에 곧바로 영향을 미칠 수 없는 시스템 안에서 애쓰기 때문이다. 판매업자는 고객들이 다음에 어떻게 행동할지 알지 못한다. 판매업자는 고객들이 어떤 행동을 했을 때, 계속 그렇게 행동할지 알지 못한다. 판매업자가 주문을 해도 즉각적인 반응은 나타나지 않는다. 이처럼 정보가 부족하고 물리적으로 지연되는 상황은 아주 흔하다. 우리는 상품 재고를 비롯해 많은 시스템에서 이런 진동을 자주 접한다. 뜨거운 물과 찬물을 혼합하는 장치부터 샤워기까지 파이프가 아주 길게 연결된 곳에서 샤워하면, 반응 지연이 길어서 발생하는 뜨겁고 차가운 진동을 직접적으로 경험할 수 있다.

어느 정도의 지연이 어떤 조건에서 어떤 종류의 진동을 유발하느냐

도표 33 수요 증가에 따른 주문과 입고의 반응

A 그래프는 25일째 되는 날 작지만 뚜렷한 판매 증가와 판매업자가 사흘간의 변화를 평균한 '인지된' 판매를 보여준다. B 그래프는 그에 따른 주문 패턴과 주문 뒤 실제 공장에서 들어오는 입고 패턴을 보여준다.

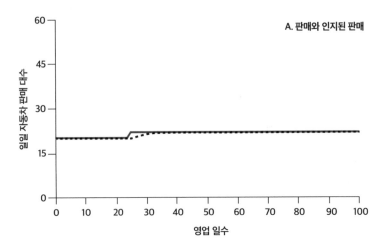

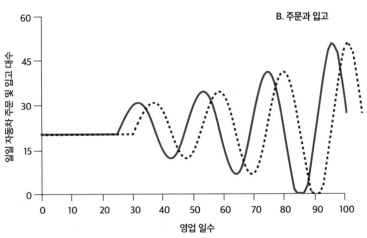

는 간단한 문제가 아니다. 왜 그런지 그 이유를 재고 시스템을 활용해 설명하자.

(스스로 학습하는 시스템으로서 재고 시스템의 움직임을 바꾸기로 결심한) 자동차 판매업자는 이렇게 생각한다. "이런 진동은 참을 수 없어. 지연 시간을 줄여야지. 공장에서 들어오는 입고 지연은 내가 할 수 있는 일이 별로 없으니 내가 더 빨리 반응해야겠어. 닷새가 아니라 이틀간 판매 흐름을 평균 내서 주문량을 조절하자."

판매업자가 인지 지연을 닷새에서 이틀로 단축할 때 발생하는 상황을 나타낸 것이 〈도표 34〉다.

자동차 판매업자가 인지 지연을 단축해도 크게 달라지지 않는다. 오히려 전시장 자동차 재고의 진동이 조금 더 커진다. 만일 판매업자가 인지 시간을 단축하는 대신 반응 시간을 단축해 인지된 부족량을 사흘이 아닌 이틀 만에 채운다면, 〈도표 35〉처럼 상황이 훨씬 더 나빠진다.

뭔가가 바뀌어야 하고, 이 시스템에는 학습하는 인간이 있으므로 뭔가가 바뀔 것이다. 시스템 사고를 하는 자동차 판매업자는 진동을 안정시키기 위한 정책이 실패하는 것을 목격하며 이렇게 생각한다. "지렛대가 높고, 방향이 틀렸어." 이처럼 기대에 어긋나는 결과는 언제든 발생할 수 있다. 시스템을 교정하려는 사람은 시스템에 정말 강한 영향을 주는 정책 지렛대에 본능적으로 끌리기 마련이다. 그러고는 선한 의도에서 그 지렛대를 잘못된 방향으로 당긴다. 이것은 우리가 시스템을 변화시키려고 노력할 때 시스템의 반직관적인 행동에 놀라는 한 가

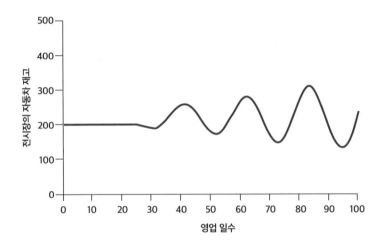

더 빠른 반응이 진동을 오히려 악화시킨다.

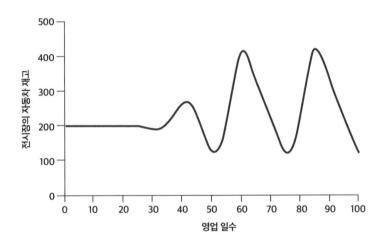

지 사례에 불과하다.

여기서 문제가 되는 것 중 하나는 자동차 판매업자의 반응이 너무 느리다는 것이 아니라 너무 빠르다는 것이다. 시스템의 구성을 고려할 때 판매업자가 과잉 반응한 것이다. 반응 지연 시간을 사흘에서 이틀로 줄이는 대신 오히려 사흘에서 엿새로 늘리면 〈도표 36〉처럼 상황이 개선될 것이다.

시스템에 만연한 지연은 강력하게 행동을 결정하는 요인이다. 지연 시간을 변화시키면 시스템 행동이 크게 변할 수 있다(지연의 종류 및 다른 여러 지연의 상대적인 시간에 따라 시스템 행동이 크게 변하지 않을 수도 있다).

〈도표 36〉을 보면, 반응 지연 시간을 늘릴 때 진동이 대폭 감소하고 시스템도 상당히 효과적으로 평형을 회복한다.

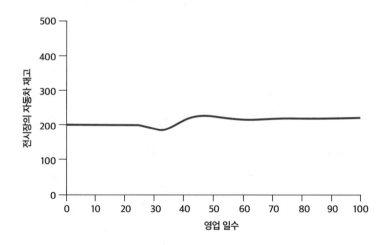

도표 36 수요는 똑같이 증가하고 반응 시간을 늘릴 때 재고의 반응

이 시스템에서 가장 중요한 지연은 자동차 판매업자가 직접 통제할 수 없는 지연 즉, 공장의 입고 지연이다. 하지만 판매업자는 입고 지연을 막을 능력은 안 돼도 재고를 잘 관리하는 법은 배울 수 있다.

시스템의 지연을 변화시키면 재고 관리가 훨씬 더 편해질 수도 있고 훨씬 더 어려워질 수도 있다. 시스템 사고자들이 지연 문제에 광적으로 매달리는 이유가 있다. 시스템 사고자들은 시스템 어디에서 지연이 발생하는지, 지연 시간은 얼마나 되는지, 정보 흐름의 지연인지 혹은 물리적 과정의 지연인지 늘 촉각을 곤두세우고 지켜본다. 어디에서 지연이 발생하고 지연 시간이 얼마나 걸리는지 모르면 동태적인 시스템 행동을 이해할 수 없기 때문이다. 시스템 사고자들은 지연이 강력한 정책 지렛대가 될 수 있다는 것도 알고 있다. 지연 시간을 늘리거나 단축하면 시스템 행동의 중대한 변화를 이끌 수 있다.

크게 보면 한 매장의 재고는 사소하고 충분히 수정할 수 있는 문제처럼 보일 것이다. 하지만 미국에서 판매되지 않고 남은 자동차 전체로 재고 범위를 넓혀보자. 자동차 주문 증가나 감소는 조립 공장이나 부품 공장뿐만 아니라 제철소나 고무 공장, 유리 공장, 섬유 공장, 에너지 업체의 생산에도 영향을 준다. 이 시스템의 모든 곳에 인지 지연과 생산 지연, 입고 지연, 공사 지연이 있다. 이제 자동차 생산과 일자리의 관계를 생각해보자. 생산이 늘면 일자리가 늘며 자동차를 구매할 사람이 증가한다. 강화 루프 관계다. 그리고 이 강화 루프는 반대 방향으로도 작용한다. 생산이 줄면 일자리가 줄고 자동차 판매가 줄고 생산이 더 준다. 그리고 또 다른 강화 루프가 개입한다. 투기 세력이 최근 성과를 기준으로 자동차 제조사와 자동차 공급사의 주식을 매매할 때 생산 급증은 주가 급등을 낳고 생산 급감은 주가 급락을 불러온다.

　이처럼 서로 연결된 여러 산업이 지연을 통해 상호 반응하고 진동 속에서 서로 동조하며 승수효과*와 투기 세력이 만나 증폭되는 아주 커다란 시스템, 바로 이것이 경기 순환의 주요 원인이다. 대통령이 호황을 키우고 불황의 고통을 줄이기 위해 많은 일을 할 수 있지만, 경기 순환을 대통령이 좌우하지는 못한다. 경제는 대단히 복잡한 시스템이다. 경제는 지연이 있는 균형 피드백 루프로 가득하고 본질적으로 진동한다.[5]

'저량'이 둘인 시스템의 유형들

회복 가능한 저량과 이를 제약하는 회복 불가능한 저량 - 석유 경제

지금까지 이론으로 설명한 시스템은 주변 환경의 제약에서 자유로웠다. 산업 경제 모델의 자본 저량은 산출을 생산하는 데 원자재가 필요하지 않았다. 인구도 식량이 필요 없었고, 온도조절 보일러 시스템도 기름이 떨어진 적이 한 번도 없었다. 이 단순한 시스템 모델들은 제약

● 　경제 현상에서 어떤 경제 요인의 변화가 다른 경제 요인의 변화를 유발해 최종적으로는 처음의 몇 배의 증가 또는 감소로 나타나는 총효과-옮긴이

없이 내부 다이내믹스에 따라 작동했고, 그래서 우리도 그 역학이 무엇인지 확인할 수 있었다.

하지만 사실 현실에서 실체는 늘 환경에 둘러싸이고 영향을 주고받는다. 기업은 에너지와 재료, 노동자, 관리자, 고객이 끊임없이 필요하다. 옥수수를 기르기 위해서는 물과 영양분이 필요하고 해충을 구제해야 한다. 개체군이 살아가려면 식량과 물, 주거 공간이 필요하고, 그 개체군이 인간이라면 일자리와 교육, 의료 서비스 등 여러 가지가 필요하다. 에너지를 사용하고 재료를 가공하는 모든 실체는 폐기물을 옮길 장소나 폐기물을 운반하는 과정도 필요하다.

따라서 물리적이고 성장하는 시스템은 결국 어떤 제약을 맞닥뜨릴 것이고, 그 제약은 유출 유량을 증가시키거나 유입 유량을 감소시켜 성장 행동 추진 강화 루프의 지배를 전환시키는 균형 루프의 형태를 띤다.

제한된 환경 속에서 성장하는 시스템은 아주 흔하다. 너무 흔해서 시스템 사고자들은 이런 시스템을 '성장의 한계' 원형이라 부른다(5장에서 더 많은 원형 즉, 익숙한 행동 패턴을 나타내며 흔히 보이는 시스템 구조를 살펴볼 것이다). 시스템 사고자는 인구, 기업, 은행 계좌, 소문, 전염병, 신제품 판매 등의 규모가 커지면 성장을 추진하는 강화 루프와 성장을 궁극적으로 제한할 균형 루프를 찾는다. 미처 시스템 움직임을 지배하지 못해도 균형 루프가 있다는 사실을 우리는 알고 있다. 실제로 영원히 성장할 수 있는 물리적 시스템은 없기 때문이다. 예를 들어 신제품이 아무리 날개 돋친 듯 팔려도 결국 그 시장은 포화 상태에 빠지기 마련이다. 원자력 발전소나 원자 폭탄의 연쇄 반응도 언젠가는 연료가 떨어져 멈추고, 바이러스도 감염시킬 인구가 정해져 있다. 경제는 물적 자본이나 화폐 자본, 노동력, 시장, 관리, 자원, 오염 등의 제약을 받을 수 있다.

저량에 유입 유량을 공급하는 자원과 마찬가지로 오염은 회복 가능한 제약일 수도 있고 회복 불가능한 제약일 수도 있다. 만일 환경이 오염을 흡수하거나 해롭지 않게 만들 능력이 없다면 오염은 회복 불가능한 제약이다. 만일 환경이 유한하지만 다양한 오염 제거 능력을 지니면 오염은 회복 가능한 제약이다. 따라서 자원의 제약을 받는 시스템에 적용되는 모든 내용이 오염의 제약을 받는 시스템에도 똑같은 다이내믹스로 적용되지만, 유량의 방향은 정반대이다.

> 물리적이며 지수적으로 성장하는 시스템에는 최소한 성장을 추진하는 강화 루프 하나와 성장을 제한하는 균형 루프 하나가 있다. 왜냐하면 유한한 환경에서 영원히 성장할 수 있는 물리적 시스템은 없기 때문이다.

성장하는 시스템의 한계는 일시적일 수도 있고 영구적일 수도 있다. 시스템은 여러 가지 방법으로 일시적으로 혹은 지속적으로 그 한계를 피할 수 있지만, 결국 시스템이 제약에 적응하거나 제약이 시스템에 적응하거나 시스템과 제약이 서로 적응하는 합의가 이루어질 수밖에 없다. 그 합의 속에서 흥미로운 역학이 나온다.

제약적인 균형 루프가 회복 가능한 자원에서 비롯되느냐 아니면 회복 불가능한 자원에서 비롯되느냐에 따라 달라지는 것은 성장이 영원히 지속되느냐 아니냐가 아니라 성장이 어떻게 끝날지다.

먼저 회복 불가능한 자원을 추출해 돈을 버는 자본 시스템부터 살펴보자. 거대한 유전을 새로 발견한 정유회사가 있다고 생각해보자.

〈도표 37〉을 보면 복잡해 보이지만, '산출'을 '수익'으로 바꾸었을 뿐 우리가 앞서 살펴본 자본 성장 시스템과 다르지 않다. 감가상각의 균형 루프도 익숙하다. 자본 저량이 증가하면 망가지거나 마모되어 자본 저량을 감소시키는 기계와 정제시설도 늘어난다. 이 도표에서 자본

도표 37 성장 강화 루프가 회복 불가능한 자원의 제약을 받는 경제 자본

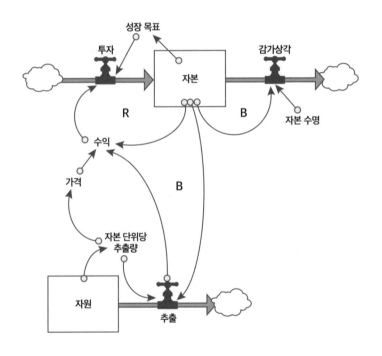

저량인 석유 채굴 장비와 정제 장비의 수명은 20년이다. 다시 말해, 매년 감가상각으로 저량의 5%, 즉 20분의 1씩 빠져나간다. 자본 저량은 석유 추출 수익의 투자로 쌓인 것이다. 여기서 강화 루프가 보인다. 자본이 증가하면 자원 추출이 증가하고 재투자할 수익도 늘어난다. 예를 들어 이 정유회사가 사업 자본을 매년 5% 성장시키는 목표를 세웠다고 하자. 수익이 5% 성장에 미치지 못하면 이 회사는 가능한 모든 수익을 투자한다.

수익은 수입에서 비용을 뺀 것이다. 이 간단한 도표에서 수입은 회사가 추출한 석유량에 유가를 곱한 값이다. 비용은 자본 단위당 (에너지 비용과 인건비, 재료비 등) 운영비에 자본을 곱한 값이다. 유가와 자본 단위당 운영비는 변함없이 일정하다고 가정하자.

일정하지 않고 변동하는 것은 자본 단위당 자원 추출량이다. 석유 같은 자원은 회복 불가능하므로 자원 저량에는 추출 유량만 있고 투입 유량은 없다. 따라서 자원이 추출되고 유정이 고갈될수록 석유를 추출하기가 점점 더 어려워진다. 남은 자원은 땅속 더 깊이 묻혀 있거나 더 묽거나 지표면으로 밀어 올리는 자연 압력이 떨어지기 때문이다. 자원을 계속 추출하려면 점점 더 비용이 많이 들고 기술적으로 정교한 처리가 필요하다.

여기서 궁극적으로 자본 성장을 통제할 다음과 같은 새로운 균형 루프가 등장한다. 자본이 늘어나면 추출률도 높아진다. 추출률이 높아지면 자원 저량은 감소한다. 자원 저량이 줄어들면 자본 단위당 자원 추출량이 감소하고, (유가가 변동이 없다고 가정할 때) 수익이 떨어지고 투자율이 떨어진다. 따라서 자본 성장률이 떨어진다. 자원 고갈은 자본 효율성과 더불어 운영비를 통해 피드백된다고 추정할 수 있을 것이다. 현실 세계에서는 자원 고갈이 실제 자본 효율성과 운영비로 피드백된다. 무엇으로 피드백되건 그에 따른 행동 패턴은 같다. 〈도표 38〉에도 나타난 전형적인 고갈 역학이다.

이 시스템이 시작될 당시 지하에 매장된 석유는 초기 추출 규모를 200년간 유지하기에 충분했다. 하지만 추출이 지수적으로 성장하면서 실제 석유 추출률은 40여 년 만에 정점에 도달한다. 매년 투자율이 10%일 때 자본 저량과 추출률 모두 매년 5%씩 성장해 14년 만에 두 배가 된다. 28년 뒤 자본 저량은 네 배로 증가하지만 자본 단위당 추출량이 감소하며 추출률이 뒤져지기 시작한다. 50년이 되면 자본 저량을 유지하는 비용이 자원 추출 수입을 압도하며 감가상각을 앞질러 투자할 만큼 수익을 내지 못한다. 자본 저량이 감소하며 추출 작업은 빠르게 멈춘다. 마지막으로 남아 가장 비싼 자원은 그대로 땅속에 있다. 추출해도 돈이 되지 않기 때문이다.

만일 지질학자들이 처음 추정한 양보다 두 배나 네 배가 많은 자원이 매장되어 있다면 어떻게 될까? 당연히 유전에서 추출할 석유 총량이 크게 변할 것이다. 하지만 매년 10%를 재투자해 자본을 매년 5%씩 성장시킨다는 목표를 유지하면, 〈도표 39〉처럼 자원이 두 배로 늘 때마다 추출률이 정점에 도달하는 시기와 석유 추출 산업에 의존한 일

도표 38 추출(A)은 자본(B)을 성장시키는 수익을 창출하나 회복 불가능한 자원(C)을 고갈시킨다. 자본 축적이 커질수록 자원 고갈 속도가 빨라진다.

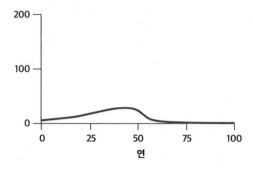

A. 추출률

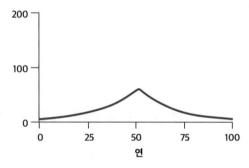

B. 자본 저량

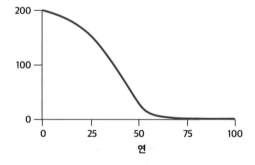

C. 자원 저량

자리나 공동체의 수명은 겨우 14년 정도씩밖에 늘지 않는다.

회복 불가능한 자원에 의존한 자본 저량을 증가시킬 때 증가하는 높이와 속도가 커질수록 떨어지는 높이와 속도가 커진다. 추출이나 이용이 지수적으로 증가하면 회복 불가능한 자원이 두 배나 네 배로 증가해도 대안을 마련할 시간은 아주 조금 늘어날 뿐이다.

여러분이 가능한 최대 비율로 자원을 추출해 돈을 벌 생각이라면 이 시스템에서 가장 중요한 수치는 궁극적인 자원의 규모다. 만일 여러분이 광산이나 유전에 근무하며 일자리의 수명과 공동체의 안정성을 염

도표 39 추출할 자원이 두 배나 네 배로 증가할 때 추출률

자원이 두 배로 증가할 때마다 추출률이 정점에 도달하는 시기는 겨우 14년 정도밖에 변하지 않는다.

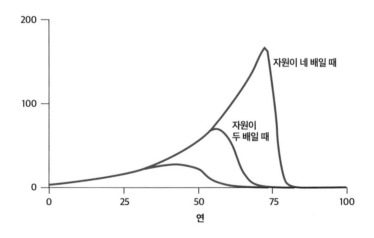

려한다면 이때 중요한 수치는 자원의 규모와 원하는 자본 성장률 두 가지다(피드백 루프의 목표가 시스템 행동을 결정하는 중요한 요인임을 잘 보여주는 사례다). 실제 회복 불가능한 자원을 관리할 때는 아주 빠르게 돈을 벌 것인지 아니면 돈을 덜 벌며 더 오래 유지할지 선택해야 한다.

〈도표 40〉의 그래프는 매년 자본이 감가상각을 뛰어넘어 각각 1% 와 3%, 5%, 7% 비율로 성장하길 바랄 때 시간이 흐르며 나타나는 추출률의 추이를 보여준다. 7% 성장률일 때 '200년간 공급될 자원'의 추출은 40년도 되기 전에 정점에 도달한다. 이런 선택이 회사의 수익뿐 아니라 그 지역의 사회적·자연적 환경에 어떤 영향을 줄지 상상해 보자.

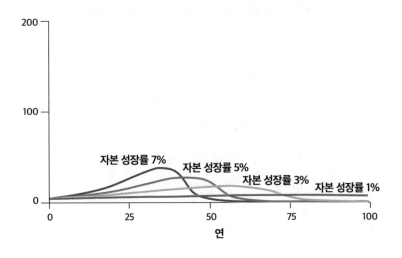

도표 40 **수익 재투자 비율이 증가하면 추출 정점 도래 시기가 훨씬 더 빨라진다.**

앞서 우리는 유가가 변동하지 않는다고 단순하게 가정했는데, 유가가 변동한다면 어떻게 될까? 워낙 중요한 필수 자원이어서 단기적으로 가격이 올라도 소비자 수요는 줄지 않는다고 가정하자. 이 경우 〈도표 41〉처럼 자원이 고갈될수록 가격은 가파르게 상승한다.

가격이 오르면 기업 수익이 늘어나고, 투자가 늘어나고, 자본 저량이 계속 증가하고, 비용이 더 많이 들어도 남아 있는 자원을 추출할 수 있다. 가격이 고정된 〈도표 38〉과 〈도표 41〉의 그래프를 비교하면, 가격 상승의 주요 효과로 자본 저량이 더 높이 오른 뒤 무너지는 모습을 확인할 수 있다.

그런데 가격이 오르지 않아도 똑같은 결과가 나타날 수 있다. 실제 유정에서 석유를 회수하는 기술을 개선하거나 선광 처리법으로 고갈된 철광에서 낮은 등급의 철함유 규암을 채굴하거나 청화침출법으로 금광과 은광의 선광 부스러기에서 금이나 은을 추출하는 등 기술이 발전해 운영비가 줄면 가격이 오를 때와 똑같은 모습이 나타난다.

모두가 알고 있듯 광산이나 화석 연료 매장층, 지하수 대수층은 고갈될 수 있다. 전 세계에 널린 폐광지역과 유전이 우리가 지금까지 살펴본 움직임을 현실로 보여준다. 자원개발회사도 이런 현실을 알고 있다. 그래서 한 지역에서 자원이 고갈되어 자본 효율성이 떨어지기 전에 다른 지역에서 또 다른 매장층을 찾아내 개발하는 쪽으로 투자를 돌린다. 그런데 지역적 자원의 한계가 있다면 결국 지구적 자원의 한계도 있지 않을까?

A. 추출률

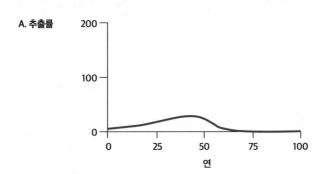

B. 자본 저량

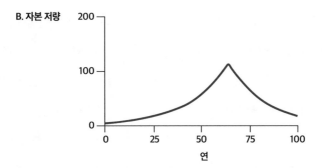

C. 자원 저량

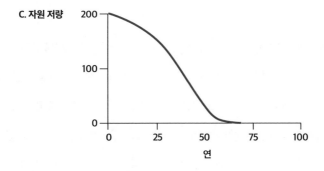

이 질문은 여러분 스스로 고민하거나 반대 의견을 지닌 사람과 논의하도록 하고, 한 가지만 지적하겠다. 고갈의 역학에 따르면, 최초 자원의 저량이 클수록 새로운 발견이 늘어나고, 성장 루프가 통제 루프의 힘에서 벗어나는 시간이 길어지며, 자본 저량과 추출률이 증가할수록 경제는 생산 정점을 지난 뒤 더 이른 시간에 더 가파르게 더 깊이 추락한다.

경제가 전적으로 회복 가능한 자원을 바탕으로 작동하는 법을 배우지 않는 한 상황은 바뀌지 않을 것이다.

회복 가능한 저량과 이를 제약하는 회복 가능한 저량 - 어업 경제

앞서 살펴본 것과 똑같은 자본 시스템이 있다. 하지만 이번에는 자원 저량에 흘러들어 자원을 회복하는 유입 유량이 있다고 가정하자. 이 시스템에서는 물고기와 어선을 각각 회복 가능한 자원과 자본 저량으로 볼 수 있다. 나무와 제재소, 목초지와 소도 마찬가지다. 물고기나 나무, 풀처럼 회복 가능한 생물 자원은 강화 피드백 루프를 통해 스스로 재생한다. 햇빛이나 바람, 강물처럼 회복 가능한 무생물 자원은 강화 루프로 스스로 재생하는 것은 아니지만 저량의 현재 상태와 상관없이 계속해서 자원 저량을 채우는 꾸준한 투입을 통해 재생된다. 독감 바이러스의 유행을 보아도 이와 똑같은 '회복 가능한 자원 시스템' 구조가 나타난다. 독감 바이러스는 환자를 모두 죽이지 않고 다음에 다시 독감에 걸리도록 살려둔다. 정기적으로 구매할 사람이 필요한 상품 판매도 회복 가능한 자원 시스템이다. 잠재 고객의 저량이 계속 재생되기 때문이다. 해충이 식물을 공격해 일부만 파괴하는 것도 마찬가지다. 그래야 식물이 재생하고 해충이 더 많은 먹잇감을 확보할 수 있기 때문이다. 이 모든 사례에는 〈도표 42〉처럼 제한적인 자원 저량을 계속 다시 채우는 투입이 있다.

어업을 예로 들어보자. 이번에도 자본이 가능한 매년 5%씩 성장하고 자본 수명은 20년이라고 가정하자. 그리고 회복 불가능한 자원과 마찬가지로 어자원이 줄어들수록 수확에 드는 자본도 증가한다고 가정하자. 마지막 남은 어군을 찾아내려면 수중음파탐지기를 달고 먼 거리를 운항할 수 있는 커다란 어선이 필요할 것이다. 길이가 수 킬로미터에 이르는 유망도 필요하고, 먼 바다에서 잡은 물고기를 항구로 싣고 오려면 선내 냉동 장치도 필요할 것이다. 이 모든 것을 갖추려면 더 많은 자본이 든다.

물고기의 재생률은 일정하지 않다. 지역의 물고기 수 즉, 어류 밀도에 따라 달라진다. 밀도가 아주 높으면 구할 수 있는 먹이와 서식지가 제한되어 물고기의 증식률이 0에 가깝다. 개체수가 조금 줄면 물고기는 점점 더 빠른 속도로 재생한다. 생태계에 남아도는 영양분이나 서식지를 이용할 수 있기 때문이다. 하지만 어느 순간 물고기의 증식률이 최대치에 도달한다. 그런데 개체수가 크게 줄면 물고기가 번식하는 속도는 점점 더 빨라지는 것이 아니라 점점 더 느려진다. 물고기가 짝을 찾지 못하거나 다른 종의 어류가 그 서식지를 차지하기 때문이다.

〈도표 42〉에서 간단히 정리한 어업 경제 모델은 (물고기가 부족할수록 더 비싸지는) 가격과 (너무 적어도 크게 번식하지 않고, 너무 많아도 크게 번식하지 않는) 재생률, (어업 기술과 조업 방식의 효율성인) 자본 단위당 어획량이라는 세 가지 비선형적 관계에 영향을 받는다.

이 시스템은 여러 가지 다양한 행태를 보일 수 있고, 그중 하나를 표시한 것이 〈도표 43〉이다.

도표 42 **성장 강화 루프가 회복 가능한 자원의 제약을 받는 경제 자본**

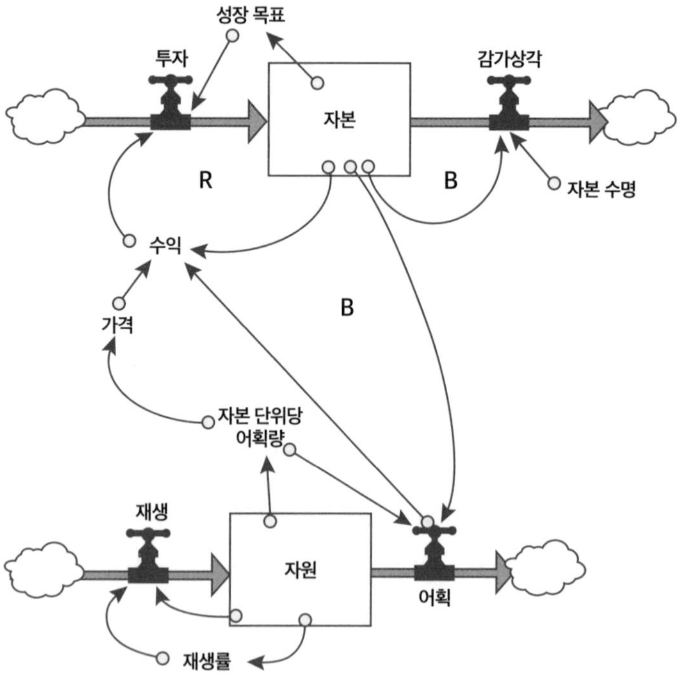

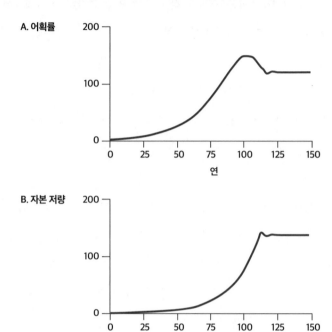

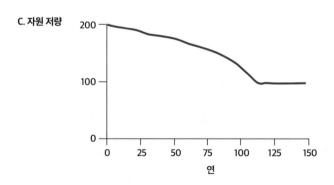

〈도표 43〉을 보면 자본과 어획률이 처음에 지수적으로 상승한다. (자원 저량인) 어류 개체수는 감소하지만, 개체수 감소로 물고기 증식률은 높아진다. 어자원은 수십 년간 지수적으로 증가하는 어획률을 감당할 수 있지만, 결국 어획률이 너무 높이 증가하고 물고기 개체수가 크게 줄어 어업 선단의 수익이 떨어진다. 어획량 감소로 수익이 줄어드는 균형 피드백 루프에 따라 투자율도 급격히 감소하고 어업 선단은 어자원과 평형을 이룬다. 어업 선단이 영구히 성장하지는 못해도 꾸준한 어획률은 영구히 유지할 수 있다.

하지만 자본 단위당 어획량을 통해 균형 조정 피드백 루프의 힘이 조금만 변해도 놀라운 차이가 발생한다. 어획량을 늘리기 위해 (희귀해진 물고기를 찾는 수중음파탐지기처럼) 어선의 효율성을 높이는 기술을 개발한다고 가정하자. 그래도 물고기 개체수가 줄어든 탓에 어업 선단이 어선당 어획량을 일정하게 유지하는 기간은 〈도표 44〉처럼 아주 조금밖에 연장되지 않는다.

〈도표 44〉는 지렛대가 높고 방향이 잘못된 또 다른 사례다. 어부들의 생산성을 높이는 기술 변화가 시스템을 불안정한 상태로 몰아넣어, 진동이 발생하는 것이다.

어업 기술이 훨씬 더 발전하면 물고기가 많지 않은 곳에서도 경제적 조업이 가능하다. 그러면 어류는 물론 어업 자체가 없어지는 결과가 발생할 수 있다. 바다가 사막처럼 변하고, 물고기는 사실상 회복 불가능한 자원이 되는 것이다. 이런 시나리오를 나타낸 것이 〈도표 45〉다.

도표 44 **기술 효율성을 높이는 등 자본 단위당 어획량이 약간 증가하면 어획률(A)과 경제 자본 저량(B), 자원 저량(C)이 안정적인 값을 오르내리는 오버슈트와 진동 패턴이 나타난다.**

A. 어획률

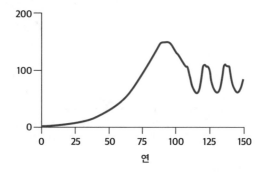

B. 자본 저량

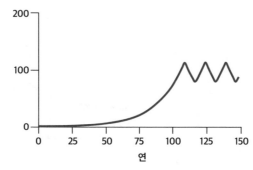

C. 자원 저량

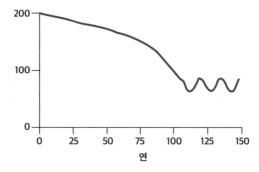

도표 45 자본 단위당 어획량이 훨씬 더 증가하면 어획률(A)과
경제 자본(B), 자원(C)의 균형이 깨지는 패턴이 나타난다.

A. 어획률

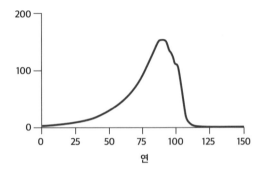

B. 자본 저량

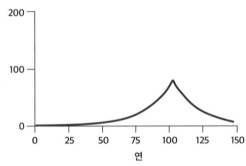

C. 자원 저량

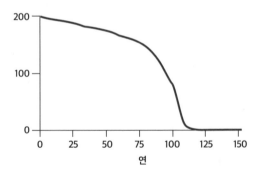

여기서 간단하게 정리한 모델과 달리, 실제 회복 가능한 자원에 기초한 수많은 실물 경제에서는 살아남은 개체수가 아주 적어도 남획하는 자본만 사라지면 개체군은 예전 규모로 회복된다. 그리고 수십 년 뒤 똑같은 패턴이 반복된다. 이처럼 회복 가능한 자원이 아주 오랜 기간에 걸쳐 순환하는 사례가 뉴잉글랜드의 벌목산업이다. 뉴잉글랜드 벌목산업은 성장, 남벌, 붕괴, 궁극적인 자원 재생이라는 주기를 세 번째 맞고 있다. 하지만 모든 자원 개체군이 재생되는 것은 아니다. 기술이 발전하고 수확률이 증가할수록 자원 개체군을 멸종시킬 힘도 점점 더 커지기 때문이다.

회복 불가능한 자원은 저량의 제약을 받는다. 전체 저량을 일시에 사용할 수도 있고, (주로 추출 자본의 제한에 따라) 일정 속도로 추출할 수도 있다. 하지만 이 저량은 회복되지 않으므로 추출 속도가 빠를수록 자원의 수명은 짧아진다.

회복 가능한 자원은 유량의 제약을 받는다. 회복 가능한 자원은 무한히 추출하거나 수확할 수 있지만, 자원 유량 속도를 자원 재생 속도와 같게 제한할 때만 그렇다. 재생 속도보다 빠르게 추출하면 결국 자원이 결정적인 임계치를 벗어나 사실상 회복할 수 없는 상태가 된다.

실제 회복 가능한 자원 시스템이 과잉 수확에서 살아남느냐 아니냐는 자원이 심각하게 고갈된 시간 동안 무슨 일이 발생하느냐에 달려 있다. 아주 작은 어류 개체군은 오염이나 폭풍, 유전적 다양성 부족에 특히 취약할 것이다. 토양이 드러난 삼림이나 목초지는 침식에 취약할 것이다. 거의 텅 빈 생태 서식지에 경쟁자들이 들어찰 수도 있고, 고갈된 자원이 살아남아 다시 복구될 수도 있다.

회복 가능한 자원 시스템에서 나타날 수 있는 세 가지 움직임을 다시 정리하자.

- ◆ 오버슈트 후 안정적인 평형으로 조정
- ◆ 오버슈트 후 평형을 오르내리는 진동
- ◆ 오버슈트 후 자원과 자원 기반 산업의 붕괴

이중 어떤 움직임이 나타나는가는 다음 두 가지에 달렸다. 첫째, 임계치다. 임계치를 벗어나면 자원의 재생 능력이 훼손된다. 둘째, 자원이 부족해질 때 자본 성장을 늦추는 균형 피드백 루프의 속도와 효율성이다. 임계치에 도달하기 전에 균형 피드백 루프가 신속하게 작동해 자본의 성장이 멈추면 전체 시스템이 순조롭게 평형을 이룬다. 균형 피드백 루프의 작동 속도와 효율성이 떨어지면 시스템이 진동한다. 균형 피드백 루프가 아주 약해서 자본은 계속 성장하고 자원은 스스로 재생할 수 있는 임계치 이하로 줄어들면 자원과 산업이 모두 붕괴한다.

회복 가능한 한계와 회복 불가능한 한계가 모두 성장을 제한하며 물리적 저량의 영원한 증가를 막지만, 이 둘의 제약은 역학적으로 상당히 다르다. 그 차이는 저량과 유량의 차이에서 비롯된다.

복잡 시스템에서 온갖 행태가 나타날 수 있지만, 중요한 것은 어떤 구조에 어떤 잠재적 행동이 내포되어 있는지 그리고 그 행동이 어떤 조건에서 발현하는지 이해하고, 가능하다면 구조와 조건을 조정해 파괴적인 행동이 발현할 가능성을 줄이고 유익한 행동이 발현할 가능성을 높이는 것이다.

PART 2

THINKING

우리 인간과 시스템

IN SYSTEMS

THINKING
IN
SYSTEMS

03
시스템이 훌륭하게 작동하는 이유

:

토지의 메커니즘이 전체적으로 훌륭하면 우리가 이해하든 그렇지 않든 부분 부분이 모두 훌륭하다. 우리는 생물군이 수백억 년에 걸쳐 구축한 자연을 좋아하지만 이해하지는 못한다. 그렇다면 쓸모없어 보인다고 버리는 일은 어리석은 짓이 아닐까? 현명하게 수리하기 위해 첫 번째로 취할 조치는 톱니와 바퀴 하나하나를 모두 보관하는 것이다.

_ 알도 레오폴드 Aldo Leopold, 삼림학자[1]

2장에서는 구조를 바탕으로 스스로 행동을 창출하는 단순한 시스템들을 소개했다. 주어진 한계 안에서 균형을 되찾아 실내 온도를 유지하거나 유전에서 석유를 추출하거나 어업 선단 규모를 어자원의 생산력과 균형 맞추는 등의 업무를 수행한 시스템들은 세상의 어지러운 진동을 견디고 살아남는 아주 멋진 모습을 보였다.

과도한 압박을 받으면 시스템이 망가져 전에 없던 움직임을 보이지만, 대체로 시스템은 아주 잘 돌아간다. 훌륭하게 작동할 수 있다는 것, 이것이 시스템의 아름다움이다. 시스템이 잘 작동하면 시스템의 기능에서 일종의 조화로움이 보인다. 태풍이 불어 닥칠 때 공동체가 온 힘을 다해 대응하는 모습을 떠올려보자. 많은 사람이 피해자를 돕기 위해 갖가지 재능과 기술을 동원하며 오랜 시간 애쓴다. 그리고 비상 상황이 끝나면 다시 일상으로 돌아간다.

시스템이 이처럼 잘 작동하는 까닭이 무엇일까? 기계나 인간 공동체, 생태계 등 우리에게 익숙하고 고도로 기능하는 시스템에 어떤 특징이 있는지 생각해보자. 고도로 기능하는 시스템에는 세 가지 특징이 있다. 여러분도 이미 하나쯤 알고 있을 법한 세 가지 특징은 바로 회복탄력성과 자기 조직화, 계층이다.

회복탄력성

> 시스템이 불변하도록 구속하면 약점만 진화한다.
> _ 크로퍼드 스탠리 홀링 C. S. Holling, 생태학자[2]

회복탄력성•은 공학이나 생태학, 시스템과학 등 학문 분야에 따라 그 의미가 다르다. 우리가 이야기할 회복탄력성은 사전적 의미의 회복탄력성이다. "눌리거나 늘린 뒤 본래 모양이나 위치 등으로 다시 튀어 오르

• Resilience, 시스템이 변동에서 회복하는 능력. 시스템이 외력에 의한 변화를 겪은 뒤 복구하거나 복원하거나 회복하는 능력.

거나 돌아가는 능력. 탄력성. 힘이나 정신, 좋은 기분 등을 신속히 회복하는 능력." 회복탄력성은 시스템이 변수가 많은 환경을 견디고 살아남는 능력을 재는 척도다. 회복탄력성의 반대는 메짐성(물체가 연성을 갖지 않고 파괴되는 성질) 혹은 경직성이다.

회복탄력성은 크나큰 변동을 겪은 뒤에도 시스템을 여러 가지 방법으로 회복할 수 있는 피드백 루프가 많이 모인 구조에서 나온다. 균형 피드백 루프 하나는 저량을 원하는 상태로 되돌린다. 이런 피드백 루프 여러 개가 다양한 시간 척도에서 다양한 메커니즘에 따라 겹치면서 작동할 때 즉, 한 루프가 실패하면 다른 루프가 움직이면서 회복탄력성이 생긴다.

피드백 루프를 재건하거나 복구할 수 있는 일련의 피드백 루프는 훨씬 더 수준 높은 회복탄력성을 갖는다. 굳이 표현하면, 메타 회복탄력성이다. 그리고 피드백 루프들이 학습하고 창출하고 고안해서 훨씬 더 복잡한 복구 구조로 진화할 때 훨씬 더 수준 높은 메타 회복탄력성이 생긴다. 이렇게 진화할 수 있는 시스템이 자기 조직화하는 시스템이며, 다음에 이야기할 시스템의 놀라운 특성이 바로 자기 조직화다.

> 회복탄력성에는 한계가 있기 마련이다.

놀라운 회복탄력성을 보여주는 대표적 시스템이 우리 인간의 몸이다. 우리의 몸은 무수한 침입자를 막아내고, 기후와 음식이 크게 바뀌어도 견디며, 공급된 혈액을 재분배하고, 찢어진 상처를 재생하고, 신진대사 속도를 조절하고, 신체 일부에 어떤 문제가 생기거나 일부가 없어져도 감당할 수 있다. 게다가 학습할 줄 알고 사회화하고 기술을 고안하고 심지어 신체 기관도 이식할 수도 있는 자기 조직화 지능까지 더해져 인간의 몸은 뛰어난 회복탄력성을 갖춘 시스템이 되었다. 하지만 회복탄력성이 무한한 것은 아니다. 지능을 더한 인간의 몸이 아무리 높은 회복탄력성을 지녀도 적어도 현재까지는 자신이나 다른 사람의 몸이 영원히 죽지 않도록 살릴 수는 없기 때문이다.

여러 종이 서로 견제하며 공간을 이동하고 기후나 영양분 공급, 인간 활동의 영향에 대응해 시간이 흐르며 증식하거나 감소하는 생태계도 놀라운 회복탄력성을 보여준다. 인구와 생태계는 또한 '학습'하고 믿을 수 없을 만큼 다양한 유전적 변이를 통해 진화하는 능력도 지닌다. 그래서 생명을 유지할 기회가 변해도 충분한 시간만 주어지면 그 변화를 유리하게 이용하는 완전히 새로운 시스템을 만들어낸다.

회복탄력성은 시간이 흘러도 변함이 없거나 정적인 것과는 다르다. 회복탄력성을 지닌 시스템은 대단히 역동적이다. 단기적인 진동이나 주기적인 돌발, 연속과 절정, 붕괴의 장기적 순환은 지극히 정상적 상태이며, 회복탄력성을 통해 되돌리려는 것이 바로 이런 상태다.

정반대로 시간이 흘러도 변함이 없는 시스템은 회복탄력성을 지닐 수 없다. 정적인 안정성과 회복탄력성을 구분하는 것이 중요하다. 정적인 안정성은 눈에 보인다. 정적인 안정성은 매주 혹은 매년 시스템 상태의 차이를 통해 측정할 수 있다. 회복탄력성은 우리가 그 한계를 넘어설 만큼 균형 루프를 압도하고 훼손해 시스템 구조가 무너지기 전까지는 눈으로 확인하기가 매우 어렵다. 사람들은 흔히 안정성이나 생산성 혹은 더 즉각적으로 인식되는 시스템의 특징들을 위해 회복탄력성을 희생하는데, 그 까닭은 시스템 전체를 보는 눈이 없으면 회복탄력성이 분명히 보이지 않기 때문이다.

◆ 소에게 유전자 조작된 성장 호르몬을 주사하면 사료 공급량을 늘리지 않아도 우유 생산량이 증가한다. 호르몬이 소의 다른 신체 기능에 쓰일 대사 에너지를 우유 생산으로 돌리는 것이다(지난 수 세기 동안 목축업도 이와 거의 비슷한 방법으로 생산을 늘렸지만, 이 정도까지는 아니었다). 생산 증가에 따른 대가는 회복탄력성 저하다. 소의 건강이 저하되고 수명이 짧아지고 인간의 손길에 더 의존하게 된다.

◆ 상품이나 부품을 소매점이나 제조업체에 적시에 공급함에 따라 재고 부담이 줄고 많은 비용이 절감되었다. 하지만 적시 공급에 따라 생산 시스템은 연료 공급 변동이나 교통량, 컴퓨터 고장, 인력 수급 등 여러 가지 잠재적인 문제에 더 취약해졌다.

◆ 유럽이 수백 년에 걸쳐 집중적으로 관리한 결과 숲의 자연생태계가 흔히 수령이 같은 외래종 나무 한 종을 심은 조림지로 서서히 변했다. 숲에서 목재와 펄프를 높은 비율로 무한히 생산할 요량이었다. 하지만 다양한 수종이 상호작용하며 다양한 영양분 조합을 땅에서 빨아올렸다가 땅으로 되돌려주지 못하는 숲은 회복탄력성을 잃었다. 이런 숲은 새로운 형태의 공격 즉, 대기 오염에 특히 취약할 것이다.

암이나 심장질환 같은 만성 질환은 DNA를 복구하거나 혈관의 신축성을 유지하거나 세포 분열을 조절하는 복구 메커니즘이 망가져 발생하는 경우가 많다. 생태학적 재난도 생태계에서 여러 종이 사라지거나 토양의 화학적 성분과 생물학적 성분이 흐트러지거나 독성 물질이 쌓이는 등 회복탄력성을 상실해서 발생할 때가 많다. 기업에서 정부에 이르기까지 큰 조직이 회복탄력성을 잃는 원인은 모두 단순하다. 환경을 감지하고 대응하는 피드백 메커니즘이 거쳐야 할 지연과 왜곡이 너무 많기 때문이다(잠시 뒤 계층을 다룰 때 더 자세히 설명하기로 하자).

나는 회복탄력성을 시스템이 뛰어놀며 정상적인 기능을 안전하게 수행하는 대지라고 생각한다. 회복탄력성을 지닌 시스템은 큰 대지에서 뛰어논다. 그 시스템이 뛰어노는 커다란 공간은 벽이 부드럽고 탄력적이어서 시스템이 위험한 가장자리에 접근해도 그 벽에 부딪혀 다시 튕겨 나온다. 시스템이 회복탄력성을 잃으면 대지가 줄어들고 방호벽도 높이가 낮아지고 딱딱해진다. 결국 시스템은 조금만 움직여도 한쪽으로 추락할 것처럼 칼날 위에서 작동한다. 회복탄력성 상실은 놀라움으로 다가올 수 있다. 일반적으로 시스템은 뛰어노는 공간보다 놀이에 훨씬 더 집중하기 때문이다. 그래서 어느 날 시스템이 이미 수백 번 넘게 한 일을 하다가 추락하는 것이다.

> 시스템은 생산성이나 안정성뿐만 아니라 회복탄력성 즉, 변동에서 회복하는 능력, 스스로 복원하거나 복구하는 능력도 갖추도록 관리해야 한다.

회복탄력성을 의식하면 시스템 자체의 회복력을 보존하거나 키우는 여러 가지 방법이 보인다. 주로 포식자들이 유해 동물을 조절하게 끔 농장의 자연 생태계를 조성하도록 권장하는 까닭이 회복탄력성을 의식한 것이다. 질병을 치유할 뿐 아니라 신체의 내부 저항력까지 키우는 '총체적' 건강 관리도 회복탄력성을 의식한 것이다. 원조 사업을 펼칠 때 그저 식량이나 자금을 지원하는 수준을 넘어 사람들이 스스로 식량이나 돈을 마련하는 능력을 키우도록 환경을 바꾸려고 노력하는 것도 마찬가지다.

자기 조직화

> 진화는 지구 역사상 환경의 변화 및 그에 따른 생존 경쟁에 의해서만 진로가 결정되는 일련의 우연이 아닌 것 같고… 확실한 법칙의 지배를 받는다… 이 법칙을 찾는 것이 미래의 가장 중요한 과제 중 하나다.
> _ 루트비히 폰 베르탈란피 Ludwig von Bertalanffy, 생물학자[3]

복잡 시스템의 가장 경이로운 특징은 학습하고 다양해지고 복잡해지고 진화하는 능력이다. 이 능력 덕분에 수정란 하나가 스스로 분열해 믿을 수 없을 만큼 복잡한 개구리나 닭, 인간으로 성장하고, 자연이 유기화학물질 웅덩이에서 무수히 많은 환상적인 종을 분화시켰다. 우리 사회가 석탄을 태워 증기를 만들고 물을 퍼내고 분업하자는 생각을 떠올리고 발전시켜 마침내 자동차 조립 공장과 마천루 도시를 세우고 전 세계 통신망을 구축한 것도 바로 이 능력 덕분이다.

이처럼 시스템이 자신의 구조를 더 복잡하게 만드는 능력이 바로 **자
기 조직화**[*] 다. 눈송이, 단열이 허술한 집 창문에 낀 성에, 과포화용액에
서 갑자기 형성된 결정을 보면 소규모의 기계적인 자기 조직화가 나타
난다. 씨앗이 싹트거나 아기가 말을 배우거나 이웃들이 힘을 합쳐 유독
성 폐기물에 반대하는 모습을 보면 더 심오한 자기 조직화가 발견된다.

자기 조직화는 특히 살아있는 시스템에서 흔하게 발견되기 때문에
우리가 당연시하는 속성이다. 만일 우리가 자기 조직화를 당연하게 생
각하지 않으면, 우리 세상의 시스템이 전개되는 모습에 눈이 부실 것
이다. 그리고 만일 우리가 자기 조직화의 속성을 깨닫고 있다면, 우리
자신이 포함된 시스템의 자기 조직화 능력을 파괴하기보다 고무하는
일을 더 잘할 것이다.

회복탄력성과 마찬가지로 자기 조직화도 단기적인 생산성이나 안정
성을 위해 희생될 때가 많다. 창조적인 인간을 생산 공정의 기계 부속
품처럼 다룰 때 흔히 대는 핑계가 생산성과 안정성이다. 농작물의 유
전적 변이성을 제한할 때도 똑같은 핑계를 댄다. 사람들을 마치 숫자
에 불과한 것처럼 다루는 인식과 관료주의를 내세울 때도 마찬가지다.

자기 조직화는 이질적이고 예측 불가능한 것을 생성한다. 완전히 새
로운 구조, 완전히 새로운 방법이 나올 가능성이 크다. 그러려면 자유

---

[*]   Self-organization, 시스템이 스스로 구조화하거나 새로운 구조를 창출하거나 학
    습하거나 다양해지는 능력.

와 실험, 어느 정도 무질서가 필요하다. 자기 조직화를 고무하는 이런 조건들이 개인에게는 무섭게, 권력 기구에는 위협적으로 보이기 쉽다. 그래서 교육계는 아이들의 창조력을 북돋우는 대신 제한하고, 경제 정책도 신생 기업보다 기존 대기업을 지원하고, 많은 정부가 국민이 지나치게 자기 조직화하길 원치 않는 것이다.

하지만 다행히 자기 조직화는 살아있는 시스템의 기본 속성이기 때문에 제아무리 고압적인 권력 기구도 자기 조직화 속성을 완전히 말살하지 못한다. 법과 질서를 앞세워 지루할 만큼 오랜 기간 모질고 잔인하게 억압한다 해도 자기 조직화 속성은 절대 완전히 없어지지 않는다.

시스템 이론가들은 자기 조직화라는 속성이 워낙 복잡해서 절대 이해할 수 없다고 생각하곤 했다. 그래서 이들이 컴퓨터를 이용해 만든 시스템 모델은 기계적이고 '결정론적인' 시스템이었다. 진화하는 시스템이 아니었다. 얼핏 생각하면, 진화하는 시스템이 이해될 수 없는 것 같았기 때문이다.

하지만 몇 가지 단순한 조직화 원칙이 대단히 다양한 자기 조직화 구조로 이어질 수 있다고 암시하는 새로운 사실들이 발견되었다. 세 변의 길이가 같은 정삼각형을 그려보자. 그리고 이 삼각형 각 변의 중앙에 변의 길이가 3분의 1인 정삼각형을 추가하자. 그리고 각각의 변에 다시 변의 길이가 3분의 1인 정삼각형을 추가하자. 이런 식으로 변의 길이가 3분의 1인 정삼각형을 계속 추가하면, 〈도표 46〉의 코크 눈송이 Koch snowflake가 만들어진다. 코크 눈송이 가장자리의 길이는 엄청

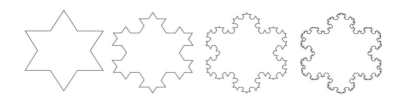

나게 길지만, 하나의 원을 벗어나지 않는다. 이것이 바로 프랙털 기하학을 간단히 보여주는 구조다. 프랙털 기하학은 비교적 간단한 규칙으로 만들어진 정교한 형태를 다루는 수학과 예술의 영역이다.

양치식물의 정교하고 아름답고 복잡한 구조도 마찬가지다. 컴퓨터에서 몇 가지 간단한 프랙털 규칙만 이용하면 만들 수 있다. 세포 하나가 인간으로 분화하는 것도 이와 비슷하게 기본적으로 간단하지만 엄청난 복잡성을 만드는 일련의 기하학 규칙을 따를 것이다(우리 몸속에 있는 폐의 표면적이 테니스장만큼 넓은 것도 프랙털 기하학 때문이다).

간단한 조직화 규칙이 대단히 복잡한 자기 조직화 시스템으로 이어진 사례를 몇 가지 더 들어보자.

◆ 바이러스부터 삼나무까지, 아메바부터 코끼리까지 모든 생명의 기초는 DNA와 RNA, 단백질 분자의 화학적 성질 속에 담긴 기본적인 조직화 규칙이다.

- 농업 혁명과 그 이후 모든 것은 사람이 한 장소에 머물며 땅을 소유하고 작물을 선택해 기를 수 있다는 단순하고 놀라운 생각에서 비롯되었다.

- "신은 지구를 중심으로 우주를 창조하고, 성곽을 중심으로 대지를 창조하고, 교회를 중심으로 인간을 창조했다." (중세 유럽이 정교한 사회적 물리적 구조에 적용한 조직화 원칙)

- "신과 도덕성은 시대에 뒤떨어진 개념이다. 사람은 객관적이고 과학적이어야 하며, 생산 수단을 소유하고 증식해야 하며, 인간과 자연을 생산에 긴요한 투입으로 다루어야 한다." (산업혁명의 조직화 원칙)

간단한 자기 조직화 규칙에서 엄청나고 다양해지는 기술 결정체와 물리적 구조, 조직, 문화가 자라날 수 있다.

이제 과학은 자기 조직화 시스템이 간단한 규칙에서 생길 수 있다는 것을 안다. 과학도 자기 조직화 시스템이기 때문에 세상의 모든 복잡성

> 시스템은 흔히 자기 조직화 속성을 띤다. 즉, 스스로 구조화하고 새로운 구조를 창출하고 학습하고 다양해지고 복잡해지는 능력을 지닌다. 반드시 그런 것은 아니지만, 복잡한 자기 조직화 형태가 비교적 간단한 조직화 원칙에서 나올 수 있다.

이 결국 간단한 규칙에서 비롯된다고 여긴다. 하지만 실제로 세상의 모든 복잡성이 결국 간단한 규칙에서 비롯되는지 아닌지는 과학으로도 정확히 알 수 없다.

계층

자기 조직화하는 시스템이 새로운 구조를 창출하고 복잡성을 늘리는 과정에서 흔히 발생하는 것이 **계층***이다.

세상, 최소한 우리가 이해하는 세상의 일부는 하위 시스템들이 더 큰 하위 시스템으로 모이고 더 큰 하위 시스템들은 훨씬 더 큰 하위 시스템으로 모이는 식으로 조직된다. 여러분 몸속 간의 세포는 기관의 하위 시스템이고, 기관은 유기체인 여러분의 하위 시스템이고, 여러분은 가족이나 운동부, 음악부 등의 하위 시스템이다. 가족이나 운동부, 음악부는 마을이나 도시의 하위 시스템, 마을이나 도시는 국가의 하위 시스템, 국가는 생물권 시스템 안에 깃든 전 세계 사회경제 시스템의 하위 시스템이다. 시스템과 하위 시스템이 이렇게 배열된 것이 계층이다.

기업, 군사, 생태, 경제, 살아있는 유기체. 이 모든 시스템이 계층으로 배열된다. 계층으로 배열되는 것은 우연이 아니다. 하위 시스템들

---

* Hierarchy, 시스템들이 더 큰 시스템을 창출하도록 조직된 것. 시스템 속 하위 시스템.

은 대체로 스스로 돌보고 규제하고 지탱하며 더 큰 시스템의 필요에 부응하고 더 큰 시스템은 하위 시스템들의 기능을 조정하고 향상할 때, 안정적이고 회복탄력성 있고 효율적인 구조가 이루어지기 때문이다. 다른 배열 방법으로는 이런 결과가 나올 것 같지 않다.

우주가 계층으로 조직된 이유 - 우화

호라와 템푸스라는 이름의 두 시계공이 있었다. 두 사람 모두 멋진 시계를 제작해서 찾는 고객이 많았다. 가게 안은 손님으로 북적거리고 주문 전화가 빗발쳤다. 하지만 몇 년이 지나자 호라의 가게는 번창했고, 템푸스는 점점 더 가난해졌다. 호라가 성공한 비결은 계층 원리를 발견했기 때문이었다.

호라와 템푸스가 만든 시계는 모두 1천여 개의 부품으로 구성되어 있었다. 템푸스는 부품을 조립하다가 주문 전화가 걸려 와 작업을 중단하면 애써 조립했던 부품들이 모두 흐트러지는 방식으로 시계를 만들었다. 그래서 주문 전화를 받은 뒤 다시 처음부터 조립할 수밖에 없었다. 결국 주문 전화가 많아질수록 방해받지 않고 시계를 조립할 시간이 줄어들었다.

호라의 시계도 템푸스의 시계 못지않게 복잡했지만, 호라는 먼저 10여 개의 부품을 맞춰 하위 조립품을 만들었다. 그런 다음 하위 조립품 10여 개를 결합해 더 큰 조립품을 만들고, 더 큰 조립품 10여 개를 결합해 시계를 완성했다. 그래서 호라는 시계를 조립하다 주문 전화가 걸려 와 작업을 중단해도 손실이 크지 않았다. 이렇게 해서 호라는 템푸스보다 더 빠르고 효율적으로 시계를 제작했다.

간단한 시스템이 복잡 시스템으로 진화할 수 있지만, 안정적인 중간 형태가 있을 때만 가능하다. 결국 복잡한 형태는 자연히 계층적이다. 자연이 우리에

게 보여주는 시스템에서 흔히 계층이 발견되는 까닭이 바로 이 때문이다. 온
갖 복잡한 형태가 있겠지만, 시간이 지나며 유일하게 진화한 것은 계층이다.[5]

계층은 시스템의 빛나는 발명품이다. 시스템에 안정성과 회복탄력
성을 줄 뿐 아니라 시스템의 부분들이 추적해야 할 정보의 양도 줄여
주기 때문이다.

계층적 시스템에서는 하위 시스템 안의 각 내부 관계가 하위 시스템
끼리의 관계보다 더 긴밀하고 강력하다. 모든 것이 다른 모든 것과 연
결되어 있지만, 모두가 똑같이 강력하게 연결된 것은 아니다. 예를 들
어 대학에서도 같은 과에 근무하는 사람들이 서로 이야기를 나누는 시
간이 다른 과에 근무하는 사람과 이야기를 나누는 시간보다 더 많다.
간을 구성하는 세포들도 심장을 구성한 세포와 소통할 때보다 더 긴밀
하게 서로 소통한다. 이처럼 계층 단계에서 각각의 내부 정보 연결과
계층 단계들 사이의 정보 연결이 차이가 난다. 하지만 이런 차별적 정
보 연결이 제대로 구성되면, 피드백 지연 시간이 최소화된다. 그 어떤
계층 단계도 정보에 압도되는 일 없이 시스템이 회복탄력성을 지니고
효율적으로 작동한다.

계층적 시스템은 부분으로 분해할 수 있다. 시스템을 해체하면, 정
보 연결이 아주 긴밀한 하위 시스템들이 적어도 부분적으로는 그 자
체가 시스템인 듯 기능한다. 계층적 시스템은 계층이 무너지면 대체로

하위 시스템의 경계를 따라 나뉜다. 예를 들어, 세포 단계나 기관 단계로 나누어 살피듯 시스템을 다양한 계층 단계별로 해체해 하나하나 살피면 많은 내용을 파악할 수 있다. 그래서 시스템 사고자들이 정규 과학의 환원주의적 해체에서 많은 것을 배울 수 있다고 이야기하는 것이다. 하지만 각각의 하위 시스템을 다른 하위 시스템과 연결하고 다시 더 높은 계층 단계와 연결하는 중요한 관계를 잊지 말아야 한다. 그렇지 않으면 깜짝 놀라는 상황이 발생한다.

당신이 간질환을 앓는다고 가정하자. 의사는 보통 (간과 같은 계층 단계에서) 여러분의 심장이나 편도선을 살피거나 (한두 단계 올라가) 여러분의 성격을 파악하거나 (몇 단계 더 내려가) 간세포 핵의 DNA를 자세히 살피지 않아도 간질환을 치료할 수 있다. 하지만 이런 치료 규칙에서 한 걸음 물러나 예외적으로 전체 계층을 살펴야 하는 경우도 많다. 직업 때문에 화학 물질에 노출되어 간이 손상되었을 수도 있고, DNA의 오작동으로 병이 생겼을 수도 있기 때문이다.

자기 조직화하는 시스템이 시간이 흐르며 새로운 차원의 계층으로 진화하고 통합됨에 따라 여러분이 염두에 두어야 할 내용도 바뀐다. 예전에는 한 나라의 에너지 시스템이 다른 나라의 에너지 시스템과 거의 완전하게 분리될 수 있었지만, 지금은 불가능하다. 에너지 경제의 진화 속도에 맞춰 사고가 진화하지 못한 사람은 한 나라의 에너지 시스템이 지구 반대편의 결정과 자원에 따라 달라진다는 사실에 깜짝 놀랄 것이다.

자기 조직화하는 시스템이 계층을 이루는 모습은 눈에 보인다. 자영업자가 일이 많아지면 직원을 고용한다. 비공식적인 소규모 비영리조직은 회원이 늘고 예산이 커지면, 어느 날 회원들이 모여 "전체적으로 정리할 사람이 필요해"라고 결정한다. 분열하는 세포 군집은 특수한 기능으로 분화하고, 가지처럼 갈라져 모든 세포에 영양을 공급하는 순환 시스템과 모든 세포를 조율하는 신경 시스템을 만들어낸다.

계층은 가장 낮은 단계부터 진화한다. 조각에서 전체로, 세포에서 기관과 유기체로, 개인에서 팀으로, 직접 생산에서 생산 관리로 진화한다. 농부들이 처음에 함께 모여 도시를 세운 것은 자신들을 보호하고 더 효율적으로 교역할 목적이었다. 생명의 출발점은 단세포 박테리아였다. 코끼리에서 출발한 것이 아니다. 계층의 본래 목적은 언제나 출발점인 하위 시스템들이 더 잘 작동하도록 돕는 것이다. 하지만 불행히도 크게 연결된 계층의 높은 단계나 낮은 단계나 모두 본래 목적을 쉽게 망각한다. 그래서 계층의 오작동 때문에 목표를 달성하지 못하는 시스템이 많다.

만일 팀원이 팀의 승리보다 개인의 영광을 더 중요하게 여기면, 그 팀원 때문에 팀이 패배할 것이다. 만일 신체 세포 하나가 자신의 역할을 내팽개치고 걷잡을 수 없이 증식하기 시작하면 그것이 암이다. 만일 학생이 지식 탐구가 아니라 성적을 최대로 끌어올리는 것을 목적으로 삼으면 커닝 등 오히려 역효과가 나는 행동을 하게 될 것이다. 만일 한 기업이 정부에 뇌물을 주고 혜택을 받으면 시장 경쟁의 이점과 사회 전체의 이익이 떨어진다.

하위 시스템의 목표가 전체 시스템의 목표를 희생시키며 압도할 때 결과적으로 나타나는 행동이 **부분 최적화**[*] 다.

물론 중앙 통제가 너무 지나쳐도 부분 최적화만큼 심각한 문제가 발생한다. 만일 뇌가 세포 하나하나를 너무 강력하게 통제해 세포들이 자기 유지 기능을 수행하지 못하면, 그 유기체 전체가 죽게 된다. 만일 대학의 핵심 규칙과 규정이 학생이나 교수의 자유로운 지식 탐구를 막으면, 대학의 목적은 달성되지 못한다. 만일 감독이 경기장에서 선수의 판단에 일일이 개입하면 팀 전체의 사기가 위축된다. 역사상 최악의 경제 재앙들이 발생한 원인도 기업부터 국가에 이르기까지 상부의 통제 과잉이다. 그리고 이런 재앙은 앞으로도 계속 발생할 것이다.

시스템이 고도로 기능하려면 반드시 하위 시스템들과 전체 시스템의 행복과 자유, 책임을 균형 잡는 계층이 필요하다. 큰 시스템 목표를 향하도록 조율하는 충분한 중앙 통제도 필요하고, 모든 하위 시스템의 번성과 기능, 자기 조직화를 보장하는 충분한 자율성도 필요하다.

동태적인 시스템이 잘 돌아갈 수 있는 이유 세 가지는 회복탄력성과 자기 조직화, 계층이다. 이 세 가지 속성을 관리하거나 고무하면 시스템이 장기간 제대로 작동하는 능력을 향상할

> 계층적 시스템은 가장 낮은 단계부터 진화한다. 상부 계층의 목적은 하부 계층의 목적에 기여하는 것이다.

---

[*] Suboptimization, 하위 시스템의 목표가 전체 시스템의 목표를 희생시키며 압도할 때 결과적으로 나타나는 행동.

수 있다. 다시 말해, 지속 가능한 시스템으로 발전하는 것이다. 그런데 시스템이 행동하는 모습을 지켜보면 놀랄 일도 아주 많다.

04
우리가 시스템에 놀라는 이유

문제는… 우리가 끔찍할 만큼 무지하다는 것이다. 우리 중 가장 많이 배운 사람도 무지하다… 지식 습득은 언제나 무지의 폭로를 수반한다. 지식을 습득할수록 우리의 무지가 드러난다. 세상에 대한 지식이 우리에게 가장 먼저 가르치는 것은 세상이 우리 지식보다 더 크다는 것이다.

_ 웬델 베리Wendell Berry, 켄터키 농부 겸 작가[1]

여러분은 시스템 동물원에서 간단한 시스템이 하는 행동을 보고 당황한 적이 있을 것이다. 수년간 시스템을 가르친 나도 시스템의 움직임에 놀랄 때가 많다. 여러분과 내가 놀라는 까닭은 동태적 시스템과 관련이 있지만 그만큼 우리 자신과도 관련이 있다. 내가 동태적 시스템에 대해 안다고 생각하는 것과 현실 세계에서 내가 직접 경험한 것이 주고받는 상호 작용은 언제나 나를 겸손하게 만든다. 내게 다음과 같은 세 가지 진실을 항상 깨우친다.

1. 우리가 세상에 관해 안다고 생각하는 것은 모두 모델이다. 모든 단어와 모든 언어가 모델이다. 지도와 통계표, 책, 데이터베이스, 방정식, 컴퓨터 프로그램도 모두 모델이다. 내가 머릿속에 그리는 세상의 모습도 마찬가지다. 나의 정신 모델이다. 이 모든 것은 현실 세계가 아니고 앞으로도 그럴 것이다.

2. 일반적으로 우리의 모델은 세상과 대부분 일치한다. 우리가 생물계에서 이만큼 성공한 종이 된 까닭이 바로 이 때문이다. 우리가 가까운 주변에서 자연과 사람, 조직을 친밀하게 직접 경험해 개발한 정신 모델은 특히 복잡하고 치밀하다.

3. 하지만 이와 반대로, 우리의 모델은 세상을 온전히 반영하지는 못한다. 우리가 자주 실수하고 놀라는 까닭이 바로 이 때문이다. 우리가 머릿속에서 한 번에 파악할 수 있는 것은 겨우 몇 가지 변수뿐이다. 우리는 정확한 가정에서 비논리적인 결론을 도출하거나 부정확한 가정에서 논리적인 결론을 도출하는 경우가 많다. 지수적 성장의 결과에 화들짝 놀라는 사람이 대부분이다. 복잡 시스템의 진동을 줄이는 방법을 직감적으로 찾아낼 수 있는 사람은 거의 없다.

우리가 세상에 대해 안다고 생각하는 것은 모두 모델이다. 우리의 모델은 세상과 대부분 일치하지만, 현실 세계를 온전히 반영하지는 못한다.

한마디로 요약하면, 이중적이다. 우리가 세상이 돌아가는 방식에 대해 알고 있는 지식의 양은 엄청나다. 하지만 턱없이 부족하다. 우리의 지식은 놀랍다. 하지만 우리의 무지는 훨씬 더 놀랍다. 우리는 더 많이 이해할 수 있지만, 완벽하게 이해할 수는 없다. 나는 이런 이중성의 두 측면이 모두 옳다고 믿는다. 시스템을 연구하며 많은 것을 깨우친 덕분이다.

4장의 주제는 우리가 동태적 시스템을 보고 자주 놀라는 이유다. 바꿔 말하면, 우리의 정신 모델이 현실 세계의 복잡성을 반영하지 못하는 여러 가지 이유, 특히 시스템 관점으로 보면 분명히 드러나는 이유들을 설명한다. 경고 목록이라고 볼 수도 있다. 숨은 암초들을 모아 정리한 지도인 셈이다. 단기적인 사건에서 눈을 돌려 장기적인 행동과 구조에 주목하지 않으면 상호 연결되어 피드백이 지배하는 세상을 무난히 헤쳐 나갈 수 없다. 경계가 틀릴 수도 있고 합리성이 제한적일 수도 있다는 것을 의식하지 않으면, 여러 가지 제한 요소와 비선형성, 지연을 고려하지 않으면, 상호 연결되어 피드백이 지배하는 세상을 무난히 헤쳐 나갈 수 없다. 회복탄력성과 자기 조직화, 계층이라는 속성을 존중하지 않으면 시스템을 잘못 다루고 잘못 설계하고 오해할 위험이 커진다.

여러분이 얼마나 절실하게 세상을 통제하길 원하느냐 그리고 세상이 주는 놀라움을 얼마나 기꺼이 받아들일 마음의 준비가 되어있느냐에 따라 나쁜 소식일 수도 있고 좋은 소식일 수도 있지만, 여러분이 시스템의 속성을 모두 이해해도 놀라는 빈도만 줄어들 뿐 계속해서 놀라게 될 것이다.

우리를 현혹하는 사건

> 시스템은 자물쇠를 열 수 없는
> 커다란 블랙박스다.
> 우리가 알아낼 수 있는 것은
> 들어가는 것과 나오는 것뿐이다.
> 매개 변수들과 연관된
> 투입과 산출의 쌍을 감지하면
> 가끔 투입과 산출, 저량을
> 연결할 수 있다.
> 이 관계가 적절하고 안정적이면
> 우리가 예측할 수도 있겠지만,
> 실패하면, 맙소사!
> 뚜껑을 억지로 열 수밖에 없을 것이다.
>
> _ 케네스 볼딩, 경제학자[2]

시스템은 일련의 사건으로 나타나며 우리를 속인다. 혹은 우리가 스스로 세상을 일련의 사건으로 보며 속는다. 뉴스를 보면 선거나 싸움, 정치적 합의, 재난, 주가 급등, 주가 급락에 관한 소식이 매일 나오고, 우리가 일상적으로 나누는 대화는 대부분 특정한 시간에 특정한 장소에서 발생한 특정한 사건이다. 그 팀이 이겼어, 강이 범람했어, 다우존스 산업평균지수가 1만을 찍었어, 석유가 새로 발견되었어, 숲이 잘려 나갔어 등. 사건은 순간순간 시스템의 블랙박스에서 나오는 산출이다.

추락 사고나 암살, 위대한 승리, 끔찍한 비극처럼 극적인 사건들도 있다. 이런 사건은 우리의 감정을 사로잡는다. TV 화면이나 신문 1면에서 이미 무수히 많은 사건을 접했지만, 전과 다른 사건은 계속해서 우리 마음을 사로잡는다(우리가 대혼란을 빚는 반전이나 기상이변에 절대흥미를 잃지 않는 것처럼 말이다). 세상을 일련의 사건으로 받아들이며 끝없이 매료되고 계속해서 놀라는 이유는 이처럼 세상을 일련의 사건으로만 바라보면 예측하거나 설명할 방법이 없기 때문이다. 사건은 마치 수면 위로 솟은 빙산의 일각처럼 크고 복잡한 덩어리 중 가장 잘 드러나는 부분이다. 하지만 가장 중요한 부분은 아니다.

만일 우리가 사건들이 쌓여 이루어진 동태적인 행동 패턴을 볼 수 있다면 놀라움은 줄어들 것이다. 그 팀이 연승 행진 중이야, 비가 내리면 홍수가 나고 가뭄에는 수위가 더 낮아지는 등 강의 변동성이 커지고 있어, 다우 지수가 2년 전부터 상승 추세야, 석유를 발견하는 사례가 점점 줄고 있어, 숲이 잘려 나가는 속도가 점점 빨라지고 있어 등.

성장이나 침체, 쇠퇴, 진동, 무작위성, 진화 등 시스템의 행동은 시간의 흐름에 따른 시스템의 성과다. 만일 뉴스가 사건을 역사적 맥락에 집어넣는 일을 더 잘했다면, 우리도 사건을 겉으로 이해하기보다 더 심오하게 이해했을 것이다. 시스템 사고자들은 문제를 만나면 가장 먼저 시스템의 역사와 데이터, 시계열 그래프를 확인한다. 장기적인 행동을 살펴야 기본 시스템 구조를 이해할 단서가 나오기 때문이다. 그 기본 시스템 구조가 무슨 일이 발생했는지 뿐만 아니라 왜 발생했는지를 이해하는 열쇠다.

시스템 구조는 저량과 유량, 피드백 루프가 서로 맞물린 것이며 시스템 구조를 도표로 표현한 것이 (학생들이 '스파게티 미트볼 다이어그램'이라고 부르는) 네모와 화살표가 있는 도해다. 시스템 구조에 따라 시스템의 잠재적 행동이 결정된다. 목표를 추구하는 균형 피드백 루프는 동적 평형 상태에 접근하거나 동적 평형 상태를 유지한다. 강화 피드백 루프는 지수적 성장을 일으킨다. 균형 피드백 루프와 강화 피드백 루프, 이 둘이 서로 연결되어 성장하거나 쇠퇴하거나 평형을 유지하고, 여기에 지연이 더해지면 진동이 생기고, 이 두 루프가 주기적으로 급작스럽게 작동하면 훨씬 더 놀라운 행동이 나올 수 있다.

시스템 사고자들은 (저량과 유량, 피드백 도해로 표현된) 구조와 (시계열 그래프time graphs에서 나타난) 행동 사이를 끊임없이 오가며 살핀다. 슬링키를 놓는 손(사건)과 그에 따른 진동(행동)과 나선형으로 감긴 슬링키 코일의 기계적 특성(구조) 사이의 연관성을 이해하려고 노력한다.

슬링키처럼 간단한 사례에서는 사건과 행동, 구조의 차이가 분명히 나타난다. 사실 세상의 많은 분석이 사건보다 깊이 들어가지 않는다. 매일 밤 주식 시장이 왜 그렇게 움직였는지 설명하는 내용을 들어보자. 미국 달러가 내려서(올라서), 혹은 대출 우대 금리가 인상되어서(인하되어서), 혹은 민주당이 선거에서 승리해서(패해서), 혹은 어떤 나라가 다른 나라를 공격해서(공격하지 않아서) 주가가 올랐다(내렸다). 사건과 사건의 겉으로 보이는 현상만 분석한다.

이런 설명을 듣는다고 내일 무슨 일이 벌어질지 예측할 능력은 생기지 않는다. 시스템 행동을 변화시킬 능력은 생기지 않는다. 이런 설명을 듣는다고 해서 주식 시장의 불안정성을 줄일 능력이나 기업 건전성 지표인 주식 시장의 신뢰도를 높일 능력이나 주식 시장을 더 나은 투자 촉진 수단으로 개선할 능력은 생기지 않는다.

대부분 경제 분석은 사건에서 한 단계 더 깊이 들어가 시간 흐름에 따른 행동을 살핀다. 계량경제모델Econometric models(하나하나의 경제현상을 수량으로 파악해, 상호의존 관계를 수식화한 것)은 흔히 복잡한 방정식을 통해 수입과 저축, 투자, 정부 지출, 이자율, 산출 등의 과거 추세에서 통계적인 연결 고리를 찾으려고 노력한다.

이런 행동 기반 모델이 사건 기반 모델보다 더 유용하지만, 여러 가지 근본적인 문제도 안고 있다. 행동 기반 모델은 대체로 시스템의 유량을 과대평가하고 저량을 과소평가한다. 경제학자들은 유량의 움직임을 추적한다. 시스템에서 흥미로운 변수와 대단히 빠른 변화가 나타나는 곳이 유량이기 때문이다. 경제 뉴스도 재화와 서비스를 생산하는 국내 공장과 농장, 기업의 물적 자본 총량(저량)보다 GNP 즉, 재화와 서비스의 국내 생산(유량)을 더 많이 보도한다. 하지만 저량이 피드백 과정을 통해 관련 유량에 어떤 영향을 주는지 살피지 않으면 경제 시스템의 역학 관계나 움직임의 원인을 이해할 수 없다.

두 번째 더 심각한 문제는 계량경제학자들이 유량들을 서로 연관시키는 통계적인 연결 고리를 찾으려고 애쓰지만 사실 존재하지 않는 것을 찾고 있다는 점이다. 어떤 유량이 다른 어떤 유량과 안정적인 관계를 맺고 있다고 기대할 까닭이 없기 때문이다. 유량은 올라가기도 하고 내려가기도 하고 열리기도 하고 닫히기도 하며 온갖 조합을 보여주지만, 이는 다른 유량에 반응하는 것이 아니라 저량에 반응하는 것이다.

무슨 말인지 간단한 예를 들어보자. 여러분이 온도조절장치에 대해 전혀 아는 바가 없지만, 과거에 열이 방으로 들어오고 방에서 빠져나간 데이터는 많다고 가정하자. 여러분은 이 데이터를 기초로 과거에 열 유량이 어떻게 변했는지 계산하는 방정식을 찾아낼 수 있을 것이다. 왜냐하면 (실내 온도인) 저량이 변하지 않는 일반적인 상황에서 발생한 유량 변화를 계산하기 때문이다.

여러분이 찾아낸 방정식은 유효할 것이다. 하지만 누군가 창문을 활짝 열거나 실내 단열을 보강하거나 보일러를 켜거나 깜빡 잊고 기름을 주문하지 않는 등 시스템의 구조에 뭔가 변화가 생길 때까지만 유효하다. 여러분은 시스템이 변하거나 망가지지 않는 한 그 방정식을 이용해 다음 날 실내 온도가 어떻게 변할지 예측할 수 있을 것이다. 그런데 방을 조금 더 따뜻하게 만들어야 하거나 실내 온도가 갑자기 떨어져 바로잡아야 하거나 실내 온도를 일정하게 유지하면서 연료비를 절감할 방법을 찾는다면, 행동 기반 분석은 도움이 되지 않는다. 시스템의 구조를 파고들어야만 할 것이다.

행동 기반 경제 모델이 단기적인 경제 성과는 상당히 정확하게 예측해도 장기적인 성과는 부정확하게 예측하고 경제 성과를 향상할 방법을 찾는 데 아무런 도움도 되지 못하는 이유가 바로 이 때문이다.

그리고 우리가 각종 시스템을 보며 놀라는 이유 중 하나도 바로 이 때문이다. 우리는 시스템이 만들어내는 움직임에 지나치게 현혹된다. 시스템의 역사에 기울이는 관심은 너무 부족하다. 그래서 움직임과 사건이 흘러나오는 구조를 파악할 단서를 시스템의 역사에서 발견하는 데 미숙하다.

비선형적 세상 속의 선형적 사고

선형적 관계는 생각하기가 쉽다. 이런 관계는 많으면 많을수록 좋다. 선형 방정식은 풀 수 있다. 그래서 이런 방정식이 교과서에 실리는 것이다. 선형 시스템은 중요한 모듈식 장점을 지닌다. 해체하고 다시 조립할 수 있기 때문이다. 부분들만 합치면 된다.

비선형 시스템은 일반적으로 풀 수도 없고 합칠 수도 없다… 비선형성의 의미는 게임을 하는 행위에 의해 규칙이 바뀐다는 것이다… 서로 얽힌 그 가변성 때문에 비선형성은 계산하기가 어렵지만, 바로 그 가변성 때문에 선형 시스템에서 절대 발생하지 않는 다양한 움직임이 나온다.

_ 제임스 글릭 James Gleick
《카오스: 새로운 과학의 출현 Chaos: Making a New Science》 저자[3]

우리는 흔히 관계의 본질을 파악하는 데 서툴다. 한 시스템 안에 있는 두 요소 사이의 **선형적 관계**[*]는 그래프에서 직선으로 표시된다. 정비례 관계다. 밭에 비료 10파운드(약 4.5kg)를 뿌려 수확량이 2부셸(약 54.4kg) 증가할 때, 비료 20파운드를 뿌리면 수확량이 4부셸 증가하고, 비료 30파운드를 뿌리면 수확량이 6부셸 증가하는 관계다.

비선형적 관계[**]는 원인이 정비례 결과를 만들지 않는다. 원인과 결과의 관계는 곡선이나 파동으로 나타날 뿐 직선이 아니다. 밭에 비료 100파운드를 뿌려 수확량이 10부셸(약 54.4kg) 증가할 때, 비료 200파운드를 뿌리면 수확량이 전혀 늘지 않는다. 비료 300파운드를 뿌리면 수확량이 오히려 떨어진다. 왜 그럴까? '좋은 것을 너무 많이' 뿌려서 오히려 토질을 떨어트렸기 때문이다.

세상은 비선형성으로 가득 차 있다.

그래서 세상이 선형적으로 사고하는 우리를 종종 놀라게 하는 것이다. 작은 힘으로 밀면 작은 반응이 나온다는 것을 배운 우리는 미는 힘을 두 배로 증가시키면 반응도 두 배로 늘어난다고 생각한다. 하지만 비선형적 시스템에서는 미는 힘을 두 배로 키우면 반응이 6분의 1로 줄거나, 두 배로 늘거나, 혹은 반응이 전혀 나타나지 않는다.

비선형성의 예를 몇 가지 살펴보자.

- Linear relationship, 시스템의 두 요소가 원인과 결과로 정비례하는 관계. 그래프에서 직선으로 표시되며, 부가적인 효과를 일으킴.
- ●● Nonlinear relationship, 시스템의 두 요소가 원인과 결과의 정비례 (직선적) 효과를 일으키지 못하는 관계.

◆ 고속도로에서 교통의 흐름이 늘어날 때 보면, 자동차 밀도가 큰 폭으로 변해도 차량 속도에 미치는 영향은 미미하다. 하지만 어느 순간 자동차 밀도가 조금 더 늘어나자 마침내 차량 속도가 급격하게 떨어진다. 그리고 고속도로 위의 자동차 수가 일정 수준에 도달하면 교통 체증이 발생하고 차량 속도는 0으로 떨어진다.

◆ 토양 침식이 장기간 진행되어도 작물 수확량은 큰 영향을 받지 않을 수 있다. 표면의 흙이 모두 쓸려나가 작물의 뿌리 부분이 드러날 때까지는 큰 영향을 받지 않을 수 있다. 하지만 그 수준을 넘어 토양이 조금만 더 침식되면 수확량이 급감할 수 있다.

◆ 세련되게 은근히 광고하면 상품에 대한 관심을 불러올 수 있다. 하지만 노골적인 내용으로 광고를 많이 하면 상품에 대한 혐오감만 불러올 수 있다.

이제 여러분도 비선형성이 놀라운 이유를 알 수 있을 것이다. 합리적인 기대에서 벗어나기 때문이다. 조금 치료해서 조금 호전되었을 때 많이 치료하면 많이 호전될 것으로 생각하거나 파괴적인 행동을 조금 한 결과 발생한 피해가 참을 만한 정도였을 때 그 행동을 조금 더 해도 피해는 조금만 더 커질 것으로 생각하는 것이 합리적인 기대다. 비선형적 세상에서 전형적인 실수를 유발하는 이유는 이러한 합리적인 기대 때문이다.

비선형성이 중요한 이유는 행동과 반응의 관계에 대한 우리의 기대를 무너트리기 때문만이 아니다. 비선형성이 중요한 더 큰 이유는 피드백 루프의 상대적인 힘을 변화시키기 때문이다. 비선형성 때문에 시스템의 행동 방식이 순식간에 바뀐다.

동물원의 일부 시스템에서 지배 전환의 특징이 나타나게 된 주요 요인이 바로 비선형성이다. 강화 루프가 지배하며 지수적 성장을 하다가 갑자기 균형 루프로 지배가 전환되며 쇠퇴하는 주원인이 비선형성이다.

비선형성의 효과를 극적으로 보여주는 사례가 북아메리카에서 급증해 숲을 파괴한 가문비나무 유충이다.

가문비나무 유충, 전나무, 살충제

나이테를 살펴보면 북아메리카에서 적어도 400년 동안 주기적으로 가문비나무 유충이 번성해 가문비나무와 전나무가 죽은 것으로 확인된다. 금세기까지는 크게 신경 쓰는 사람이 없었다. 목재 산업에서 가장 귀중한 나무는 스트로부스잣나무였기 때문이다. 가문비나무와 전나무는 '쓸모없는 수종'으로 치부되었다. 하지만 결국 스트로부스잣나무 숲이 사라지자 목재 산업은 가문비나무와 전나무로 눈을 돌렸다. 그러면서 갑자기 가문비나무 유충이 심각한 해충으로 인식되기 시작했다.

그리고 1950년대부터 가문비나무 유충을 없애려고 북아메리카 숲에 DDT를 뿌렸다. 아무리 살충제를 뿌려도 가문비나무 유충은 해마다 기승을 부렸다. 1950년대부터 1970년대까지 매년 DDT를 숲에 뿌렸다. DDT 사용이 금지된 이후에는 페니트로티온과 아세페이트, 세빈, 메톡시클로르를 살포했다.

사람들은 살충제가 가문비나무 유충 문제를 해결할 궁극적인 해결책이 아니라는 사실을 알았지만, 그래도 반드시 살충제를 뿌려야 한다고 생각했다. 한 산림 감독관은 "살충제로 시간을 벌죠. 산림 관리자가 바라는 것은 다른 것이 없습니다. 제재소에 들어갈 때까지 나무를 지키는 것뿐이죠"라고 이야기했다.

1980년이 되자 살충제 살포 비용이 감당하기 어려운 수준이 되었다. 그해 캐나다 뉴브런즈윅주가 가문비나무 유충 '방제'에 투입한 비용이 무려 1,250만 달러였다. 환경을 의식한 시민들은 숲에 독성 물질을 퍼붓지 말라고 반대했다. 해마다 살충제를 뿌렸지만, 매년 가문비나무 유충이 파괴하는 산림 면적은 2천만 헥타르(20만 제곱킬로미터)에 달했다.

브리티시컬럼비아대학의 크로퍼드 스탠리 홀링C. S. Holling 교수와 뉴브런즈윅 대학의 고든 바스커빌Gordon Baskerville 교수가 컴퓨터 모델을 만들어 전체 시스템 관점에서 가문비나무 유충 문제를 들여다보았다. 그리고 살충제를 살포하기 전에는 가문비나무 유충이 눈에 띄게 번식한 해가 거의 없었다는 사실을 확인했다. 새와 거미, 기생말벌 등 수많은 천적과 여러 가지 질병이 유충의 개체수를 통제한 것이다. 몇십 년에 한 번씩 가문비나무 유충이 늘었지만, 6~10년 정도 기승을 부린 뒤 다시 개체수가 줄어들었다.

가문비나무 유충이 가장 먼저 공격하는 대상은 발삼전나무이고 그다음이 가문비나무다. 발삼전나무는 북아메리카 산림에서 경쟁력이 제일 강한 나무다. 그냥 방치하면 발삼전나무가 가문비나무와 자작나무를 몰아내고, 숲에는 발삼전나무 수종 하나밖에 남지 않을 것이다. 그런데 가문비나무 유충이 한 차례 급증할 때마다 발삼전나무 개체수가 줄면서 숲에 가문비나무와 자작나무가 자랄 공간이 마련된다. 발삼전나무가 물러서는 것이다.

발삼전나무 개체수가 증가하면 가문비나무 유충이 번성할 확률도 증가한다. 비선형적으로 증가한다. 좋아하는 먹잇감이 늘면 가문비나무 유충의 번식 가능성도 증가하지만, 정비례한 값보다 더 큰 폭으로 늘어난다. 그리고 따뜻하고 건조한 봄이 이삼 년 이어지며 가문비나무 유충이 생존할 완벽한 환경이 조성되면 마지막 기폭제가 터진다(사건 수준에서 분석하는 사람은 유충이 급증한 원인을 따뜻하고 건조한 봄 날씨에서 찾을 것이다).

가문비나무 유충의 개체수는 천적의 통제 범위를 벗어날 만큼 폭발적으로 증가한다. 비선형적으로 증가하는 것이다. 대체로 가문비나무 유충의 개체수가 증가하면 천적의 개체수도 더 빨리 증가한다. 하지만 일정 수준을 넘어서면 천적의 번식 속도가 가문비나무 유충의 번식 속도를 따라잡지 못한다. 유충이 늘수록 천적의 번식 속도도 빨라지는 강화 관계가 더 이상 유지되지 않는다. 유충이 늘수록 천적의 번식 속도가 빨라지지 않는 관계로 변하며, 가문비나무 유충은 거침없이 번식한다.

이제 가문비나무 유충의 번식을 막을 방법은 하나뿐이다. 발삼전나무들을 죽여 자신의 먹잇감을 줄이는 유충뿐이다. 그리고 마침내 이런 상황이 되면 유충의 개체수가 감소한다. 비선형적으로 떨어진다. 유충을 증식하는 강화 루프에서 유충을 굶겨 죽이는 균형 루프로 지배가 전환하는 것이다. 가문비나무와 자작나무가 발삼전나무가 살던 공간으로 돌아오고, 순환 과정이 다시 시작된다.

가문비나무 유충/가문비나무/전나무 시스템은 수십 년에 걸쳐 진동하지만, 생태적으로 한계를 넘지 않고 안정적이다. 영원히 지속될 수 있다. 가문비나무 유충의 주요 효과는 전나무 외의 수종들을 살리는 것이다. 하지만 북아메리카에서는 생태적 안정이 경제적 불안이다. 캐나다 동부의 경제는 목재 산업에 거의 전적으로 의존하며, 목재 산업은 전나무와 가문비나무의 꾸준한 공급에 달려있다.

목재 산업이 살충제를 뿌리면, 비선형적 관계 속의 여러 지점에서 전체 시스템의 균형이 흔들린다. 살충제가 해충뿐 아니라 해충의 천적까지 죽이고, 그로 인해 가문비나무 유충을 정상적으로 통제하는 피드백 루

시스템에는 비선형적 관계가 많다. 비선형적 관계들의 상대적 힘은 시스템 저량의 변화에 따라 불균형적으로 변한다. 피드백 시스템의 비선형성이 피드백 루프들의 지배 전환과 시스템 움직임의 여러 가지 복잡성을 만들어낸다.

프가 약해지기 때문이다. 그러면 전나무의 밀도는 계속 높은 상태를 유지하고, 가문비나무 유충은 비선형적으로 증식하며 개체수가 끝없이 폭발적으로 증가할 지경에 이른다.

이런 산림 관리 관행에 따라 흘링 교수가 표현한 대로 "지속적인 반⚹ 급증 조건"이 점점 더 넓은 지역으로 확산했다. 산림 관리자들은 산림 정책에 숨겨진 화산이 부글부글 끓고 있다고 느낀다. 만일 정책이 실패하면 전에 없이 강력한 폭발이 일어난다고 두려워하고 있다. [4]

존재하지 않는 경계

시스템의 관점에서 생각하면, 우리가 흔히 쓰는 '부작용'이라는 용어에는 근본적인 오해가 있음을 알게 된다… 부작용은 대개 "미리 예측하지 못했거나 떠올리기 싫은 작용"을 의미한다… 부작용은 '부'라는 형용사를 떼고 주작용 못지않게 대접받을 자격이 있다. 시스템 관점에서 생각하기는 쉽지 않다. 그래서 우리는 시스템 관점에서 생각할 필요가 없도록 언어를 열심히 왜곡한다.

_ 개릿 하딘, 생태학자[5]

1장과 2장의 시스템 구조도에 있던 구름을 기억하는가? 구름을 조심하라! 시스템의 놀라움의 주요 원인이 바로 구름이다.

구름은 유량의 시작과 끝을 나타낸다. 이 책에서는 간단하게 설명하고 있지만 구름은 유량의 원천이자 싱크인 저량이다. 구름은 시스템 도해의 경계를 나타내지만, 실제 경계를 표시하지는 않는다. 시스템은 실제 경계가 거의 없기 때문이다. 모든 것은 다른 모든 것과 연결되어 있으며, 그 경계는 모호하다. 바다와 육지, 사회학과 인류학, 자동차 배기가스와 여러분의 코 사이에는 명확한 경계가 없다. 단어와 생각, 인식, 사회적 합의의 경계 다시 말해, 정신 모델의 인위적인 경계만 있을 뿐이다.

대단한 복잡성이 나오는 곳이 바로 이 경계다. 독일과 체코 사이에 국경선이 있지만, 국경 근처 독일 땅에 체코인들이 살고, 국경 근처 체코 땅에 독일인들이 산다. 숲에서 자라는 종이 숲 가장자리를 넘어 들판까지 뻗어나가고, 들에서 사는 종도 부분적으로 숲속까지 들어간다. 이처럼 무질서하게 뒤섞인 경계가 다양성과 창의성의 원천이다.

앞서 시스템 동물원에서 자동차 판매상 재고로 유입되는 자동차 유량을 설명할 때 그 유량이 구름에서 나오는 것으로 표시했다. 물론 자동차는 구름에서 나오지 않는다(생산 수단인) 자본과 노동력, 에너지, 기술, 관리 등을 이용해 변형한 원자재 저량에서 나온다. 마찬가지로 판매상 재고에서 흘러나온 자동차 유량도 구름으로 가지 않는다. 판매를 통해 소비자들의 가정이나 기업으로 흘러간다.

원자재나 소비자 가정의 저량을 추적하는 것이 중요한지 아닌지는 (즉, 원자재나 소비자 가정의 재고를 도해에서 구름으로 대치하는 것이 타당한지 아닌지는) 그 저량이 우리가 관심을 두는 기간 동안 시스템 행동에 주요한 영향을 미치느냐 아니냐에 달렸다. 원자재가 풍부하다고 보장되고 상품을 찾는 소비자 수요가 계속 이어진다면, 구름으로 대치해

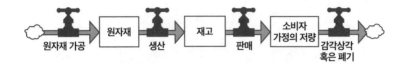

도 타당하다. 하지만 원자재 부족이나 생산 과잉 상황이 벌어질 수 있다면 그리고 우리가 원자재나 소비자 가정의 저량을 포함하지 않는 시스템 주위에 정신적 경계선을 긋는다면, 미래에 펼쳐지는 사건을 보고 놀랄 수 있다.

〈도표 47〉에도 여전히 구름이 나타난다. 경계는 더 확장할 수 있다. 가공된 원자재는 화학 공장이나 제련소, 정제소에서 나오고, 여기에 투입되는 원자재는 궁극적으로 지구에서 나온다. 가공은 상품뿐만 아니라 고용과 임금, 이익, 오염도 만든다. 소비자 가정에서 폐기된 저량은 매립지나 소각장, 재활용 센터로 가고, 그곳에서 사회와 환경에 계속 영향을 미친다. 매립지에서 나온 침출수는 식수원으로 흘러가고, 소각장에서는 연기와 재가 발생하고, 재활용 센터는 생산 공정으로 자재를 되돌려 보낸다.

광산에서 쓰레기장까지, 업계 표현대로 "요람에서 무덤까지" 전체 유량을 빠짐없이 고려하는 것이 중요한지 아닌지는 누가 어떤 목적에서 얼마나 긴 기간에 걸쳐 알고 싶어 하느냐에 달렸다. 장기적으로 보면 전체 유량이 중요하고, 실물 경제가 성장하고 사회의 '생태적 발자국'이 확대될수록 장기간이 단기간으로 점점 더 짧아진다. 쓰레기가 모종의 구름 속으로 '사라지는' 정신 모델을 그리던 사람들이 갑자기 가득 찬 매립지에 놀라고 있다. 광산과 식수원, 유전 등 원자재가 나오는 원천도 놀랄 만큼 갑자기 고갈될 수 있다.

시간 지평을 아주 길게 잡으면 광산과 쓰레기장도 이야기의 끝이 아니다. 거대한 지구의 지질학적 순환은 계속해서 원료를 순환시키고, 바다를 열고 닫고, 산을 높이고 깎는다. 지금부터 수백억 년이 지나면 쓰레기장에 버려진 모든 것이 산 정상에 쌓이거나 바다 깊숙이 가라앉을 것이다. 금속과 연료의 매장층도 새롭게 형성될 것이다. 행성 지구에는 시스템 '구름'도 없고, 궁극적인 경계도 없다. 하늘에 실제 떠 있는 구름도 물 순환의 일부다. 물리적인 것은 모두 어딘가에서 나오고, 모두 어딘가로 가며, 모두 계속 움직인다.

그렇다고 정신 모델이건 컴퓨터 모델이건 모든 모델이 전체 지구를 포함할 때까지 모든 연결을 추적해야 한다는 뜻은 아니다. 구름은 형이상학적 유량을 설명하는 모델에 꼭 필요한 부분이다. 분노는 말 그대로 '구름에서 나온다.' 사랑과 미움, 자존감도 마찬가지다. 뭔가 이해하려면 단순화할 수밖에 없다. 경계를 지을 수밖에 없다는 의미다. 그리고 이렇게 해도 무방할 때가 많다. 이를테면, 〈도표 48〉처럼 태어나고 죽는 인구가 구름에서

따로 분리된 시스템은 없다. 세상은 연속체다. 시스템 주변 어디에 경계를 그을 것인지는 논의의 목적 즉, 질문이 무엇이냐에 달렸다.

나오고 구름으로 간다고 생각해도 일반적으로 문제가 되지 않는다.

〈도표 48〉은 실제로 '요람에서 무덤까지' 경계를 보여준다. 하지만 해당 인구에서 중대한 이민 유입이나 유출이 발생하거나 논의 주제가 한정된 묘지 공간 문제라면 '요람에서 무덤까지' 경계는 쓸모없어질 것이다.

시스템 사고자들도 경계가 주는 교훈을 놓치기 쉽다. 시스템 주위에 그릴 수 있는 유일하게 타당한 경계는 없다. 우리가 명확하고 분별 있는 사고의 경계를 만들어내야 한다. 그리고 우리가 인위적으로 경계를 만들어냈다는 사실을 잊으면 문제가 발생할 수 있다.

경계를 너무 좁게 잡으면 결국 시스템에 놀라게 된다. 예를 들어, 도심지 교통 혼잡 문제를 해결할 때 주거 양상을 고려하지 않으면 어떻게 될까? 고속도로를 건설한다. 그러면 고속도로를 따라 택지가 개발되고, 새로 입주한 가정에서 더 많은 자동차가 고속도로로 쏟아져 나오며 도로는 전과 다름없이 다시 막히게 된다.

하수 처리 문제를 해결하려고 오물을 그냥 강으로 흘려보내면 하수 문제를 고민하는 사고의 경계에 강 전체를 포함해야 한다는 사실이 강 하류의 마을에서 분명히 드러난다. 강 주변의 토양과 지하수도 포함해야 할 것이다. 하지만 인접 유역이나 지구의 물 순환까지 포함할 필요는 없을 것이다.

국립공원을 관리할 때도 공원의 물리적 경계에서 그치는 경우가 많다. 하지만 전 세계 어디를 가건 유목민이나 이주하는 야생 동물, 흘러들어오고 흘러나가고 지하로 흐르는 물, 공원 가장자리에서 진행되는 경제 개발의 효과, 산성비 등이 공원 경계를 빈번히 넘나든다. 이제는 대기 중 온실가스로 발생한 기후변화도 공원 경계를 넘나든다. 기후변화는 제외하더라도 공원을 관리하려면 공식적인 공원 지역보다 넓은 경계를 고민해야 한다.

시스템 분석가들은 정반대의 함정에 빠지는 경우가 많다. 경계를 너무 넓게 잡는 것이다. 작은 글씨와 수많은 화살표로 모든 것을 다른 모든 것과 연결하며 몇 페이지를 넘어가는 도해를 그리곤 한다. 그리고 이렇게 주장한다. 저기에 시스템이 있다! 그중 하나라도 빠트리면 학문적 타당성이 없다는 것이다.

이처럼 "내 모델이 네 모델보다 크다"는 경쟁에 빠지면 분석이 엄청나게 복잡해지고, 산더미처럼 쌓인 정보가 오히려 눈앞에 놓인 문제를 해결할 해법만 가리게 된다. 예를 들어보자. 지구의 기후를 상세하게 모델링하는 것은 여러모로 흥미로운 작업이지만, 기후변화를 늦추기 위해 국가별로 이산화탄소 배출량을 감축할 방법을 찾을 때는 이런 모델이 필요치 않을 것이다.

어떤 문제를 고민하기 위한 올바른 경계가 학문 영역의 경계나 정치적 경계와 일치하는 경우는 아주 드물다. 강은 국가 간 영토를 구분하는 측면에서는 유용한 경계이지만, 수질과 수량을 관리하는 측면에서는 최악의 경계다. 물은 정치적 경계를 넘나든다. 공기 역시 마찬가지다. 성층권의 오존층 파괴나 대기 중 온실가스, 폐기물 해양 투기 문제를 다룰 때 국경은 아무 의미가 없다.

우리가 새로운 문제에 직면할 때마다 적절한 사고의 경계를 세울 만큼 정신적으로 유연하다면 매우 좋겠지만 그만큼 유연하게 사고하는 사람은 드물다. 정신적으로 익숙한 경계에 집착하기 마련이다. 현재 치열하게 다투는 논쟁 중 국경이나 무역 경계, 인종 간 경계, 공적 책임과 사적 책임의 경계, 빈부의 경계, 오염 유발자와 오염 피해자의 경계, 현재 살아 있는 사람과 미래에 살게 될 사람의 경계 등 경계와 관련한 논쟁이 얼마나 많은가. 대학에서는 경제와 정부, 예술과 예술사, 문학과 문학 비평 사이의 경계를 둘러싼 논쟁이 수년간 이어지기도 한다. 대학이 경계의 경직성을 보여주는 살아 있는 기념비로 보일 때가 아주 많다.

경계는 우리 스스로 만드는 것이며, 새로운 논의나 문제, 목적에 따라 경계를 다시 생각할 수 있고 마땅히 그래야 한다. 이것을 기억하는 것이 대단한 기술이다. 지난 문제에 적용한 경계를 무너트리고 다음 문제에 가장 적합한 경계를 찾을 만큼 창의성을 유지하는 일은 쉽지

시스템의 경계 혹은 구름에 갇히지 말고 그 경계를 넘어 사고하라고 가르치는 사례들이다. 형을 확정
받아 교도소에 수감되는 죄수들이 끊이지 않는 까닭이 무엇일까? 교체된 연료봉은 어디로 갈까? 실업
급여 수급기간이 만료된 실업자는 어떻게 될까?

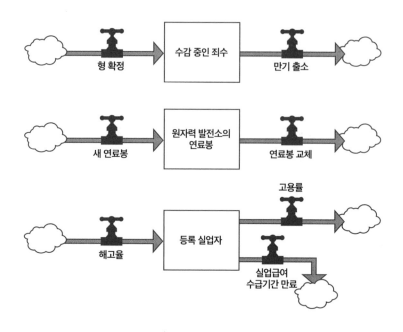

않다. 하지만 문제를 잘 해결하려면 반드시 필요한 일이다.

겹겹이 쌓인 한계

우리가 시스템에 놀라는 이유는 우리가 흔히 깔끔하게 단 하나의 효과

를 일으키는 단 하나의 원인을 떠올리기 때문이다. 우리는 한 번에 한 가지, 기껏해야 두세 가지만 생각하길 좋아한다. 특히 자신의 계획이나 욕망이 관련될 때는 한계를 떠올리기 싫어한다.

하지만 우리는 일상적으로 수많은 원인이 합쳐져 수많은 효과를 일으키는 세상에 살고 있다. 다양한 투입이 다양한 산출을 만들고, 사실상 모든 투입에 따르므로 모든 산출이 제한적이다. 예를 들어, 산업의 제조 공정에는 다음과 같은 투입이 필요하다.

- ◆ 자본
- ◆ 노동력
- ◆ 에너지
- ◆ 원자재
- ◆ 토지
- ◆ 물
- ◆ 기술
- ◆ 신용
- ◆ 보험
- ◆ 고객
- ◆ 훌륭한 경영
- ◆ 공공 인프라와 정부 서비스(경찰과 소방, 관리자와 근로자 교육 등)
- ◆ 생산자와 소비자를 양육하고 보살피는 기능을 담당하는 가족

- 이 모든 투입을 제공하거나 지원하고 그 폐기물을 흡수하거나 치우는 건강한 생태계

농작물을 기르는 땅에는 다음과 같은 투입이 필요하다.

- 햇빛
- 공기
- 물
- 질소
- 인
- 칼륨
- 수십 가지의 부영양분
- 부슬부슬한 흙과 토양 미생물 군집의 도움
- 잡초와 해충을 통제하는 시스템
- 제조업 폐기물로부터 보호

유스투스 폰 리비히Justus von Liebig는 농작물과 관련해 유명한 '최소량의 법칙law of the minimum'을 발견했다. 리비히는 작물에 인이 부족하면 질소를 아무리 많이 뿌려도 소용이 없고, 칼륨 부족이 문제라면 인을 더 뿌려도 효과가 없다고 주장했다.

밀가루를 아무리 많이 넣어도 이스트가 빠지면 빵은 부풀어 오르지

않는다. 아이들이 탄수화물을 아무리 많이 먹어도 단백질을 섭취하지 않으면 제대로 성장하지 못한다. 기업은 고객이 아무리 많아도 에너지 없이는 지속할 수 없고, 에너지가 아무리 많아도 고객이 없으면 살아남지 못한다.

제한요인* 이라는 개념은 간단하지만 오해할 수도 있는 개념이다. 예를 들어, 농학자는 좋은 토양에서 여러 가지 주영양분과 부영양분을 확인했기 때문에 화학 비료에 어떤 성분을 투입할지 안다고 생각한다. 그런데 그들이 미처 확인하지 못한 필수 영양분은 없을까? 화학 비료는 토양의 미생물 군집에 어떤 영향을 줄까? 화학 비료가 좋은 토양의 기능에 영향을 미치고 따라서 그 기능들을 제한하지는 않을까? 화학 비료 생산을 제한하는 것은 무엇일까?

부유한 국가는 가난한 국가에 자본이나 기술을 이전하며 도움을 받은 국가가 여전히 발전하지 못하는 이유를 알 수 없다고 말하지만, 자본이나 기술이 가장 제한적인 요인이 아닐 수도 있다는 점은 생각하지 못한다.

경제는 노동력과 자본이 가장 일반적인 생산 제한요인이던 시기에 발전했다. 따라서 가장 경제적 생산 기능은 (기술까지 추적할 때도 있지만) 노동력과 자본이라는 두 가지 요인만 추적한다. 그러나 경제 성장이 생태계와 연관되며 제한요인이 깨끗한 물과 깨끗한 공기, 폐기물

●   Limiting factor, 특정한 시기에 시스템 행동을 제한하는, 시스템에 필수적인 투입.

처리 공간, 허용할 수 있는 에너지 형태와 원자
재로 바뀜에 따라 전통적으로 자본과 노동력에
만 집중하는 것은 도움이 되지 않는다.

MIT대학에서 시스템을 배우는 학생들에게 가르치는 대표적인 모
델 중 하나가 제이 포레스터 교수의 기업 성장 모델이다. 이 모델은 성
공적으로 급성장하는 젊은 회사에서 출발한다. 이 회사의 문제는 변화
하는 한계 즉, 회사의 성장에 따라 바뀌는 한계를 인식하고 대응하는
것이다.

예를 들어 회사가 고용한 영업사원들의 능력이 뛰어나 공장 생산 속
도보다 더 빠르게 주문을 받아온다고 가정하자. 그러면 배송 지연이
점점 늘고 고객들이 떠난다. 생산 능력이 가장 제한요인이기 때문이
다. 그래서 경영자는 자본 저량인 생산 공장을 확장한다. 생산 인력을
서둘러 확충하느라 교육은 소홀할 수밖에 없다. 그러면 제품 품질이
떨어지고 고객들이 떠난다. 근로자의 기술이 가장 큰 제한요인이기 때
문이다. 이제 경영자는 근로자 교육에 투자한다. 제품 품질이 올라가
고 신규 주문이 밀려들자, 주문을 이행하고 기록을 관리하는 시스템이
제대로 돌아가지 않는다. 이런 식으로 계속 이어진다.

식물, 어린이, 전염병, 신상품, 기술 발전, 기업, 도시, 경제, 인구 등
성장하는 모든 것에는 겹겹이 쌓인 한계가 있기 마련이다. 통찰력은
제한요인이 무엇인지 알아내는 인식만이 아니라 성장 자체가 한계를
줄이거나 강화하고 그에 따라 제한요인이 변한다는 생각에서도 나온

다. 자라나는 식물과 토양, 성장하는 기업과 시장, 성장하는 경제와 자원 기반 사이의 상호 작용은 동태적이다. 어떤 제한요인이 사라지면 성장이 시작되고, 성장 자체가 요인들의 상대적 희소성을 변화시켜 결국 또 다른 요인이 제한요인으로 나타난다. 여러 가지 많은 요인에서 눈을 돌려 다음에 나타날 잠재적 제한요인에 관심을 집중하면 성장 과정을 제대로 이해하고 통제할 수 있다.

인구와 생산 공정, 경제 등 투입과 산출이 다양한 물리적 실체는 겹겹이 쌓인 한계에 둘러싸이기 마련이다. 시스템은 발전할수록 자신의 한계와 상호 작용하며 영향을 준다. 성장하는 실체와 제한된 환경이 합쳐져 상호진화하는 동태적 시스템을 이룬다.

> 투입과 산출이 다양한 물리적 실체는 겹겹이 쌓인 한계에 둘러싸이기 마련이다.

하지만 겹겹이 쌓인 한계를 이해하고 다음에 나타날 제한요인을 주시한다고 영원한 성장이 보장되지 않는다. 물리적 실체가 한정된 환경에서 영원히 성장하기란 불가능하다. 결국 우리는 영원한 성장이 아니라 어떤 한계 안에서 사느냐만 결정할 수 있다. 만일 한 기업이 완벽한 상품이나 서비스를 적당한 가격에 생산하면 주문이 쇄도해 회사가 성장하지만, 결국 상품의 완벽성을 떨어트리거나 상품 가격을 끌어올리는 한계가 나타날 것이다. 만일 한 도시가 모든 주민의 요구를 다른 도시보다 더 뛰어나게 충족시키면 사람들이 그 도시로 모여들지만, 결국 주민들의 요구를 만족시키는 능력을 떨어트리는 한계가 나타날 것이다.[6]

성장에는 늘 한계가 따르기 마련이다. 스스로 한계를 설정할 수 있다. 그렇지 않으면 시스템이 한계를 설정할 것이다.

성장에는 늘 한계가 따르기 마련이다. 스스로 한계를 설정할 수 있다. 그렇지 않으면 시스템이 한계를 설정할 것이다. 영원히 성장하는 물리적 실체는 없다. 회사 경영주나 시 정부, 인구가 환경이 지원하는 범위 내에서 계속 성장하도록 스스로 한계를 선택해 적용하지 않으면, 환경이 한계를 선택해 강요할 것이다.

도처에 있는 지연

지금 생각하니 아찔하지만, 민주주의를 재건하려는 제 초조함 속에 공산주의자와 흡사한 뭔가가 있었습니다. 더 일반적으로 말하면, 합리주의자에 가까운 뭔가가 있었습니다. 제가 역사를 진전시키려 했던 모습은 어린아이가 식물이 더 빨리 자라도록 줄기를 잡아당기는 모습과 다르지 않았습니다.

저는 이제 우리가 창조하는 법을 배우며 기다리는 법도 배워야 한다고 믿습니다. 참을성 있게 씨를 뿌리고 씨 뿌린 땅에 부지런히 물을 주고 식물에 자신의 시간을 오롯이 주어야 한다고 생각합니다. 우리가 식물을 속일 수 없는 것은 역사를 속일 수 없는 것과 같습니다.

_ 바츨라프 하벨
체코슬로바키아의 마지막 대통령이자 체코공화국의 초대 대통령을 지낸 극작가[7]

식물이나 숲, 민주주의가 성장하려면 시간이 걸린다. 우체통에 넣은 편지가 수신자에게 도착하려면 시간이 걸린다. 고객들이 가격 변동 정보를 흡수하고 구매 행태를 바꾸거나, 원자력 발전소가 완공되거나, 기계가 마모되거나, 신기술이 경제에 스며들려면 시간이 걸린다.

우리는 어떤 일을 하며 시간이 오래 걸린다는 사실에 거듭 놀란다. 제이 포레스터 교수는 공기 지연이나 처리 지연의 모델을 만들 때면 시스템 내부에 있는 사람들에게 지연 시간이 얼마나 걸릴지 물어 최대한 정확한 값을 추정한 다음 그 값에 3을 곱하라고 이야기하곤 했다 (이 책을 완성하는 데 걸리는 기간을 예상할 때도 제이 포레스터 교수의 보정 계수가 정확히 들어맞았다).

지연은 시스템 도처에 있다. 모든 저량이 지연이고, 대부분 유량에 배송 지연이나 인지 지연, 처리 지연, 성숙 지연 등의 지연이 있다. 이제껏 우리가 만든 각종 모델에 포함된 중요한 지연을 몇 가지만 살펴보자.

- ◆ 전염병에 걸린 뒤 증상이 나타나 병이 진단될 때까지의 지연. 병에 따라 수일이 걸리기도 하고 수년이 걸리기도 한다.
- ◆ 오염 배출부터 오염 물질이 확산하거나 침투하거나 농축되어 생태계에 피해를 줄 때까지의 지연.
- ◆ 동물이나 식물의 개체수를 늘릴 때 발생하는 임신과 성숙 지연. 이런 지연이 특징적인 물가 진동을 일으키는 원인으로 작용해 돼지는 4년, 소는 7년, 코코아나무는 11년 주기로 가격이 진동한다.[8]

◆ 바람직한 가족 규모에 대한 사회적 규범을 바꿀 때 발생하는 지연. 최소한 한 세대가 걸린다.

◆ 생산 공정을 재편하는 지연과 자본 저량을 회전시키는 지연. 신차를 설계하고 시장에 내놓기까지 3~8년이 걸린다. 새로운 모델이 신차 시장에 머무르는 기간은 대략 5년이고, 평균 자동차 운행 기간은 10~15년이다.

시스템 도표 주위에 그을 적절한 경계는 논의의 목적에 따라 달라진다. 중요한 지연도 마찬가지다. 만일 여러분이 몇 주에 걸친 진동을 걱정한다면 몇 분이나 몇 년이 걸리는 진동은 고민할 필요가 없을 것이다. 수십 년에 걸친 인구와 경제의 발전을 염려한다면 몇 주에 걸친 진동은 무시해도 좋을 것이다. 세상은 다양한 주파수로 한꺼번에 찍찍거리고 꽥꽥거리고 쾅쾅거리고 우르릉거린다. 중요한 지연은 대체로 여러분이 파악하고자 하는 주파수가 무엇인가에 따라 달라진다.

이미 시스템 동물원에서 피드백의 지연이 시스템 행동에 얼마나 중요한지 설명했다. 지연 시간을 바꾸면 움직임도 완전히 달라진다. 만일 시간을 단축하거나 연장할 수만 있다면 지연이 예민한 정책 지렛대로 작용하는 경우가 많다. 여러분도 그 이유를 알 것이다. 만일 시스템의 의사 결정 지점이 (혹은 시스템 내부의 의사 결정 담당자가) 지연된 정보에 반응하거나 반응이 지연되면 정확하지 못한 결정이 내려질 것이다. 과도하거나 부족한 조치에 따라 의사 결정자의 목표가 달성되지 못할 것이다. 반면 초조해서 너무 성급한 조치를 취하면 단기적인 변동을 급격히 늘리고 불필요한 불안을 초래할 것이다. 시스템이 얼마나 빠르게 반응하는지, 얼마나 정확하게 목표를 달성하는지, 정보가 얼마나 시기적절하게 시스템을 도는지를 결정하는 것이 바로 지연이다. 오버슈트와 진동, 붕괴는 늘 지연에서 나온다.

지연을 이해하면 미하일 고르바초프가 소련의 정보 시스템은 사실상 하룻밤 사이에 완전히 바꾸었지만 실물 경제는 변화시키지 못한 이유를 알 수 있다(실물 경제가 바뀌려면 수십 년이 걸린다). 서독이 동독을 흡수 통일했을 때 정치인들이 예상한 것보다 더 큰 어려움이 더 오래 지속된 이유도 알 수 있다. 발전소를 새로 건설하는 데 걸린 지연 시간이 길었기 때문에 전력 산업이 주기적으로 발생하는 용량 초과와 용량 부족에 따른 정전 사태로 몸살을 앓았다. 지구 온난화에 따른 해양의 반응이 수십 년의 지연 시간을 두고 나타나는 것을 보면, 인간이 이제껏 화석 연료를 태워 배기가스를 배출하며 초래한 기후변화도 그 영향이 완전히 드러나기까지는 한 세대나 두 세대가 더 지나야 할 것이다.

> 피드백 루프에 긴 지연이 있으면 선견지명이 꼭 필요하다. 문제가 분명히 드러날 때 비로소 조치하면 문제를 해결할 중요한 기회를 놓친다.

제한된 합리성

따라서 모든 개인이 자기 자본을 동원해 국내 산업을 지원하고 그 산업이 최대 가치를 생산하도록 이끌며 최선을 다할 때… 사실 개인은 대체로 공공의 이익을 키우려는 의도도 없고 자신이 공공 이익 향상에 얼마나 기여하는지도 알지 못한다…개인이 염두에 두는 것은 자신의 안위다…자신의 이익만을 꾀하며 이때…보이지 않는 손에 이끌려 자신이 의도하지 않은 목표 달성을 촉진한다. 개인은 자신의 이익을 추구함으로써 사회의 이익을 의도적으로 키우려 할 때보다 더 효율적으로 증진하는 경우가 많다.

_ 애덤 스미스 Adam Smith, 18세기 정치경제학자[9]

정말로 시장의 '보이지 않는 손'이 개인을 이끌어 전체의 이익에 보탬이 되는 결정을 내리도록 만든다면 얼마나 좋겠는가. 그렇게만 되면 물질적 이기주의가 사회적 미덕이 될 뿐 아니라 수학적으로 경제 모델을 만드는 작업도 훨씬 더 쉬워질 것이다. 타인의 이익이나 복잡한 피드백 시스템의 기능을 생각할 필요도 없을 것이다. 애덤 스미스의 모델이 200여 년간 그토록 강력한 호소력을 지닌 것도 당연하다.

　하지만 불행히도 세상에는 사람들이 단기적인 최고의 이익을 위해 합리적으로 행동하지만 종합적으로는 아무도 원하지 않는 결과를 초래하는 경우가 아주 많다. 관광객들은 와이키키 해변이나 체르마트 마을 같은 곳에 우르르 몰려가서는 관광지가 온통 관광객들 때문에 훼손되었다고 불만을 터트린다. 농부들이 밀이나 버터, 치즈를 남아돌게 생산하면, 가격이 곤두박질친다. 어부들은 생선을 남획하며 자신들의 삶의 터전을 파괴한다. 기업들의 집단적인 투자 결정이 경기의 하락 반전을 초래한다. 가난한 사람들이 부양할 수 있는 능력 이상으로 아이를 낳는다.

왜 그럴까?

세계은행의 경제학자인 허먼 데일리Herman Daly가 말한 '보이지 않는 발'이나 노벨 경제학상을 받은 허버트 사이먼Herbert Simon이 말한 **제한된 합리성**˙ 때문이다.[10]

제한된 합리성은 사람들이 자신이 알고 있는 정보에 근거해 합리적으로 결정하지만, 그 정보는 완벽하지 않으며 특히 시스템의 더 먼 부분과 관련한 정보가 부족하다는 의미다. 어부들은 물속에 얼마나 많은 물고기가 있는지 알 수 없고 같은 날 다른 어부들이 물고기를 얼마나 많이 잡을지는 더더욱 알 수 없다.

기업가는 다른 기업가가 어떤 투자를 계획하는지, 소비자가 무엇을 구매하는지, 자사의 상품이 경쟁력이 있는지 확신하지 못한다. 현재 시장 점유율도 모르고, 시장의 규모도 알지 못한다. 이와 관련해 기업가들이 알고 있는 정보는 불완전하고 지연된 내용이며, 기업가들의 반응도 지연된다. 그래서 기업가들이 조직적으로 과소 투자하거나 과잉 투자하는 것이다.

˙ Bounded rationality, 시스템의 한 부분에서 보면 합리적이지만 더 큰 시스템을 고려하거나 더 넓은 맥락에서 보면 비합리적인 결정이나 조치로 이어지는 논리.

허버트 사이먼은 우리가 모든 것을 다 아는 '합리적 최적화자optimiz-ers'가 아니라 다음 결정으로 넘어가기 전에 자신의 요구를 웬만큼 충족(만족)시키려 애쓰는 어설픈 '만족화자satisficers'라고 이야기했다.[11] 우리는 자신과 가까이 있는 이익을 합리적인 방식으로 얻기 위해 최선을 다하지만, 자신이 아는 것만 헤아릴 수 있다. 우리는 다른 사람이 행동으로 옮길 때까지는 그 사람이 무슨 일을 계획하고 있는지 알지 못한다. 우리 앞에 있는 온갖 가능성을 거의 보지 못한다. 우리 행동이 전체 시스템에 줄 영향을 예견하지 못한다(혹은 애써 무시한다). 그래서 우리는 장기적인 최적의 것을 찾는 대신 제한된 범위 안에서 당장 감수할 수 있는 선택을 찾아내고, 불가피할 때만 행동을 변화시키며 그 선택을 고수한다.

행동과학자들은 심지어 우리가 알고 있는 불완전한 정보도 완벽하게 해석하지 못한다고 주장한다. 위험 요인을 잘못 인식해 어떤 것은 실제보다 훨씬 더 위험하다고 생각하고 어떤 것은 실제보다 훨씬 덜 위험하게 본다는 것이다. 우리는 과장된 현재 속에 살고 있다. 최근 경험에 과도한 관심을 쏟고 과거에는 거의 주의를 기울이지 않으며 장기적인 행동보다 현재 사건에 집중한다. 경제적으로나 생태적으로 이치에 맞지 않을 만큼 미래를 등한시한다. 우리는 들어오는 모든 신호를 진지하게 여기지 않는다. 좋아하지 않는 소식이나 자신의 정신 모델과 맞지 않는 정보는 한사코 거부한다. 말하자면, 우리는 전체적인 시스템의 이익은 고사하고 자신의 개인적 이익도 극대화하지 못하는 결정을 내린다.

제한된 합리성 이론이 200여 년간 경제를 떠받친 정치경제학자 애덤 스미스의 가르침에 도전했을 때 얼마나 큰 논쟁이 빚어졌을지 상상이 갈 것이다. 이 논쟁이 끝나려면 아직도 멀었다. 애덤 스미스에서 유래한 경제 이론은 첫째, 호모 에코노미쿠스homo economicus가 완전한 정보를 바탕으로 완벽한 최적의 행동을 하고 둘째, 호모 에코노미쿠스 종의 다수가 그렇게 행동할 때 그 행동들이 모여 모두를 위한 최선의 결과가 된다고 가정한다.

이런 가정들은 증거 앞에서 오래 버티지 못한다. 시스템의 덫과 기회를 다루는 다음 장에서는 제한된 합리성이 재앙으로 이어지는 아주 흔한 구조들을 설명한다. 중독이나 정책 저항, 군비 경쟁, 낮은 성과로의 표류, 공유지의 비극처럼 익숙한 현상들을 보게 될 것이다. 우선, 제한된 합리성을 이해하지 못해서 비롯되는 큰 놀라움과 관련해 한 가지만 짚고 넘어가자.

여러분이 어떤 이유로든 평소 익숙한 사회적 위치에서 벗어나, 절대 이해할 수 없는 행동을 하던 다른 누군가를 대신한다고 가정하자. 정부를 혹독하게 비판하던 사람이 갑자기 정부 관료가 되거나, 경영진에 맞서던 노동자가 경영자가 되거나 (반대로 경영자가 노동자가 되거나), 대기업을 비판하던 환경운동가가 대기업에 유리한 환경 결정을 지지한다고 가정하자. 여러 분야에서 이런 변화가 훨씬 더 자주 일어난다면 그래서 모든 사람의 지평이 더 넓어진다면 얼마나 좋을까.

새로운 자리에 앉게 된 여러분은 정보 흐름, 장려책과 억제책, 목표와 차이, 그 자리에 맞는 압력 즉, 제한된 합리성을 경험한다. 여러분이 다른 각도에서 바라보던 시각을 기억하고 혁신을 추진해 시스템을 바꿔 놓을 수도 있지만, 이런 일이 일어날 가능성은 극히 적다. 경영자가 되면 여러분은 노동자를 마땅히 보상받을 자격이 있는 생산 동반자가 아니라 최소화해야 할 비용으로 보기 시작할 것이다. 자본가가 되면 다른 자본가들과 마찬가지로 호황기에 과잉 투자하고 불황기에 과소 투자할 것이다. 여러분이 대단히 가난해진다면 아이를 많이 낳는 것에 대한 불가피성과 단기적 합리성, 희망, 기회를 찾을 것이다. 여러분이 어부가 되었는데 선박 대출금도 남았고 부양할 가족도 있고 어류 개체군 상태에 대한 지식도 불충분하다면 물고기를 남획할 것이다.

학생들에게 이런 내용을 가르치는 게임이 있다. 실제 시스템 속의 다양한 행위자가 바라본 현실적이고 부분적인 정보 흐름을 경험할 수 있는 상황에 학생들을 집어넣는 게임이다. 그러면 어부로 시뮬레이션한 학생은 물고기를 남획하고, 개발도상국의 장관으로 시뮬레이션한 학생은 국민의 요구보다 기업의 요구를 우선한다. 상류층이 되면 부정 축재하고, 하층민이 되면 냉소적이거나 반항적으로 변한다. 여러분도 다르지 않을 것이다. 심리학자 필립 짐바르도Philip Zimbardo의 유명한 스탠퍼드 감옥 실험에서도 참가자들이 간수나 죄수의 태도와 행동을 보이는 데는 그리 오랜 시간이 걸리지 않았다.[12]

개인이 이용 가능한 정보의 한도 내에서 얼마나 합리적인 결정을 내리는지 확인하는 것은 편협한 행동을 변명하려는 것이 아니다. 편협한 행동이 나오는 이유를 알고자 함이다. 시스템의 그 자리에 있는 사람이 하는 행동은 그가 알고 보는 한도 내에서는 합리적인 행동이기 때문이다. 제한된 합리성의 자리에 앉은 사람을 다른 사람으로 바꾸어도 결과는 크게 달라지지 않는다. 개인을 탓하는 것은 바람직한 결과를 만드는 데 도움이 되지 않는다.

변화하려면 먼저 시스템의 한 곳이 아니라 전체를 조망함으로써 제한된 정보에서 벗어나는 것이다. 더 넓은 관점에서 보면 정보의 흐름과 목표, 장려책, 억제책이 재구성되고 결국 개별적이고 제한되고 합리적인 행동들이 모두가 원하는 결과로 합쳐질 수 있다.

더 좋고 더 완전한 정보를 더 시기적절하게 제공함으로써 제한된 합리성을 조금만 넓혀도 행동은 쉽고 빠르게 바뀔 수 있다.

네덜란드 가정의 전력 계량기

암스테르담 교외에 가면 같은 시기에 비슷한 모양으로 건축된 단독주택 단지가 있다. 모든 주택이 거의 똑같은 모양이다. 그런데 정확한 이유는 알 수 없지만, 어떤 집은 전력 계량기가 지하에 설치되어 있고, 또 어떤 집은 전력 계량기가 현관에 설치되었다.

계량기는 모두 투명한 통 안에서 금속 재질의 원반이 수평으로 돌아가는 종류였다. 가정에서 전기를 많이 쓸수록 원반이 더 빠르게 회전하고 누적 전력량을 표시하는 숫자가 올라갔다.

석유 금수 조치로 에너지 위기를 겪던 1970년대 초반이었기에 네덜란드 사람들은 에너지 사용에 각별한 주의를 기울이기 시작했다. 그리고 이 단독주택 단지에서 일부 가정의 전기 사용량이 다른 집의 사용량보다 3분의 1이 적다는 사실을 발견했다. 그러나 아무도 그 이유를 알지 못했다. 모든 집에 전기를 공급하는 단가가 같고, 가족 수도 비슷했기 때문이다.

결국 전력 사용량이 차이가 나는 까닭은 전력 계량기가 설치된 위치 때문으로 밝혀졌다. 전력 계량기가 지하에 설치되어 거의 확인할 일이 없는 집은 전기 사용량이 많았고, 사람들이 드나드는 현관에 전력 계량기가 설치되어 하루에도 몇 번씩 원반이 돌아가며 전기료가 올라가는 것을 확인한 집은 전기 사용량이 적었다.[13]

제한된 합리성에도 불구하고 제대로 작동하도록 구조가 짜인 시스템들이 있다. 적절한 피드백이 적절한 시간에 적절한 곳에 도달하는 것이다. 정상적인 경우라면 여러분의 간은 제 기능을 하는 데 꼭 필요한 정보를 받는다. 아무런 방해도 받지 않는 생태계와 전통 문화권에서 그냥 내버려 두면 평균적인 개체나 종, 개체군은 전체를 안정시키고 전체에 이바지하는 방식으로 행동한다. 이런 시스템들은 자기 통제적이다. 아무 문제를 일으키지 않는다. 정부 기관도 없고 수십 가지 정책이 실패하는 일도 없다.

애덤 스미스 이래로 자유 경쟁 시장이야말로 적절하게 구성되어 자기 통제적인 시스템이라는 믿음이 널리 퍼졌다. 어떻게 보면 맞는 말이다. 하지만 달리 보면, 틀린 말이다. 달리 보려고 하는 사람에게는 틀렸다는 것이 분명히 보인다. 자유 시장에서는 생산자와 소비자 즉, 생산 기회와 소비 선택에 관해 최고의 정보를 알고 있는 사람들이 정말 아무런 제약을 받지 않고 지역에 따라 합리적인 결정을 할 수 있다. 하지만 이런 결정만으로는 독점으로 원치 않는 부작용이 생기거나 가난한 사람을 차별하거나 지속 가능한 수용력을 오버슈트하는 전반적인 시스템의 성향이 바로잡히지 않는다.

평온을 비는 기도문을 살짝 변형해 표현해보자. 주여, 저희가 적절하게 구성된 시스템 안에서 제한된 합리성을 자유롭게 쓸 수 있는 평온함과 적절하게 구성되지 못한 시스템을 재구성할 수 있는 용기와 이 둘의 차이를 구분할 수 있는 지혜를 주시옵소서.

시스템 내 행위자 각자에게 주어지는 제약과 정보, 장려책, 억제책, 목표, 스트레스에 의해 결정된 제한된 합리성은 시스템 전체의 복지를 키우는 결정으로 이어질 수도 있고, 이어지지 않을 수도 있다. 만일 시스템 전체의 복지를 키우는 결정으로 이어지지 않는다면, 그 시스템에 새로운 행위자를 투입해도 시스템의 성과는 향상되지 않을 것이다. 시스템의 성능을 향상하려면 각각의 행위자에 영향을 미치는 제약과 정보, 장려책, 억제책, 목표, 스트레스를 개선하도록 시스템을 재설계해야 한다.

> 시스템 내 행위자 각자의 제한된 합리성은 시스템 전체의 복지를 키우는 결정으로 이어지지 않을 수 있다.

05
시스템 속의 덫과 기회

:

합리적인 엘리트는…독립적인 기술 세계나 과학 세계에 관해 알아야 할 모든 것을 알고 있지만, 시야가 넓지 않다. 합리적인 엘리트는 마르크스주의 간부부터 예수회 수사까지, 하버드대 MBA 졸업생부터 군대 참모 장교에 이르기까지 다양한데…이들은 한 가지 기본적인 관심사를 공유한다. 특정 시스템을 움직이도록 하는 방법이다. 한편…문명은 점점 더 방향성이 없어지고 이해할 수 없어진다.

_ 존 롤스톤 소울 John Ralston Saul, 정치학자[1]

지연과 비선형성, 확실하지 않은 경계 등 우리를 놀라게 하는 시스템의 여러 가지 속성은 거의 모든 시스템에서 발견된다. 일반적으로 이런 속성들은 변화될 수 있거나 변화되어야 하는 속성이 아니다. 세상은 비선형적이다. 비선형적인 세상을 수학적 편의나 행정적 편의를 위해 선형적으로 만들려고 시도하는 것은 대체로 좋은 생각이 아니다. 혹시 그런 일이 가능하다 해도 좋은 생각이 아니지만, 세상을 선형적으로 만드는 것은 거의 불가능한 일이다. 경계는 문제에 따라 달라지고 덧없이 사라지고 어수선하지만, 조직화와 명료성을 위해 필요한 것이기도 하다. 복잡 시스템에 덜 놀라려면 세상의 복잡성을 예상하고 인정하고 활용하는 법을 배워야 한다.

그런데 우리를 놀라게 하는 것으로는 끝나지 않는 시스템들이 있다. 괴팍한 시스템들이다. 이런 시스템은 정말로 문제가 일어날 수밖에 없는 구조로 되어 있다. 큰 문제가 일어나며 시스템이 일으키는 문제는 여러 가지다. 독특한 문제도 있지만, 대부분이 놀랄 만큼 공통점이 있다. 이처럼 공통된 패턴으로 문제적 행동을 일으키는 시스템 구조를 원형 Archetypes이라 부른다. 이런 원형에서 나타나는 행동이 중독과 성과 저하를 향한 표류, 단계적 확대 등이다. 이런 행동은 우리 주위에 아주 흔하다. 이제부터 이야기할 여러 가지 실증 사례는 〈인터내셔널 헤럴드 트리뷴〉 신문을 고작 일주일간 살펴 찾아낸 것이다. 그만큼 흔하다.

원형적 문제를 일으키는 구조를 이해하는 것으로는 부족하다. 이런 구조를 참고 견디는 것이 불가능하기 때문이다. 바꾸어야 한다. 이런 구조에서 초래된 파멸의 책임을 흔히 특정한 행위자나 사건에 묻지만, 사실 그 파멸은 시스템 구조에서 비롯된 결과다. 비난하거나 훈육하거나 해고하거나 정책 지렛대를 더 세게 당기거나 영향력이 큰 사건들이 더 유리하게 전개되길 바라거나 살짝 변화를 주는 등의 일반적인 대응으로는 구조적 문제를 바로잡을 수 없다. 내가 이런 시스템 원형을 '덫'이라고 부른 이유가 바로 이 때문이다.

하지만 시스템 덫에서 빠져나올 수 있다. 미리 알아내 피하거나 구조를 바꾸거나 목표를 다시 세우거나 피드백 루프를 약화하거나 강화하거나 수정하거나 새로운 피드백 루프를 추가하는 등의 방법으로 시스템 덫에서 빠져나올 수 있다. 이런 이유에서 내가 원형을 단지 덫이 아니라 기회라고도 부른 것이다.

정책 저항 − 실패한 해결책

글로벌 기업조사업체인 던앤드브래드스트리트 Dun & Bradstreet Corp의 수석 경제학자 조지프 W. 던컨 Joseph W. Duncan은 "역사적으로 투자세액공제가 효과적인 경기 부양책이라고 생각한다"고 주장했다.
하지만 이런 주장에 회의적인 사람이 많다. 이들은 투자세액공제가 경제 성장에 이바지한다고 증명할 수 있는 사람이 아무도 없으며, 투자세액공제는 지난 30여 년간 시행과 변경, 폐지를 반복했다고 지적한다.
_ 존 H. 쿠시먼 주니어 John H. Cushman, Jr(1992년 〈인터내셔널 헤럴드 트리뷴 **2**〉)

2장에서 살펴본 대로 균형 피드백 루프 구조에서 나타나는 주된 징후는 외부의 힘이 압박해도 시스템이 크게 변하지 않는 것이다. 균형 루프가 시스템을 안정시키고, 행동 패턴이 지속된다. 체온을 37℃ (98.6℉)로 유지하는 경우라면 이런 구조가 훌륭한 구조이지만, 장기간 지속되는 일부 행동 패턴이 바람직하지 않을 때도 있다. 기술적 해결책이나 정책적 해결책을 애써 만들어내도 시스템이 전혀 흔들림 없이 매년 같은 움직임을 보이는 경우가 있다. 이것이 '실패한 해결책' 혹은 '정책 저항'이라는 시스템 덫이다. 농업 계획을 세워 농산물 과잉 공급을 줄이려 아무리 애를 써도 농산물은 해마다 과잉 생산된다. 아무리 마약과 전쟁을 벌여도 그때만 지나면 전과 다름없이 마약이 넘쳐난다. 시장이 투자를 보상하지 않을 때 투자를 촉진하기 위한 각종 정책과 투자세액공제가 실제 효력을 발휘한다는 증거는 거의 없다. 미국은 의료비 지출을 줄이려고 많은 정책을 시행했지만 성공한 정책이 하나도 없다. 수십 년간 '일자리 창출'을 해도 실업률을 영구히 낮출 수 없었다. 국가가 아무리 정력적으로 노력해도 계속해서 아무 결과도 나오지 않는 경우는 수없이 많다.

정책 저항은 시스템에서 각자 자신의 목표를 지닌 행위자들의 (혹은 기관들의) 제한된 합리성에서 비롯된다. 행위자 각자가 소득이나 가격, 주택, 마약, 투자 등 중요한 변수와 관련해 시스템의 상태를 지켜보며 그 상태를 자신의 목표와 비교한다. 그래서 차이가 있으면 행위자 각자가 상황을 바로잡으려고 뭔가 조치를 취한다. 일반적으로 목표와 실제 상황의 차이가 클수록 더 단호한 조치를 취한다.

이처럼 하위 시스템들의 목표가 서로 다르고 서로 모순될 때 변화에 대한 저항이 나온다. 다양한 행위자가 서로 다른 방향으로 저량을 끌어당기는 단일 시스템 저량을 생각해보자. 길거리에서 유통되는 마약 공급량을 예로 들어보자. 중독자는 마약이 많이 공급되길 바라고, 사법 기관은 마약 공급 물량을 낮추려 하고, 마약 밀매상은 가격이 너무 높아지거나 너무 낮아지지 않도록 공급량이 적정하게 유지되길 바란다. 일반 시민은 마약 살 돈을 구하려는 중독자에게 강도를 당하는 일이 없기만 바란다. 이 모든 행위자가 서로 다른 자신의 목표를 달성하려고 노력한다.

만일 어느 한 행위자가 유리한 고지를 점령해 시스템 저량(마약 공급량)을 한쪽으로 끌어당기면 (예를 들어, 사법 기관이 국경에서 마약 밀수를 차단하면) 다른 행위자들은 시스템 저량을 되돌리기 위해 두 배의 노력을 기울인다(길거리에서 유통되는 마약 가격이 올라가고, 중독자들은 매일 마약을 사기 위해 더 많은 범죄를 저지르고, 마약 공급자는 가격이 올라가면서 얻은 수익으로 국경 순찰대를 따돌리기 위한 비행기와 배를 구입한다). 이런 행위자들의 대응책이 모두 모여 교착 상태가 빚어지고, 시스템 저량은 전과 크게 달라지지 않는다. 아무도 원하지 않는 결과가 발생하는 것이다.

행위자들이 서로 다른 방향으로 끌어당기며 정책에 저항하는 시스템에서는 모든 행위자가 시스템을 아무도 원하지 않는 곳에 두려고 전력을 기울일 수밖에 없다. 만일 한 행위자의 힘이 약해지면 다른 행위자들이 자신의 목표에는 가깝고 힘이 약해진 행위자의 목표에서는 더 먼 쪽으로 시스템을 끌고 갈 것이다. 사실 이런 시스템 구조는 한 방향으로만 회전하는 톱니바퀴처럼 작동할 수 있다. 어느 한 행위자의 힘이 강화되면 모든 행위자의 힘도 강화된다. 강화된 힘을 늦추기는 쉽지 않다. "좋아, 우리 모두 잠시 물러서자." 이렇게 말하려면 아주 큰 상호 신뢰가 필요하다.

정책 저항으로 비극적인 결과가 빚어질 수 있다. 1967년 루마니아 정부는 인구 증가가 필요하다는 판단에 따라 45세 이하 여성의 낙태를 불법으로 규정했다. 갑작스럽게 낙태를 금지하자 곧 루마니아의 출생률이 세 배로 증가했다. 그리고 루마니아 국민의 정책 저항이 시작되었다.

피임과 낙태를 계속해서 법으로 금지했으나 출생률이 서서히 낮아지더니 예전과 비슷한 수준으로 떨어졌다. 이런 결과를 빚은 큰 원인은 낙태 시술이었다. 위험한 불법 낙태 시술이 성행하며 산모 사망률이 세 배로 증가한 것이다. 문제는 또 있었다. 낙태를 불법으로 통제하자 원치 않게 태어난 많은 아이가 고아원에 버려졌다. 정부의 바람과 달리 루마니아 가정은 워낙 가난해서 많은 아이를 기를 수 없었다. 루마니아 국민은 그 사실을 알고 있었다. 그래서 가족 규모를 늘리려는 정부에 저항했다. 고아원에서 성장하는 자녀 세대와 자신들의 큰 희생을 무릅쓰고 저항했다.

정책 저항에 대처하는 방법 중 하나가 힘으로 제압하는 것이다. 충분한 권력을 행사하고 계속해서 권력을 휘두를 수 있다면 권력을 동원하는 방법이 효과를 발휘할 수 있지만, 혹시라도 권력이 약해질 때 발생할 엄청난 원한과 폭발적인 결과를 각오해야 한다. 루마니아 인구 정책을 입안한 독재자 니콜라에 차우셰스쿠Nicolae Ceausescu가 정책 저항을 힘으로 오랫동안 강력하게 제압했을 때 바로 이런 일이 벌어졌다. 정부가 무너지자 차우셰스쿠는 가족과 함께 처형되었다. 그리고 새로 들어선 정부가 맨 처음 폐기한 법률이 낙태와 피임 금지법이었다.

정책 저항을 힘으로 제압하지 않고 대응하는 또 다른 대안이 있다. 이 대안은 워낙 반직관적이어서 일반적으로 생각하기 힘든 것이다. 포기하는 것이다. 비효율적인 정책을 포기하는 것이다. 정책 집행과 저항에 낭비되는 자원과 에너지를 더 건설적인 목적으로 돌리는 것이다. 시스템을 마음대로 끌고 갈 수는 없지만, 생각만큼 시스템이 나쁜 방향으로 멀리 가지는 않을 것이다. 왜냐하면 여러분이 바로잡으려고 노력한 행동 대부분이 여러분의 행동에 대한 대응이었기 때문이다. 여러분이 진정하면 여러분과 맞서는 사람들도 진정할 것이다. 1933년 미국이 금주법을 폐기했을 때도 그랬다. 금주법이 사라지자 술로 인한 혼란도 대부분 사라졌다.

혼란이 사라지면 시스템 속의 피드백을 더 자세히 살펴보고, 피드백 이면의 제한된 합리성을 이해하고 시스템 참여자들의 목표를 달성하기 위해 시스템 상태를 더 나은 방향으로 끌고 갈 방법을 찾을 수 있다.

예를 들어, 출생률이 늘어나길 바라는 국가는 국민이 자녀를 낳지 않으려는 이유에 대해 의문을 가질 것이다. 그리고 아이들을 싫어하기 때문이 아니라는 사실을 알 것이다. 더 많은 자녀를 낳아 기를 자원이나 주거 공간, 시간, 안전 보장이 없기 때문일 것이다. 루마니아가 낙태를 법으로 금지할 당시 헝가리에서도 낮은 출생률이 문제였다. 일할 사람이 점점 줄고 경제가 침체될 것을 염려했다. 헝가리 정부는 가족 규모가 커지지 못하는 이유 중 하나가 비좁은 주택이라는 사실을 파악하고 대가족일수록 더 넓은 생활공간을 제공하는 보상 정책을 세웠다. 하지만 정책은 부분적으로만 성공을 거두었다. 집만이 문제가 아니었기 때문이다. 그래도 헝가리의 정책은 루마니아의 정책보다는 성과가 있었고, 루마니아의 비참한 노선을 따르지 않은 정책이었다.[3]

정책 저항에 가장 효과적으로 대응하는 길은 하위 시스템들의 다양한 목표를 조율할 방법을 찾는 것이다. 일반적으로 모든 행위자가 자신의 제한된 합리성에서 벗어나도록 가장 중요한 목표를 제시하면 된다. 모두가 같은 결과를 얻기 위해 조화롭게 일하면 (모든 피드백 루프가 같은 목표에 이바지한다면) 놀라운 결과가 나올 수 있다. 목표들의 조화를 보여주는 대표적인 사례가 전시 경제 동원, 전쟁이나 자연재해 발생 후 복구 사업이다.

또 다른 사례로 들 수 있는 것이 스웨덴의 인구 정책이다. 1930년대 스웨덴의 출생률이 가파르게 떨어졌다. 스웨덴 정부도 출생률 하락을 염려하기는 헝가리나 루마니아 정부와 마찬가지였다. 하지만 스웨덴 정부는 헝가리나 루마니아와 달리 정부의 목표와 국민의 목표를 비교 평가한 뒤 가족 규모가 아니라 보육의 질을 합의의 기초로 삼았다. 모든 아이는 마땅히 환영받으며 태어나고 양육되어야 한다. 아이들이 물질적 어려움에 시달리는 일은 없어야 한다. 모든 아이가 훌륭한 교육과 의료 서비스에 접근할 수 있어야 한다. 스웨덴 정부와 국민은 이런 목표들에 합의했다.

이런 합의에 따라 수립된 정책은 출생률이 낮은 시기에는 왠지 이상한 정책이었다. 모든 아이가 환영받으며 태어나야 한다는 원칙에 따라 자유로운 피임과 낙태를 허용했기 때문이다. 또한 본격적인 성교육과 이혼법 간소화, 산부인과 무료 진료, 취약 가정 지원은 물론 대대적인 교육과 의료 서비스 투자 확대 등도 정책에 포함되었다.[6] 정책을 시행한 이후에도 스웨덴의 출생률은 몇 차례 오르고 내리길 반복했지만 출생률 등락에 따른 사회적 혼란은 없었다. 스웨덴 전체가 인구수보다 더 중요한 목표에 집중했기 때문이다.

시스템 내 목표들의 조화를 이끄는 작업이 항상 성공할 수는 없지만, 노력할 가치가 충분한 선택지다. 목표들의 조화는 편협한 목표에서 벗어나 시스템 전체의 장기적인 복지를 고민할 때만 찾을 수 있다.

덫: 정책 저항

다양한 행위자들이 서로 다른 목표를 향해 시스템 저량을 끌어당기면 정책 저항이라는 결과가 생길 수 있다. 새로운 정책, 특히 효과가 높은 정책이 시스템 저량을 다른 행위자들의 목표에서 더 멀리 끌어당기며 추가적인 저항을 유발하면, 아무도 원치 않는 결과를 유지하려고 모든 행위자가 상당한 노력을 기울이는 상황만 발생한다.

포기하라. 모든 행위자를 참여시키고 저항에 쓰이던 에너지를 이용해 모두가 만족할 수 있도록 모든 목표를 이룰 방법을 찾거나 모두 함께 추구할 수 있는 더 크고 더 중요한 목표를 다시 설정하라.

공유지의 비극

> 지난주 기독교민주연합이 이끄는 헬무트 콜 연립정부의 지도부와 야당인 사회민주당이 수개월에 걸친 논쟁 끝에 망명 신청 조건을 강화해 홍수처럼 밀려드는 경제 이민자의 물길을 되돌리기로 합의했다.
>
> _ 1992년 〈인터내셔널 해럴드 트리뷴〉[5]

함께 공유하고 침식될 수 있는 환경에서 단계적 확대 혹은 단순한 성장만 나타날 때 공유지의 비극이라는 덫이 출현한다.

생태학자 개릿 하딘은 1968년 학술지에 기고한 논문에서 공유 시스템을 설명하며 공동 목초지를 첫 번째 사례로 들었다.

> 누구나 이용할 수 있도록 개방된 목초지가 있다고 가정하자. 모든 목동이 그 공유지에서 최대한 많은 소를 키우려 들 것이다… 노골적이건 암묵적이건 목동은 어느 정도 의식적으로 이렇게 자문한다. "소를 한 마리 더 방목하면 내게 어떤 효용이 있을까?"…

그 목동이 소 한 마리를 더 키워 번 수익 전체를 차지하므로 양의 효용은 +1에 가깝다… 하지만 지나친 방목의 영향을 모두가 공유하므로… 추가 방목을 결정한 목동에게 음의 효용은 -1의 몇 분의 1에 불과하다. 합리적인 목동은 소를 한 마리 더 방목하는 것이 자신이 유일하게 추구할 합리적인 길이라고 결론 내린다. 그리고 한 마리 더, 또 한 마리 더… 하지만 목초지를 공유하는 모든 목동이 같은 결론을 내린다. 거기에 비극이 있다. 모두가… 한없이 가축을 늘릴 수밖에 없는 시스템에 갇히게 되는 것이다. 한정된 세상에서 말이다. 모두가… 각자 자신의 최대 이익을 추구하며 달려가는 목적지는 파멸이다.[6]

한마디로 제한된 합리성이다.

우선 공유 시스템에는 함께 공유한 자원(목초지)이 있다. 공유 시스템이 비극으로 끝나기 쉽다는 것은 그 자원이 틀림없이 제한적일 뿐만 아니라 무리하게 쓰면 망가진다는 것이다. 다시 말해, 어떤 한계를 넘어서면 자원은 스스로 재생하는 능력을 잃거나 파괴될 가능성이 커진다. 목초지에 풀이 줄어들면 소들이 밑동까지 뜯어 풀이 자라지 못한다. 그러면 풀뿌리에 단단히 매달리지 못한 흙이 빗물에 쓸려나간다. 토양이 침식될수록 풀은 더 줄어든다. 이렇게 또 하나의 강화 피드백 루프가 내리막길로 치닫는다.

공유 시스템의 자원 이용자(소와 목동들)는 공유지의 조건에 영향을 받지 않고 늘어나며 이는 합리적인 이유가 있다. 목동에게는 지나친 방목으로 공동 목초지가 훼손될 위험을 막을 이유나 장려책, 강력한 피드백이 없다. 오히려 정반대로 목동은 더 많은 소를 방목하는 것이 이득이다.

희망에 부풀어 독일로 향하는 이민자는 망명의 혜택만 기대할 뿐, 이민자가 너무 많이 들어와 독일이 망명법을 강화할 수밖에 없다는 사실은 걱정하지 않는다. 독일이 망명법 강화를 논의하고 있다는 사실이 오히려 더욱더 서둘러 독일로 가야 할 이유가 될 뿐이다.

공유지의 비극은 자원 이용자의 성장에 전달되는 자원의 피드백이 없어서 (혹은 피드백이 너무 지연되어서) 발생한다.

이용자가 늘수록 사용되는 자원도 증가한다. 사용되는 자원이 증가할수록 이용자 각자에게 돌아갈 자원은 줄어든다. 만일 이용자들이 "나만 방목하는 소의 수를 제한할 이유는 없지!"라며 공유지의 제한된 합리성을 따른다면, 이용자 누구든 자원 사용량을 줄일 이유가 없다. 그러면 결국 자원 채취율은 자원이 감당할 수준을 넘어 이용자에게 전달되는 피드백이 없으므로 과잉 채취가 계속될 것이다. 자원은 줄어들 것이다. 그리고 마침내 침식 루프가 나타나 자원은 파괴되고 모든 이용자가 파멸할 것이다.

여러분은 분명 공유지를 파괴할 만큼 근시안적인 집단은 없다고 생각할 것이다. 하지만 공유지가 이미 재앙을 맞았거나 지금도 재앙으로 내몰리고 있는 사례 몇 가지만 살펴보자.

◆ 유명한 국립공원의 입장을 통제하지 않으면 너무 많은 군중이 몰려와 공원의 자연이 파괴될 수 있다.

◆ 화석 연료를 태우면 지구 기후변화를 유발하는 온실가스인 이산화탄소가 배출되지만 당장은 계속해서 화석 연료를 이용하는 것이 모두에게 유리하다.

◆ 모든 가정이 원하는 만큼 자녀를 낳고, 모든 어린이에게 교육과 의료 서비스를 제공하고 환경을 보호하는 비용을 전체 사회가 부담해야 한다면, 태어나는 아이의 수가 모든 아이를 지원할 사회의 능력을 초과할 수 있다(개릿 하딘이 공유지의 비극에 관한 논문을 작성한 계기가 바로 인구 문제 때문이다).

이런 사례들은 이미 시스템 동물원에서 살펴본 구조 즉, 회복 가능한 자원의 과다 채취와 관련이 있다. 비극은 공유 자원 속에만 숨어 있는 것이 아니다. 공동으로 오염 물질을 버리는 장소인 공유 싱크 속에도 비극이 도사리고 있다. 만일 한 가정이나 기업, 국가가 배출한 폐기물을 전체 공동체가 흡수하거나 처리한다면 그 오염 배출자는 비용을 절감하고 수익을 늘리거나 더 빠르게 성장할 수 있다. 자신이 배출하는 오염 물질의 극히 일부만 처리하며 (혹은 전혀 책임지지 않고 강에 방류하거나 바람에 날려 보내며) 큰 이득을 얻는 것이다. 오염 배출자가 이런 이득을 포기할 합리적 이유가 없다. 자원의 원천이건 싱크건 공유 자원 이용률에 영향을 주는 피드백이 약하기 때문이다.

공유지를 이기적으로 이용하는 사람들의 논리가 쉽게 이해되지 않는다면, 여러분 스스로 대기 오염을 줄이기 위해 얼마나 자주 카풀을 했는지, 자신이 어지럽힌 곳을 항상 깨끗이 치웠는지 자문해보라. 공유 시스템 구조는 이기적인 행동이 전체 공동체나 미래를 위해 책임지는 행동보다 훨씬 더 편리하고 훨씬 더 큰 이득을 보게 만든다.

공유지의 비극을 피하는 세 가지 방법이 있다.

◆ 교육과 훈계. 공유지를 무분별하게 사용하면 어떤 결과가 빚어지는지 교육하라. 도덕성에 호소하라. 절제하도록 설득하라. 따르지 않으면 사회적 비난이나 영원한 고통에서 벗어날 수 없다고 경고하라.

◆ 공유지 사유화. 공유지를 나눠 각자 행동에 따른 결과를 스스로 책임지게 하라. 누군가 절제력을 잃고 개인 자원을 함부로 쓴다면 당사자만 피해를 보고 다른 사람들은 피해를 보지 않을 것이다.

◆ 공유지 규제. 개릿 하딘이 "상호 강제, 상호 합의"라고 직설적으로 표현한 방법이다. 특정 행위를 전면적으로 금지하고 할당제, 인가제, 과세, 장려책까지 다양한 방식으로 규제할 수 있다. 규제가 효과를 거두려면 감시와 처벌이 따라야 한다.

첫 번째 해결책인 훈계는 공유 자원이 위협받지 않도록 도덕적 압력을 가해 공유지 이용을 제한하는 방법이다. 두 번째 사유화는 자원 상태와 자원 이용자 사이에 직접적인 피드백을 연결해 의사 결정에 따른 손익이 당사자에게 직접 돌아가도록 만드는 방법이다. 그래도 계속해서 자원을 남용하는 사람은 무지하거나 불합리한 사람이다. 세 번째 규제는 규제자를 통해 자원 상태와 자원 이용자를 간접적인 피드백으로 연결하는 방법이다. 이 피드백이 제대로 작동하려면 규제자가 공유지의 상태를 제대로 감시하고 해석할 수 있는 전문지식과 효과적인 억제 수단을 갖추어야 하며, 전체 공동체의 복지를 염두에 두어야 한다 (규제자가 전문지식이 없거나 힘이 약하거나 부패하면 안 된다).

대대손손 교육과 훈계를 통해 공유 자원을 효과적으로 관리한 '원시' 문화들이 있지만, 개릿 하딘은 교육과 훈계를 확실한 방법으로 보지 않는다. 공유 자원을 단지 전통이나 '명예 제도'로만 보호하면 전통을 존중하지 않거나 명예심이 없는 사람이 공유 자원에 접근할 수 있기 때문이다.

만일 사회 구성원들에게 따끔한 가르침을 주고 싶다면 훈계보다 더 확실한 방법이 사유화다. 하지만 바다의 물고기나 공기처럼 사유화하기 어려운 자원이 많다. 이때 선택할 수 있는 유일한 방법이 '상호 강제, 상호 합의'다.

우리 삶은 상호 강제적 합의의 연속이며, 그 대부분은 새삼스럽게 고민할 필요가 없을 만큼 일상적이다. 상호 강제적 합의는 공유지를 남용할 자유를 제한하면서 공유지를 이용할 자유를 보장한다. 예를 들어보자.

◆ 번잡한 교차로 한 가운데 공유 공간은 교통 신호등에 의해 규제된다. 원한다고 아무 때나 차를 몰고 통과할 수 없다. 하지만 신호가 떨어져 자신의 차례가 되면, 무질서하게 규제되지 않을 때보다 더 안전하게 교차로를 통과할 수 있다.

◆ 시내 공용 주차장은 주차 요금기로 주차 공간을 나누어 사용료를 징수하고 점유 시간을 제한한다. 아무 곳이나 자유롭게 원하는 시간만큼 주차할 수는 없지만, 주차 공간을 찾을 확률은 주차 요금기가 없을 때보다 높다.

◆ 그럴 수 있다면 더없이 좋겠지만, 은행에 가서 마음대로 돈을 꺼내올 수 없다. 금고나 경찰, 교도소 같은 보호 장치 때문에 은행을 공유지처럼 이용할 수 없다. 그 대신 은행에 맡긴 여러분의 돈도 안전하게 보호된다.

◆ 라디오나 텔레비전 신호를 전달하는 주파수 대역은 마음대로 방송에 이용할 수 없다. 규제 기관의 허가를 받아야 한다. 방송의 자유를 제한하지 않으면 전파 신호가 뒤죽박죽 겹치며 큰 혼란이 일어날 것이다.

◆ 쓰레기를 처리하는 비용이 증가하며 많은 도시가 쓰레기 배출량에 따라 가정에 쓰레기 처리비를 부과하고 있다. 공유 시스템이 사용료를 부과하며 규제하는 시스템으로 바뀌는 것이다.

이런 사례들을 보면 '상호 강제, 상호 협의'가 얼마나 다양하게 적용되는지 알 수 있다. 교통 신호등은 공유지 접근권을 '차례대로' 분배한다. 주차 요금기는 주차 공유지 사용료를 부과한다. 은행은 물리적 장벽과 강력한 처벌을 동원한다. 방송 주파수를 이용하려면 규제 기관에 신청서를 제출하고 허가받아야 한다. 쓰레기 처리비는 누락된 피드백을 복구해 각 가정이 공유지 사용에 따른 경제적인 대가를 직접적으로 느끼게 한다.

상호 합의하고 그 목적을 이해시킨다면 대부분 사람이 규제 시스템에 순응하지만, 모든 규제 시스템은 혹시 비협력자가 생길 경우를 대비해 경찰권과 처벌을 동원해야 한다.

덫: 공유지의 비극

자원을 함께 공유하면 이용자 각자가 자원을 이용하며 직접적인 혜택을 누리지만, 남용에 따른 대가는 다른 모든 사람에게 돌아간다. 따라서 자원 이용자의 의사 결정과 자원 상태를 연결하는 피드백이 아주 약하다. 그 결과 자원이 남용되고, 그 누구도 이용할 수 없을 때까지 침식된다.

탈출법

이용자들이 자원 남용의 결과를 이해하도록 교육하고 훈계하라. 그리고 이용자 각자가 남용의 결과를 직접적으로 느끼게끔 자원을 사유화하거나 (사유화할 수 없는 자원이 많으니) 모든 이용자의 자원 접근권을 규제하는 방법을 적용해 누락된 피드백 연결을 복구하거나 강화하라.

성과 저하를 향한 표류

> 이 불경기에 영국인들은… 경제가 한결같이 하향 이동한다는 것을 깨달았다. 국가적 재난마저 경기가 더 위축될 조짐으로 파악한다. 〈인디펜던트〉 신문은 일요일 "윈저궁의 화재가 국가의 전반적인 상황을 보여주는 징후이며 역량 부족이라는 새로운 국가적 특징에서 기인한다는 불길한 예감이…"라는 기사를 1면에 실었다.
> 노동당의 무역 산업 대변인인 페스턴 경은 "우리는 해야 할 일이 무엇인지 알고 있지만, 무슨 까닭인지 그 일을 하지 않는다"라고 주장했다.
> 정치인과 기업가, 경제학자들은 국가를 비난하며 젊은이들은 수준 이하의 교육을 받고 근로자와 관리자가 모두 미숙하고 투자에 인색하며 정치인이 경제를 잘못 관리하고 있다고 지적한다.
>
> _ 에릭 입센 Erik Ipsen(1992년 〈인터내셔널 헤럴드 트리뷴〉[7])

정책에 저항하며 평소처럼 나쁜 상태에 머무는 것으로 그치지 않고 계속해서 점점 더 나빠지는 시스템이 있다. 이런 시스템 원형을 가리키는 말이 '성과 저하를 향한 표류 drift to low performance'다. 기업의 시장 점유율 하락이나 병원의 서비스 품질 저하, 갈수록 더러워지는 강과 공기, 주기적으로 다이어트를 해도 늘어나는 체내 지방, 미국의 공립학교 수준, 조깅 운동 계획을 흐지부지 끝낸 나 자신 등이 바로 이런 원형 사례다.

늘 그렇듯 이 피드백 루프의 행위자(영국 정부와 기업, 병원, 비만인, 학교 관리자, 조거)도 성과 목표나 바람직한 시스템 상태를 설정하고 실제 상태와 비교한다. 그리고 차이를 발견하면 조치를 취한다. 여기까지는 성과를 바람직한 수준으로 유지하는 일반적인 균형 피드백 루프와 다름이 없다.

하지만 이 시스템에서 인지한 상태는 실제 시스템 상태와 다르다. 행위자가 대체로 좋은 소식보다 나쁜 소식을 더 믿기 때문이다. 실제로 다양한 성과가 나타나지만, 좋은 결과는 일시적 이상 현상으로 여겨 무시하고 나쁜 결과만 기억한다. 그래서 행위자는 상황을 실제보다 더 나쁘게 바라본다.

그리고 인지된 시스템 상태가 바람직한 시스템 상태에 영향을 미치며 이 비극적 원형이 완성된다. 기준이 흔들리는 것이다. 인지된 성과가 떨어지면, 목표도 떨어진다. "음, 그게 네가 기대할 수 있는 전부야." "그래도 작년보다 훨씬 더 나쁜 것 같진 않다." "주위를 둘러봐, 남들도 다 어렵긴 마찬가지야."

내리막으로 치닫는 강화 피드백 루프가 시스템 상태를 받아들일 수 있는 수준으로 유지해야 할 균형 피드백 루프를 압도하는 것이다. 인지된 시스템 상태가 떨어질수록 바람직한 상태도 낮아진다. 바람직한 상태가 낮아지면 차이도 줄어들고, 시정 조치도 줄어든다. 시정 조치가 줄면 시스템 상태는 더 낮아진다. 만일 이런 피드백 루프가 계속 작동하도록 방치하면 결국 시스템 성과는 계속해서 저하된다.

이런 시스템 덫을 가리키는 또 다른 표현이 '목표 침식eroding goals'이다. 옛날이야기에 빗대 '삶은 개구리 증후군'이라고 부르기도 한다. (사실인지 아닌지는 모르겠지만) 개구리를 뜨거운 물에 갑자기 집어넣으면 바로 튀어나오지만, 찬물에 넣고 서서히 가열하면 물이 끓을 때까지 얌전히 기다린다는 것이다. "조금씩 따뜻해지는 것 같은데. 하지만, 조금 전보다 훨씬 더 뜨거운 정도는 아냐." 성과 저하를 향한 표류는 점진적으로 진행된다. 시스템 상태가 갑자기 곤두박질치면 요란하게 시정 조치를 취하는 과정이 펼쳐질 것이다. 하지만 이전 상황이 얼마나 더 좋았는지 (믿지 못하거나) 기억하지 못할 만큼 시스템 상태가 표류하듯 서서히 떨어지면, 모두가 얌전히 점점 더 기대를 낮추고 노력도 줄어들고 성과도 점점 더 떨어진다.

목표 침식을 막는 해결책은 두 가지다. 첫째, 성과와 관계없이 절대적인 기준을 만들어 지키는 방법이다. 둘째, 목표가 과거 최악의 성과가 아니라 최고의 성과에 민감하게 반응하도록 만드는 방법이다. 인지하는 성과가 비관적이지 않고 낙관적인 경향을 보일 때 가장 좋은 결과를 기준으로 삼고 가장 나쁜 결과를 심각하게 여기지 않고 일시적인 후퇴로 받아들이면, 바로 그 시스템 구조에 따라 시스템이 점점 더 좋은 성과를 낼 수 있다. "상황이 나빠질수록 내가 상황을 더 나쁘게 만들 거야"라는 하강 강화 루프가 "상황이 좋아질수록 내가 더 열심히 노력해서 상황을 더 좋게 만들 거야"라는 상향 강화 루프로 바뀌게 된다.

내가 이런 교훈을 가슴에 새기고 조깅 운동을 했다면 지금쯤 마라톤을 뛰고 있을 것이다.

성과 기준이 과거의 성과에 영향을 받고 특히 부정적인 편견으로 과거의 성
과를 인지하면 목표를 침식하는 강화 피드백 루프가 작동해 시스템이 성과
저하를 향해 표류한다.

탈출법

성과 기준을 절대적으로 지켜라. 최악의 결과가 아니라 실제 최고의 결과에
따라 기준을 높이면 훨씬 더 좋다. 바로 이 구조를 이용해 성과 제고를 향해
나아가라.

단계적 확대

> 일요일에 이스라엘 병사를 납치한 이슬람 무장단체는 이스라엘군이 가
> 자 지구의 유력 이슬람 단체 창시자를 즉시 석방하지 않으면 납치한 병
> 사를 처형하겠다고 위협했다. 이 납치 사건이… 격렬한 폭력 사태로 이
> 어져… 팔레스타인인 세 사람이 총격을 당하고 이스라엘 군인 한 명
> 이… 지프를 타고 순찰하던 중 지나가는 차에서 발사된 총에 맞아 사망
> 했다. 가자 지구에서도 돌을 던지는 시위대와 이스라엘군의 충돌이 거듭
> 되며, 이스라엘군이 발사한 실탄과 고무탄에 맞아 최소한 120명이 부상
> 을 입었다.
> _ 클라이드 하버먼 Clyde Haberman(1992년 〈인터내셔널 헤럴드 트리뷴〉[8])

단계적 확대는 이 책 앞부분에서 이미 한 가지 사례를 이야기한 적이

있다. 아이들이 싸우던 장면이다. A가 B를 때리면 B는 더 세게 A를 때리고 이에 A가 더 세게 B를 때리며, 이내 두 아이의 싸움은 걷잡을 수 없이 커진다

"받고 하나 더." 이것이 바로 단계적 확대를 이끄는 의사 결정 규칙이다. 단계적 확대는 서로 앞서려고 경쟁하는 행위자들의 강화 루프에서 비롯된다. 시스템의 한 부분 혹은 한 행위자의 목표는 온도조절기를 18℃로 맞춘 방의 실내 온도처럼 절대적인 것이 아니라, 시스템의 또 다른 부분 혹은 또 다른 행위자의 상태에 영향을 받는다. 다른 시스템 덫들과 마찬가지로 단계적 확대도 나쁘기만 한 것은 아니다. 컴퓨터의 성능을 개선하거나 AIDS 치료제를 개발하는 등 바람직한 목표를 향해 경쟁한다면 단계적 확대를 통해 전체 시스템의 목표 달성이 앞당겨질 수 있기 때문이다. 하지만 확대하려는 목표가 적대심이나 무기, 소음, 자극이라면 단계적 확대는 정말 위험한 덫이다. 단계적 확대의 끔찍한 결말을 보여주는 대표적 사례가 분쟁국들이 자기 강화적인 폭력에 매몰된 채 철천지원수처럼 싸우는 분쟁 지역과 군비 경쟁이다.

각각의 행위자가 다른 행위자의 시스템 상태를 인지한 후 바람직한 상태를 결정하고 한 단계 더 높이는 것이다. 단계적 확대는 남에게 그저 뒤지지 않는 것이 아니라 남보다 더 앞서는 것이다. 미국과 소련은 수년간 서로 상대의 군비를 과장 보고하며 자신의 군비 확장을 정당화했다. 한 쪽이 무기를 늘릴 때마다 다른 쪽도 상대를 뛰어넘기 위해 발버둥을 쳤다. 서로가 단계적 확대의 책임을 물으며 상대를 탓했지만

시스템 사고의 측면에서는 두 나라 모두 자발적으로 단계적 확대를 한 것이다. 양 쪽이 각자 무기를 개발하며 장차 훨씬 더 많은 무기를 개발할 수밖에 없는 과정이 시작된 것이다. 이런 시스템을 유지하느라 수조 달러의 비용이 들고, 두 강대국의 경제가 악화되고, 상상할 수 없을 만큼 파괴적인 무기가 개발되었다. 이렇게 개발된 무기가 지금도 전 세계를 위협하고 있다.

네거티브 캠페인도 단계적 확대의 부정적인 측면을 보여준다. 한 후보가 다른 후보를 비방하면 다른 후보도 상대 후보를 비방하고, 결국 유권자들이 후보들의 긍정적인 면을 보지 못하며 민주주의 절차의 전체 품위가 떨어진다.

가격 전쟁도 마찬가지다. 어떤 경제적 경쟁자가 가격을 낮추면 다른 경쟁자가 가격을 더 낮추고 처음 가격을 낮춘 경쟁자가 다시 가격을 더 낮추며, 결국 양쪽 모두 손해를 보지만 쉽게 물러서지 못한다. 이런 식의 단계적 확대는 경쟁자 한 쪽이 파산해야 끝난다.

광고회사가 고객의 관심을 끄는 노력도 단계적으로 확대된다. A라는 광고회사가 눈부시게 요란한 광고로 이목을 끌면 B라는 경쟁사가 더 요란하고 노골적인 광고를 더 크게 하고, 다시 A가 B를 능가하는 광고를 한다. 점점 더 화려하고 시끄럽고 거슬리는 광고가 (이메일과 전화 등) 환경에 점점 더 많이 등장하며 결국 소비자의 감각은 그 어떤 광고 메시지도 침투하지 못할 만큼 무뎌진다.

파티장에서 대화를 나누는 목소리가 점점 커지는 것이나 리무진의 길이가 계속 길어지는 것, 점점 더 선정적인 록밴드가 등장하는 것도 단계적 확대 시스템 때문이다.

단계적 확대는 평온함이나 공손함, 효율성, 정교성, 품질에도 적용될 수 있다. 하지만 좋은 방향으로 진행되는 단계적 확대도 문제가 될 수 있다. 시작하면 쉽게 멈출 수 없기 때문이다. 모든 병원이 값비싸고 강력한 최신 진단 장비를 갖추려고 경쟁하면 의료 서비스 비용이 엄청나게 커질 수 있다. 도덕성의 단계적 확대는 남보다 더 신성한 척하는 태도로, 예술의 단계적 확대는 바로크 양식에서 로코코 양식을 거쳐 키치로, 환경친화적 생활방식의 단계적 확대는 불필요하게 엄격한 청교도주의로 이어질 수 있다.

강화 피드백 루프인 단계적 확대는 지수적으로 커진다. 따라서 경쟁이 그 누구도 예상하지 못할 만큼 빠르게 극단으로 치달을 수 있다. 결국 이 강화 루프를 깨지 않으면 일반적으로 경쟁자 둘 중 하나나 둘 모두가 파멸하는 상황이 발생한다.

단계적 확대라는 덫에서 탈출하는 한 가지 방법이 일방적 군비 축소다. 자신의 시스템 상태를 의도적으로 축소해 경쟁자의 시스템 상태 축소를 유도하는 방법이다. 시스템 논리에서는 거의 생각할 수도 없는 선택지처럼 보이겠지만, 한 쪽이 단호하게 나서서 경쟁자의 단기적인 우세를 견디고 살아남으면 실제로 효과를 발휘할 수 있다.

이 방법 외에 단계적 확대 시스템에서 우아하게 탈출하는 길은 하나 뿐이다. 군축 협상이다. 시스템 설계의 구조적 변화를 꾀하는 방법이다. 이를 통해 (아이들이 싸우지 못하도록 압력을 가하는 부모나 광고의 크기와 배치를 통제하는 규제, 분쟁 지역의 평화유지군처럼) 경쟁을 제한하는 일련의 균형 통제 루프를 새롭게 만들어 낼 수 있다. 대체로 단계적 확대 시스템에서 군비 축소 합의를 이끌기가 어렵고 당사자들이 흡족하게 합의하는 경우는 절대 없지만, 군비 축소에 합의하는 편이 계속해서 경쟁을 벌이는 것보다 훨씬 더 좋다.

덫: 단계적 확대

어떤 저량의 상태가 또 다른 저량의 상태를 능가하려는 노력에 따라 결정되면 강화 피드백 루프가 시스템을 군비 경쟁이나 재산 경쟁, 인신공격, 음량 확대, 폭력 확대로 몰아간다. 단계적 확대는 지수적으로 커지기 때문에 놀랄 만큼 빠르게 극단으로 치달을 수 있다. 그대로 방치하면 그 소용돌이는 누군가의 파멸로 끝이 난다. 지수적 성장은 영원히 지속될 수 없기 때문이다.

탈출법

단계적 확대의 덫에서 탈출하는 가장 좋은 방법은 그 덫에 걸리지 않는 것이다. 단계적 확대 시스템에 사로잡히면 어느 하나가 경쟁을 거부함으로써 (일방적으로 군비를 축소함으로써) 강화 루프를 차단할 수 있다. 혹은 단계적 확대를 통제할 균형 루프를 갖춘 새로운 시스템을 협상할 수 있다.

성공한 사람에게 몰아주는 메커니즘

> 상위 1%에 드는 납세자처럼 지극히 부유한 사람들은 과세소득을 줄일 수 있는 융통성이 상당히 크다…(세율이 더 높아질 것으로 예상되면) 다음 해가 아니라 당장 보너스를 받아내고, 스톡옵션을 이용하고… 가능한 모든 방법을 동원해 소득을 이월할 수 있다.
>
> _ 실비아 네이사 Sylvia Nasar (1992년 〈인터내셔널 헤럴드 트리뷴〉[9]

축적한 부나 특권, 특별 접근권, 내부 정보를 이용해 더 많은 부나 특권, 접근권, 정보를 창출하는 사례가 '성공한 사람에게 몰아주기' 원형이다. 이 시스템 덫은 경쟁에서 승리한 사람에게 장차 훨씬 더 효과적으로 경쟁할 수단이 보상으로 주어질 때 나타난다. 강화 피드백 루프인 이 덫에 걸리면 시스템이 계속해서 승리할 사람과 계속해서 패배할 사람으로 급격히 분열된다.

모노폴리 보드게임을 해 본 사람이면 성공한 사람에게 몰아주는 시스템을 잘 알 것이다. 게임 참가자들은 모두 평등하게 출발한다. 최초로 자기 땅에 '호텔'을 세운 사람은 다른 사람들에게 '사용료'를 징수하고, 그 돈으로 더 많은 호텔을 사들인다. 소유한 호텔이 많을수록 더 많은 호텔을 사들일 수 있는 것이다. 이 보드게임은 다른 참가자들이 좌절해 포기하지 않는 한 어느 한 사람이 모든 것을 사들일 때까지 계속된다.

예전에 우리 동네에서 크리스마스 야외 조명을 가장 멋지게 장식한 집을 선정해 100달러를 상금으로 주는 행사를 벌인 적이 있었다. 첫해 우승을 거머쥔 이웃은 상금 100달러를 들여 크리스마스 전등을 추가 구입했다. 그리고 그 이웃이 전등 장식에 점점 더 공을 들여 3년간 연달아 우승하자 행사는 중단되었다.

있는 자가 받을 것이요.* 승자가 더 많이 우승할수록 장차 더 많이 우승하게 되는 것이다. 만일 그 승리가 제한된 환경에서 발생해 승자가 얻는 모든 것이 패자에게 빼앗은 것이라면 패자는 서서히 파산하거나 강제로 쫓겨나거나 굶어 죽는다.

성공한 사람에게 몰아주기는 생태학에서 '경쟁배타원리'로 널리 알려진 개념이다. 경쟁배타원리에 따르면 비슷한 생태적 지위에 있는 두 종이 같은 자원을 두고 경쟁하며 살 수 없다. 두 종이 서로 다르기 때문에 어느 한 종이 반드시 다른 종보다 더 빠르게 번식해 세를 키우거나 더 효율적으로 자원을 이용할 수밖에 없다. 그리고 그 종은 대부분 자원을 차지하며 더 많이 번식할 능력을 얻어 경쟁에서 계속 이긴다. 승리한 종은 생태적 지위를 지배할 뿐 아니라 경쟁에서 패배한 종을 멸종으로 내몬다. 직접적인 대결을 통해 멸종시키는 것이 아니라, 모든 자원을 남김없이 차지함으로써 약한 경쟁자를 멸종으로 내몬다.

카를 마르크스도 자본주의를 비판하며 성공한 사람에게 몰아주는 덫을 경고했다. 같은 시장에서 경쟁하는 두 회사는 한 생태적 지위에

---

* 마가복음 4장 25절-옮긴이

서 경쟁하는 두 종과 같은 행동을 보인다. 효율성을 더 높이거나 더 현명하게 투자하거나 기술을 개선하거나 뇌물을 더 많이 주거나 아무튼 어느 한 회사가 조금 더 유리한 위치에 서게 될 것이다. 유리한 위치를 차지한 회사는 더 많은 수익을 올려 생산 설비나 신기술, 광고에 투자하거나 뇌물로 사용한다. 이 회사의 자본 축적 강화 피드백 루프가 다른 회사보다 빠르게 돌아가며 훨씬 더 많은 제품을 생산하고 훨씬 더 많은 돈을 벌게 된다. 만일 그 시장이 한정된 시장이고 반독점법이 없다면 계속 재투자하며 생산 설비를 확장하는 회사가 모든 것을 차지할 것이다.

공산주의 소련의 붕괴가 카를 마르크스 이론의 오류를 입증한다고 생각하는 사람들이 있지만, 시장 경쟁이 체계적으로 시장 경쟁을 몰아낸다는 카를 마르크스의 분석은 예나 지금이나 경쟁 시장이 있는 곳이면 어디서나 나타나는 현상이다. 미국의 그 많던 자동차 제조사가 (그나마 반독점법 덕분에 1개 회사로 정리되지 않은 것은 다행이지만) 3개 회사로 줄어든 이유도 성공한 사람에게 몰아주는 강화 피드백 루프 때문이다. 현재 미국의 대도시들을 보면 신문사 한 곳만 살아남은 도시가 대부분이다. 모든 시장 경제를 보면 장기적으로 농장의 크기는 증가하고 농장의 수는 줄어드는 추세가 나타난다.

성공한 사람에게 몰아주는 덫은 여러모로 아주 심각한 피해를 주며, 부자를 더 부자로 만들고 가난한 사람을 더 가난하게 만든다. 부자는 가난한 사람보다 세금을 회피할 방법이 더 많다. 하지만 문제는 이것만이 아니다.

◆ 대부분 사회에서 지극히 가난한 아이들은 혹시 학교에 다니더라도 지극히 열악한 시설에서 지극히 열악한 교육을 받는다. 시장성 있는 기술은 거의 배우지 못하고 저임금 일자리를 얻을 교육만 겨우 마친 아이들이 가난에서 영원히 벗어나지 못한다.[10]

◆ 소득이 낮고 보유 자산도 거의 없는 사람들은 은행에서 돈을 빌리지 못한다. 따라서 이들은 자본 개선에 투자하지 못하거나 과도한 이자를 요구하는 대부업체에 손을 벌릴 수밖에 없다. 설령 이율이 합리적인 수준이라 해도, 이자를 무는 것은 가난한 사람들이고 이자를 거두는 것은 부자들이다.

◆ 이 세상에는 토지 소유가 불공평한 곳이 많아 다른 사람의 땅을 빌려 소작하는 농부가 대부분이다. 소작농은 땅을 빌려 농사를 지을 권리를 얻는 대가로 지주에게 농작물 일부를 넘겨야 하기 때문에 자신의 땅을 살 여력이 없다. 지주는 소작농에게 받은 수입으로 더 많은 땅을 매입한다.

이는 소득과 자산, 교육, 기회의 불평등한 분배를 영구화하는 피드백을 보여주는 일부 사례에 불과하다. 가난한 사람은 (식량이나 연료, 종자, 비료 등을) 적은 분량으로 구매할 수밖에 없으므로 아주 비싼 값을 치른다. 또 가난한 사람은 대부분 조직이 없어 의견을 제대로 세우지 못하기 때문에 이들에게 돌아가는 정부 지출금도 불균형적으로 적다. 가난한 사람에게는 새로운 발상과 기술의 혜택이 맨 마지막에 차례가 돌아오지만, 질병과 오염의 피해는 이들에게 가장 먼저 찾아온다. 이들에게는 위험한 저임금 일자리 외에 다른 선택지가 없으며, 그 자녀들은 예방 접종도 받지 못한 채 범죄와 재난에 노출된 혼잡한 지역에서 살아간다.

성공한 사람에게 몰아주는 덫에서 어떻게 빠져나올 수 있을까?

종이나 기업은 다양화를 통해 경쟁 배타의 덫에서 탈출하기도 한다. 어떤 종이 새로운 자원을 이용하도록 학습하거나 진화할 수도 있고, 어떤 기업이 기존 회사들과 직접 경쟁하지 않을 새로운 상품이나 서비스를 개발할 수도 있다. 하지만 시장은 독점을 향해 움직이고, 생태적 지위는 단조로움을 향해 움직이는 경향이 있다. 다양한 파생물 즉, 새로운 시장이나 새로운 종이 창출되기도 하지만, 새롭게 창출된 시장이나 종도 시간이 흐르며 경쟁자들을 끌어 모으고, 그 경쟁자들이 다시 시스템을 경쟁 배타의 덫으로 끌고 가기 시작한다.

다양화는 경쟁 배타의 덫을 탈출하는 확실한 방법이 아니다. 특히 독점적인 (종이나) 기업이 모든 파생물을 짓밟거나 전부 사들이거나 생존에 필요한 자원을 모두 빼앗을 만큼 강력한 힘을 지닐 때는 다양화가 덫에서 탈출하는 방법이 되지 못한다. 다양화는 가난한 사람들이 효과적으로 사용할 수 있는 전략이 아니다.

성공한 사람에게 몰아주는 루프를 통제하는 방법은 그 어떤 경쟁자도 전체를 인수하지 못하게 막는 피드백 루프를 작동시키는 것이다. 반독점법의 이론적이고 때로는 현실적인 역할이 바로 이것이다(거대 기업이 승리해 획득하는 자원 중 하나가 이 반독점법의 행정력을 약화시키는 힘이다).

성공한 사람에게 몰아주는 시스템에서 빠져나오는 가장 확실한 방법은 주기적으로 '운동장을 평평하게 고르는 것'이다. 전통적인 사회나 게임 설계자들은 기울어진 운동장을 바로잡는 장치를 본능적으로 시스템 안에 설치한다. 그래야 공정하고 흥미로운 경쟁이 되기 때문이다. 모노폴리 보드게임은 언제나 모두 평등한 상태에서 게임을 시작한다. 지난번에 패배한 사람도 승리할 기회를 얻는 것이다. 스포츠에서도 약한 선수에게 핸디캡을 적용하는 경우가 많다. 아메리카 인디언의 '포틀래치'는 가장 많이 소유한 사람들이 가장 적게 소유한 사람들에게 여러 가지 재산을 나눠주는 의례인데, 이와 비슷한 의례를 지키는 전통 사회가 많다.

부자에게는 가난한 사람보다 더 높은 세율을 적용하도록 (더없이 훌륭하게) 규정한 세법이나 자선 단체, 공공복지, 노동조합, 보편적이고 평등한 의료 서비스와 교육, (새로운 세대끼리 다시 게임을 시작하도록 하는) 상속세 등 부자는 더 부유해지고 가난한 사람은 더 궁핍해지는 루프를 깨기 위한 장치는 다양하다. 대부분 산업 사회는 이런 장치 중 몇 가지를 적용해 성공한 사람에게 몰아주는 덫의 작동을 통제하며 모두를 게임에 참여시킨다. 선물을 나눠주는 문화권은 포틀래치 등 각종 의례를 통해 부를 재분배하며 선물을 주는 사람의 사회적 지위를 높인다.

이런 균등화 장치는 단순한 도덕심에서 나올 수도 있고, 성공한 사람에게 몰아주는 게임에서 벗어날 수 없고 승리할 희망도 없다면 패배자들이 절망에 빠져 운동장을 파괴할지 모른다는 현실적인 우려에서 나올 수도 있다.

덫: 성공한 사람에게 몰아주기

만일 경쟁에서 승리한 사람이 다시 승리할 수단을 체계적으로 보상받고, 그에 따라 생성된 강화 피드백 루프가 아무런 제약 없이 작동한다면, 결국 승자가 모든 것을 차지하고 패자는 도태된다.

탈출법

경쟁에서 패배한 사람들이 그 게임에서 벗어나 다른 게임을 시작할 수 있도록 하는 다양화. (반독점법처럼) 승자가 차지할 몫에 대한 엄격한 제한. 아주 강한 경쟁자의 이점을 일부 제거하거나 아주 약한 경쟁자의 이점을 증가시키며 운동장을 평평하게 만드는 정책. 성공한 사람이 다음 경쟁에서 편파적으로 유리한 위치에 서지 않도록 보상하는 정책.

중독의 메커니즘

알다시피 우리는 믿을 수 없을 만큼 급격히 떨어지는 소용돌이에 빠져 있다. 민간 부문에 전가되는 비용이 계속 늘어나며 민간에서 고용인의 보험 가입을 중단하는 사례가 늘고 있기 때문이다…현재 매월 의료보험 자격을 상실하는 미국인이 10만 명에 달한다.

이들 중 주 정부의 저소득층 의료 지원 혜택을 받을 자격을 갖춘 사람이 엄청나게 많다. 그래서 적자를 낼 수 없는 주 정부들은 사력을 다해 교육 재원을 줄이거나 아동 투자 사업 재원을 줄이거나 세금을 인상하는 등 다른 곳에 투자할 돈을 빼앗는다.

_ 빌 클린턴 (1992년 〈인터내셔널 헤럴드 트리뷴〉[11])

소말리족을 화나게 하려면 까트를 뺏으라는 말이 있다… 까트는 카타 에둘리스catha edulis라는 식물에서 갓 딴 연한 잎과 잔가지로… 약리학적 으로 암페타민과 관련되어 있다…

22세의 압두카드르 마흐무드 파라는 15세 때부터 까트를 씹었다며 이 렇게 이야기한다…" 이곳을 생각하지 않으려고 씹는 것이 아니다. 씹으 면 행복해진다. 뭐든 할 수 있고, 지치지도 않는다."

_ 키스 B. 리치버그Keith B. Richburg (1992년 〈인터내셔널 헤럴드 트리뷴〉[12])

알코올과 니코틴, 카페인, 설탕, 헤로인에 중독성이 있다는 사실을 대 부분이 알고 있다. 하지만 중독이 더 큰 시스템에서 모습을 바꿔 나타 날 수 있다는 사실은 모르는 사람들이 있다. 기업의 정부 보조금 의존, 농부의 비료 의존, 서구 경제의 값싼 석유 탐닉, 무기 제조업체의 정부 계약 탐닉 등이 모두 변장하고 나타난 중독이다.

중독, 의존성, 개입자에게 부담 떠넘기기 등 여러 가지로 불리는 이 덫은 하나의 저량에 유입 유량과 유출 유량이 있는 구조다. 저량은 (옥수수 작물처럼) 물리적일 수도 있고 (행복감이나 자존감처럼) 형이상학적일 수도 있으며, 유입 유량이나 유출 유량을 변경하며 균형 피드백 루프를 조절하는 행위자가 저량을 관리한다. 이 행위자에게는 목표가 있다. 저량의 실제 상태에 대한 인식과 그 목표를 비교해 어떤 조치를 취할지 결정하는 것이다.

여러분이 굶주림과 전쟁에 시달리는 나라에 사는 청소년이고, 즐겁고 원기왕성하고 용감한 느낌이 들도록 행복감을 끌어올리는 것이 목표라고 가정하자. 여러분이 원하는 상태와 실제 상태 사이에는 엄청난 차이가 있고, 그 틈을 메우기 위해 사용할 수 있는 선택지는 거의 없다. 하지만 한 가지 선택지가 있다. 약물이다. 약물은 여러분의 상황을 개선할 수 없으며, 심지어 상황을 더 악화시킬 뿐이다. 하지만 약물은 여러분의 상태에 대한 인식을 순식간에 바꾼다. 감각을 마비시키고 지치지 않게 하고 용감한 기분이 들게 만든다.

여러분이 비효율적인 기업을 운영한다고 가정해도 마찬가지다. 정부에서 보조금을 받아낼 수 있다면 여러분은 계속해서 돈을 벌고 큰 수익을 남기며 존경받는 사회 구성원으로 남을 수 있다. 또 여러분이 지력이 다한 땅에서 옥수수를 키우는 농부라고 가정하자. 지력을 향상하는 별다른 조치 없이 비료만 뿌리면 옥수수 수확량이 크게 늘어난다.

문제는 개입으로 만들어진 상태가 지속되지 않는다는 것이다. 약물 중독 효과는 사라지고, 보조금은 줄어들고, 비료는 효력이 떨어지거나 물에 씻겨 나가기 때문이다.

부담을 떠넘기며 의존하는 시스템 사례는 많다.

- ◆ 예전에는 가족들이 노인을 보살폈지만, 쉬운 일은 아니었다. 그래서 사회보장제도나 실버타운, 요양원이 생겼다. 이제는 노인들을 보살필 공간이나 시간, 기술, 의지가 없는 가정이 대부분이다.
- ◆ 정부가 고속도로를 건설하며 나서기 전까지는 기차가 원거리 운송을 담당하고, 지하철과 전차가 단거리 통근을 책임졌다.
- ◆ 계산기가 널리 보급되기 전까지는 아이들이 종이와 연필로 계산하거나 머릿속으로 암산했다.
- ◆ 백신과 치료제가 나오기 전까지는 부분적이나마 천연두나 결핵, 말라리아 같은 질병에 대한 면역력이 증가했다.
- ◆ 현대 의학은 일반적으로 건강의 책임을 개인의 생활방식과 습관에서 의사와 약품의 개입으로 전가했다.

개입자에게 부담을 떠넘기는 방법이 좋을 수도 있다. 의도적으로 개입자에게 부담을 떠넘기는 경우가 많고, 그 결과 시스템을 바람직한 상태로 유지하는 능력이 향상되기도 한다. 효과만 지속된다면 천연두를 100% 예방하는 백신이 부분적으로만 예방하는 자연 면역력보다 좋은 선택이다. 이렇게 개입자가 반드시 필요한 시스템들이 있는 법이다.

하지만 반대로 개입은 시스템 덫이 될 수 있다. 시스템의 교정 피드백 과정이 시스템 저량을 기본적으로도 관리하지 못하거나 형편없이 관리하면, 효율적인 선의의 개입자가 시스템의 힘든 과정을 지켜보다 짐을 덜어주려고 개입한다. 그리고 재빨리 시스템을 모두가 원하는 상태로 만든다. 마땅히 축하할 일이고, 대체로 개입자도 스스로 만족한다.

그때 최초의 문제가 다시 나타난다. 근본 원인을 해결하지 않았기 때문이다. 그래서 개입자가 더 많은 '해결책'을 동원하지만, 시스템의 실제 상태가 다시 변장할 뿐 문제는 해결되지 못한다. 결국 훨씬 더 많은 '해결책'을 동원할 수밖에 없다.

적극적으로 파괴하건 그저 무시하건 개입으로 본래 시스템의 자기 유지 능력이 약화되면 덫에 빠진다. 시스템의 자기 유지 능력이 위축되면 원하는 효과를 얻기 위해 더 많은 개입이 필요하고, 그로 인해 시스템의 자기 유지 능력이 훨씬 더 약화된다. 그러면 개입자가 다시 더 고삐를 죄고, 계속 이렇게 이어진다.

이 덫에 빠지는 이유가 뭘까? 첫째, 개입자는 조금 거들어주려던 최초의 충동이 점점 더 의존성이 커지는 일련의 사건을 촉발하고 결국 그 사건들이 개입자의 능력에 심각한 부담을 줄 수 있다는 것을 예측하지 못하기 때문이다. 현재 미국의 의료 서비스 시스템이 이처럼 일련의 사건들이 주는 부담에 시달리고 있다.

둘째, 도움을 받는 개인이나 공동체가 유능하고 강력한 개입자에게 부담을 떠넘김으로써 장기적으로는 통제력을 상실하고 취약함이 올라간다는 사실을 충분히 예측하지 못하기 때문이다.

만일 개입자가 약물이라면 여러분은 중독자가 된다. 중독이 습관화될수록 다시 빠져들 가능성이 커진다. '익명의 알코올 중독자들ᴀᴀ'이라는 단체는 뭔가 다른 결과를 기대하며 어리석은 행동을 반복하는 것이 중독이라고 정의한다.

중독은 문제의 증상에 대해 임시 해결책을 찾는 것이다. 결국 실제문제를 해결하기가 더 어렵고 장기적인 과제를 풀지 못할 뿐더러 방해만 받는다. 중독성 정책이 위험한 이유는 속기 쉽고 홀리기 쉽기 때문이다.

해충이 작물을 위협한다고 가정하자. 영농법, 단일 경작, 자연 생태계 파괴 등 해충의 발생 배경을 검토하는 대신 살충제만 뿌리면 어떻게 될까? 해충은 사라지겠지만 단일 경작이 늘어나고 생태계는 더 파괴될 것이다. 그리고 곧 더 큰 규모로 해충이 발생해 더 많은 살충제를 뿌려야 한다. 원유 가격이 계속 오르는 중이다. 회복 불가능한 자원은 필연적으로 고갈될 수밖에 없다. 따라서 이를 인정하고 연료 효율을 높이거나 대체 연료를 찾는 대신 가격을 조절하면 어떻게 될까 (1970년대 석유파동이 발생하자 소련과 미국이 첫 번째로 취한 조치가 가격 조절이었다). 아무 일도 없다는 듯 계속해서 석유를 태우며 고갈 문제는 더 심각해질 것이다. 가격 조절 정책이 실패하면 석유 전쟁을 벌이거나 더 많은 석유를 찾아 나설지도 모른다. 술 취한 사람이 술 한 병이라도 더 찾아내려고 온 집안을 뒤지듯, 커다란 유전을 하나 더 찾기 위해 해변을 오염시키고 마지막 남은 자연보호지역까지 쳐들어갈지도 모른다.

중독을 끊는 것은 고통스럽다. 헤로인 금단 증상으로 육체적 고통을 겪거나 유가 상승에 따른 소비 감축으로 경제적 고통이 따르거나 천적의 개체수가 회복되는 동안 해충의 공격에 시달릴 수도 있다. 금단은 시스템의 실제 (대체로 매우 악화한) 상태를 똑바로 바라보고 중독 상태에 빠져 미루고 있던 조치를 취하는 것이다. 금단 과정을 서서히 밟아갈 수도 있다(중독자가 자존감을 회복하도록 단체에서 지원하거나, 석유 소비를 줄이기 위해 주택 단열을 보강하거나 연비 좋은 자동차를 공급하거나, 작물이 해충에 대한 저항성을 키우도록 여러 가지 작물을 키우고 윤작ᴗ하는 등). 비중독성 정책을 먼저 시행해 무너진 시스템을 살리고 혼란을 최소화할 수도 있다.

금단 과정을 통해 중독되지 않은 상태로 돌아가는 일도 충분히 가치 있지만, 훨씬 더 좋은 것은 처음부터 중독에 빠지지 않는 것이다.

시스템이 스스로 부담을 짊어지는 방식을 강화하면 문제를 예방할 수 있다. 진보 정치인들은 납득하기 어렵겠지만, 시스템이 스스로 돕도록 하는 이 선택지가 시스템을 인수해 운영하는 방법보다 훨씬 더 싸고 쉬울 것이다. 비결은 영웅적 인수가 아니라 먼저 다음과 같은 질문들을 던지는 것이다.

• 　같은 땅에 여러 가지 농작물을 해마다 바꾸어 심는 것-옮긴이

- 자연적인 교정 메커니즘이 실패하는 이유가 무엇인가?
- 자연적인 교정 메커니즘의 성공을 막는 장애물을 어떻게 제거할 수 있을까?
- 자연적인 교정 메커니즘이 성공하도록 더 효율적으로 개선할 방법이 무엇인가?

덫: 개입자에게 부담 떠넘기기

부담 떠넘기기나 의존성, 중독은 시스템 문제에 대한 해결책이 증상을 (변장시키거나) 완화할 뿐 근본적인 문제를 전혀 해결하지 못할 때 발생한다. 인식을 무디게 하는 물질이건 근본적인 문제를 숨기는 정책이건 중독은 실제 문제를 해결할 조치를 취하지 못하도록 방해한다.

문제를 해결하려는 개입이 본래 시스템의 자기 유지 능력을 위축시키거나 약화시키면 파괴적인 강화 피드백 루프가 작동한다. 시스템은 악화하고, 점점 더 많은 해결책이 필요해진다. 시스템은 점점 더 개입에 의존하며 스스로 바람직한 상태를 유지하는 능력을 점점 더 잃게 될 것이다.

탈출법

다시 말하지만, 가장 좋은 탈출법은 덫에 빠지지 않는 것이다. 실제 문제를 해결하지 못하고 증상만 완화하거나 신호를 무시하는 정책이나 관행을 경계하라. 일시적인 증상 완화에 몰두하지 말고 장기적인 구조 재편에 집중하라.

만일 당신이 개입자라면 스스로 문제를 해결하는 시스템의 능력을 복구하거나 강화한 후 물러나라.

만일 당신이 견딜 수 없을 만큼 의존 상태에 빠져 있다면 우선 당신 시스템 자체의 능력을 재구축한 뒤 개입자를 제거하라. 지금 당장 시작하라. 미루면 미룰수록 금단 과정을 더 힘들게 겪을 것이다.

규칙 회피 Rule Beating

> 캘빈: 홉스, 계획이 있어.
> 홉스: 뭔데?
> 캘빈: 내가 지금부터 크리스마스 때까지 매일 자발적으로 착한 일을 10번씩 하면, 산타클로스도 올해 12달 중 나머지 기간을 너그럽게 봐줄 수밖에 없을 거야. 내가 새사람이 되었다고 주장할 수 있겠지.
> 홉스: 음, 네가 착한 일 할 기회가 있어. 수지가 이리 오고 있거든.
> 캘빈: 내일부터 하루에 20번씩 해야 할 것 같다.
> ＿ 1992년 〈인터내셔널 헤럴드 트리뷴〉[13]

규칙이 있는 곳이면 어디든 '규칙 회피'가 있기 마련이다. 규칙 회피는 시스템 규칙의 의도를 빠져나가는 회피 행동이다. 법의 형식은 따르는 듯하지만 법의 정신은 따르지 않는 것이다. 규칙 회피는 시스템을 왜곡시키고 부자연스러운 행동으로 이끌 때 비로소 문제가 된다. 그 규칙 때문에 오히려 시스템이 터무니없는 행동을 하는 것이다. 규칙 회피를 통제하지 못하면 시스템이 대단히 해로운 행동을 할 수 있다.

자연과 경제, 조직, 인간 정신을 왜곡하는 규칙 회피는 파괴적이다. 정도의 차이는 있지만 몇 가지 심각한 규칙 회피 사례들을 살펴보자.

◆ 정부, 대학, 기업의 부서들이 회계연도 말에 무의미한 지출을 하며 돈을 쓰는 일이 많다. 그해 예산을 소진하지 못하면 다음 해에 예산이 삭감되기 때문이다.

◆ 1970년대 버몬트주가 '법률 250'이라는 토지이용에 관한 법률을 채택해 면적 10에이커(40,468m²) 이하의 토지 구획에 대한 승인 절차를 복잡하게 만들었다. 현재 버몬트주에는 면적이 10에이커를 살짝 넘는 토지가 엄청나게 많다.

◆ 유럽의 여러 나라가 1960년대 지역 곡물 농가를 돕기 위해 사료용 곡물 수입을 규제했다. 규제 초안을 마련하는 동안 탄수화물이 풍부한 뿌리 작물 카사바가 훌륭한 동물 사료로 쓰일 수 있다는 사실을 파악하지 못했다. 결국 카사바는 수입 규제 곡물에서 제외되고, 북아메리카에서 수입하던 옥수수가 아시아에서 수입하는 카사바로 대치되었다.[14]

◆ 미국의 멸종위기종 보호법은 멸종위기종의 서식지가 있는 곳이면 토지 개발을 제한한다. 그래서 일부 토지 소유주는 토지 개발을 위해 자기 땅에 서식하는 멸종위기종을 발견하면 독약을 뿌린다.

여기서 주목할 점은 규칙 회피가 겉으로는 규칙을 준수하는 모습을 보인다는 것이다. 운전자들은 근처에 경찰차가 보이면 제한 속도를 지킨다. 사료용 곡물은 유럽에 수입되지 않고, 멸종위기종이 서식하는 것으로 확인되면 개발 사업도 진행되지 않는다. 하지만 '법의 형식'만 준수하고 법의 정신은 따르지 않는 것이다. 법을 설계할 때 자기 조직적self-organizing인 회피 가능성까지 포함해 시스템 전체를 염두에 두어야 하는 이유가 바로 이 때문이다.

대체로 상위계층에서 정한 규칙이 지나치게 엄격하거나 유해하거나 비현실적이거나 불분명할 때 하위계층에서 나타나는 반응이 규칙 회피다. 일반적으로 규칙 회피에 대응하는 두 가지 방법 중 하나는 규칙을 강화하거나 더 엄격하게 집행해 자기 조직적인 반응을 근절하는 것이다. 하지만 이 방법은 시스템의 더 큰 왜곡을 초래한다. 덫에 더 깊숙이 걸려드는 것이다.

덫에서 탈출하는 방법 즉, 기회는 규칙 회피를 유용한 피드백으로 이해하고 규칙을 수정하거나 개선하거나 폐지하거나 더 잘 설명하는 것이다. 규칙을 더 잘 설계한다는 것은 규칙이 하위 시스템들에 미칠 영향을 가능한 멀리까지 예측하는 것이다. 혹시 하위 시스템에서 나타날지 모르는 규칙 회피까지 예측하고, 시스템의 자기 조직적인 능력을 긍정적인 방향으로 돌리도록 규칙을 세워야 한다.

시스템을 통제하는 규칙이 규칙 회피 즉, 규칙을 준수하거나 목표를 달성하는 것처럼 보이지만 실제로는 시스템을 왜곡시키는 회피 행동을 초래할 수 있다.

규칙을 회피하는 쪽이 아니라 규칙의 목적을 달성하는 쪽으로 창의력을 발휘하도록 규칙을 설계하거나 재설계하라.

잘못된 목표 추구

금요일 일본 정부는 민간 경제학자들이 수개월 전부터 주장하던 내용을 공식적으로 인정했다. 정부 관계자들이 1년 전에 세운 3.5% 성장 목표에 접근하지 못할 것이라고 인정한 것이다…
GNP는 1991년 3.5%, 1990년 5.5% 성장했다. 이번 회계연도가 시작된 이래… 경제가 침체하거나 위축되고 있다…
이제 전망이… 대폭 하향 조정되었으니 재무성에 경기 부양 대책을 마련하라는 정계와 재계의 압력이 커질 것이다.

_ 〈인터내셔널 헤럴드 트리뷴〉[15]

1장에서도 설명했지만, 시스템 움직임에 가장 강력하게 영향을 미치는 것 중 하나가 시스템의 목적이나 목표다. 목표가 시스템의 방향을 결정하고, 조치가 필요한 차이를 규정하고, 균형 피드백 루프의 순응도나 성패를 보여주는 지표가 되기 때문이다. 목표가 제대로 규정되지 않고, 목표가 마땅히 측정해야 할 것을 측정하지 않고, 목표가 시스템의 진정한 복지를 반영하지 않으면, 시스템이 바람직한 결과를 내지 못한다. 이솝우화의 〈세 가지 소원〉처럼 시스템은 끔찍하게도 정확히 요구하는 것만 주는 경향이 있다. 그래서 시스템에 뭔가 요구할 때는 주의해야 한다.

원하는 시스템 상태가 국가 안보이고 국가 안보를 군비 지출 규모로 규정한다면 시스템이 군비를 지출할 것이다. 이때 국가 안보는 확보될 수도, 확보되지 않을 수도 있다. 사실, 다른 경제 분야의 투자금을 빼서 군비로 지출하거나 터무니없이 비싸거나 불필요하고 비현실적인 무기를 구입하면 오히려 국가 안보가 훼손될 수 있다.

원하는 시스템 상태가 좋은 교육일 경우, 학생 1인당 교육비 지출 규모로 목표를 측정하면 1인당 교육비를 확보할 수 있을 것이다. 교육의 질을 규격화된 시험 성과로 측정하면 시스템이 규격화된 시험에 성과를 낼 것이다. 이 두 가지 측정법 중 어느 것이 좋은 교육과 연관이 있을지 생각해 볼 가치가 있다.

인도는 초창기 가족 계획을 수립할 때 자궁내피임기구인 루프 시술 숫자와 가족 계획 목표를 결부시켰다. 그러자 목표 달성에 발 벗고 나선 의사들은 환자의 동의도 받지 않고 루프를 시술했다.

이 모든 사례가 노력과 결과를 혼동한 것이며, 잘못된 목표 중심으로 시스템을 설계할 때 가장 흔하게 저지르는 실수 중 하나다. 그중에서 가장 끔찍한 실수는 GNP를 국가 경제 성공의 측정 수단으로 보는 것이다. 국민총생산 즉, 국민 경제가 생산한 최종 상품과 서비스의 화폐 가치를 의미하는 GNP를 인간 복지의 평가 기준으로 삼은 순간부터 비난이 일었다.

국민총생산은 아이들의 건강이나 교육의 질, 놀이의 즐거움을 고려하지 않는다. 시의 아름다움이나 결혼의 장점, 공론의 지성, 공무원의 진실성을 포함하지 않는다. 재치나 용기, 지혜나 학습, 동정심이나 조국에 대한 헌신도 측정하지 않고, 한마디로 삶을 가치 있게 만드는 것을 제외한 모든 것을 측정한다.[16]

국민 계정 체계는 국민 경제와 닮은 점이 하나도 없다. 우리 가정의 삶을 기록하지 않고 우리 소비의 온도를 기록하기 때문이다.[17]

GNP는 좋은 것과 나쁜 것을 똑같이 취급한다(자동차 사고가 증가해 의료비와 수리비가 증가하면 GNP도 증가한다). 판매된 상품과 서비스만 계산한다(만일 모든 부모가 자녀를 대신 돌볼 사람을 고용한다면 GNP도 증가할 것이다). 분배의 형평성은 반영하지 않는다(가난한 가정이 저렴한 기본 주택을 구입할 때보다 부유한 가정이 값비싼 별장을 구입할 때 GNP가 더 증가한다). 성취보다 노력을 측정하고, 효율보다 총생산과 소비를 측정한다. 전기 소비량은 8분의 1로 줄고 밝기는 같고 수명은 10배나 긴

전구를 개발하면 GNP가 감소한다.

GNP는 실제 부와 즐거움의 원천인 주택과 자동차, 컴퓨터, 오디오 등 자본 저량보다는 처리량 즉, 1년간 만들고 구입한 것의 유량을 측정하는 기준이다. 하지만 가장 좋은 사회는 가장 높은 처리량이 아니라 가능한 가장 낮은 처리량으로 자본 저량을 유지하고 사용하는 사회일 것이다.

경제 번영을 바라는 마음은 충분히 이해하지만 군이 GNP 증가를 바랄 이유는 없다. 하지만 전 세계 많은 정부는 GNP가 흔들리는 신호만 잡히면 GNP를 끌어올리기 위해 온갖 방법을 동원한다. 대부분 방법은 아무도 원하지 않는 대상물의 비효율적인 생산만 부추기는 낭비와 다름없다. 단기적인 경기 부양을 위해 삼림을 과도하게 벌채하는 것처럼 경제, 사회, 환경의 장기적인 이익을 위협하기도 한다.

만일 사회 목표를 GNP로 정하면, 그 사회는 GNP 산출에 온갖 힘을 기울일 것이다. 복지, 형평성, 정의, 효율의 상태를 목표로 규정하고 주기적으로 측정하고 보고하지 않는 한 그 사회는 복지나 형평성, 정의, 효율에 관심이 없을 것이다. 전 세계 국가들이 1인당 GNP 1위 국가가 되려고 경쟁하는 대신 최저 처리량으로 1인당 부의 저량을 최고로 끌어올리려고 노력하거나 가장 낮은 유아 사망률이나 가장 큰 정치적 자유, 가장 깨끗한 환경, 가장 작은 빈부 격차를 달성하기 위해 경쟁한다면 세상이 달라질 것이다.

시스템 행동은 특히 피드백 루프의 목표에 민감하게 반응한다. 목표 즉, 규칙 준수 지표를 부정확하거나 불완전하게 규정한다면, 시스템이 고분고분하게 규칙을 따르며 실제 의도하거나 원하지 않은 결과를 만들 것이다.

탈출법

시스템의 진정한 복지를 반영하는 지표와 목표를 명시하라. 특히 노력과 결과를 혼동하지 않도록 주의하라. 그렇지 않으면 결국 시스템이 노력만 하고 결과를 내지 못할 것이다.

잘못된 목표를 추구하고 엉뚱한 지표를 충족시키는 것은 규칙 회피와 거의 정반대되는 시스템 특징이다. 규칙 회피의 경우 시스템이 바라지 않거나 잘못 설계된 규칙을 회피하려고 애쓰면서도 규칙을 따르는 듯한 모습을 보인다. 잘못된 목표를 추구하는 경우에는 시스템이 고분고분하게 규칙을 따르며 특정한 결과를 낳지만, 그것은 누군가 바라던 결과는 아니다. 잘못된 목표는 '규칙을 준수하기 때문에' 어리석은 일이 발생하는 문제를 일으키고, 규칙 회피는 규칙을 회피하기 때문에 어리석은 일이 발생하는 문제를 일으킨다. 이 두 가지 시스템 왜곡은 동일한 규칙과 관련해 동시에 발생할 수 있다.

돛단배 설계의 목표

옛날에는 엄청난 상금을 받거나 국가의 영광을 위해서가 아니라 그저 재미로 돛단배 경주를 했다.

낚시나 화물 운송 또는 주말 항해 등 일상적인 목적으로 설계된 배를 타고 경주를 벌였다.

그러던 중 속도와 기동성이 거의 비슷한 배끼리 경쟁하면 더 흥미롭다는 사실을 깨달았다. 그래서 경기 규칙이 점차 발전했다. 배의 길이나 돛의 크기 등 여러 가지 변수에 따라 배를 다양한 등급으로 규정하고, 같은 등급의 배끼리 경쟁하도록 제한했다.

그리고 얼마 지나지 않아 일반적인 항해 목적이 아니라 규칙에 따라 규정된 범주에서 우승할 목적으로 돛단배들이 설계되기 시작했다. 돛의 단위 면적당 속도를 가능한 최대로 끌어 올리고, 크기가 정해진 키도 가능한 가장 가볍게 만들었다. 그 결과 보기도 이상하고 다루기도 이상한 배가 탄생했다. 주말 항해나 낚시용으로 타고 나가고 싶지 않은 배였다. 경주가 치열해질수록 규칙은 더 엄격해지고 돛단배는 더 기이한 모습으로 설계되었다.

현재 경주용 돛단배는 거의 항해에 적합하지 않을 만큼 엄청나게 빠르고, 반응성이 높다. 선수나 전문가만 다룰 수 있다. 국제 요트 경기에서 우승한 배를 규칙에 따른 경주 외에 다른 목적으로 이용할 엄두도 내지 못할 것이다. 게다가 현재 규칙에 맞춰 만들어진 배들은 복원력이 전혀 없다. 규칙이 조금만 바뀌어도 모두 쓸모없는 배가 될 것이다.

PART 3

THINKING

시스템의 원리를 이용한 혁신 창조

IN SYSTEMS

THINKING
IN
SYSTEMS

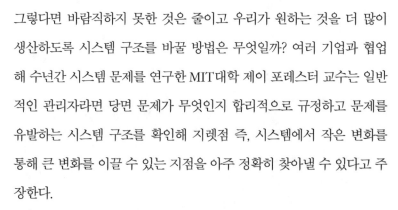

06
지렛점 – 시스템 개입 지점

⋮

> IBM은… 2만 5,000명의 인력을 추가 감축하고 연구비 지출을 대폭 삭감하기로 발표했다… 내년 연구개발비를 10억 달러 줄인다고 한다… 존 에이커스John K. Akers 회장은… IBM이 여전히 전 세계 산업의 연구를 이끄는 선두주자이지만 "성장 영역의 전환" 즉, 장기적인 이익이 줄더라도 자본이 덜 드는 서비스로 전환하는 편이 더 낫다는 판단이 들었다고 밝혔다.
>
> _ 로런스 멀킨 Lawrence Malkin (1992년 〈인터내셔널 헤럴드 트리뷴〉 [1])

그렇다면 바람직하지 못한 것은 줄이고 우리가 원하는 것을 더 많이 생산하도록 시스템 구조를 바꿀 방법은 무엇일까? 여러 기업과 협업해 수년간 시스템 문제를 연구한 MIT대학 제이 포레스터 교수는 일반적인 관리자라면 당면 문제가 무엇인지 합리적으로 규정하고 문제를 유발하는 시스템 구조를 확인해 지렛점 즉, 시스템에서 작은 변화를 통해 큰 변화를 이끌 수 있는 지점을 아주 정확히 찾아낼 수 있다고 주장한다.

지렛점은 시스템 분석에서 흔히 사용하는 개념이다. 악마를 쫓는 은

총알, 트림탭[*], 기적의 치료제, 비밀 통로, 마법의 암호, 역사의 흐름을 바꾼 영웅, 거대한 장애물을 거의 힘들이지 않고 통과하거나 뛰어넘는 방법 등이 모두 지렛점이다. 우리는 지렛점이 있다고 믿을 뿐 아니라 그 지점이 어디에 있는지 알아내 손에 넣길 원한다. 지렛점이 힘을 발휘하는 지점이기 때문이다.

하지만 포레스터 교수는 시스템에 깊이 관여한 사람들이 흔히 지렛점을 직관적으로 찾지만, 잘못된 방향으로 변화를 추구하는 경우가 많다고 지적한다.

이처럼 직관이 반대로 작용하는 모습을 보여주는 대표적 사례가 바로 내가 시스템 분석을 처음 배운 월드World 모델이다. 월드 모델은 포레스터 교수가 국제적인 기업가와 정치인, 과학자들의 연구 모임인 로마클럽의 의뢰를 받아 가난과 기아, 환경 파괴, 자원 고갈, 도시 퇴락, 실업 등 중대한 세계 문제들이 어떻게 서로 이어져 있고 해결책은 무엇인지 연구한 결과물이다. 포레스터 교수가 컴퓨터 모델을 통해 확실하게 제시한 지렛점은 성장이었다.[2] 인구 성장뿐 아니라 경제 성장이 지렛점이었다. 성장은 혜택과 대가가 따르지만, 일반적으로 우리는 가난과 기아, 환경 파괴 등으로 대표되는 성장의 대가를 생각하지 않고, 모든 문제를 성장으로 해결하려 한다. 정말 필요한 것은 훨씬 더 느린 성장, 전혀 다른 성장이며, 어떤 경우에는 제로 성장이나 마이너스 성

● trimtab, 프로펠러 뒤편에 붙어 프로펠러의 회전력을 조절하는 작은 조종면-옮긴이

장이 필요하다.

전 세계 지도자들은 거의 모든 문제에 대한 해법으로 경제 성장에 집착하지만, 잘못된 방향으로 온 힘을 쏟는 것이다.

1969년 포레스터 교수가 도시 다이내믹스를 연구한 결과를 발표하며 제시한 지렛점은 보조금을 받는 저소득층 주택이었다.[3] 저소득층 주택 공급을 줄일수록 도시가 더 나아지고, 그 도시에 사는 저소득층 주민들의 삶도 더 나아진다고 주장했다. 포레스터 교수가 이 모델을 발표한 시기는 대대적인 저소득층 주택 공급을 국책사업으로 추진할 때였고, 당연히 포레스터 교수는 세상의 조롱을 받았다. 하지만 그 이후 여러 도시에 공급된 저소득층 주택 중 상당수가 철거되었다.

반직관Counterintuitive. 포레스터 교수가 복잡 시스템을 설명한 말이 바로 반직관이다. 지렛점은 직관적이지 않은 경우가 많다. 직관적일 경우에도 거꾸로 사용해서 오히려 우리는 문제를 체계적으로 악화시킬 때가 너무 많다.

복잡하고 동태적인 시스템에서 지렛점을 쉽고 빠르게 찾는 공식은 없다. 그 지점을 찾아내려면 수개월이나 수년이 걸린다. 그리고 내가 쓰라리게 경험한 사실은 시스템의 지렛점을 찾아내도 믿어주는 사람이 거의 없다는 것이다. 그 지렛점이 워낙 반직관적이기 때문이다. 복잡 시스템을 이해할 뿐 아니라 세상이 더 잘 돌아가게 만들길 갈망하는 시스템 사고자들은 그 순간 대단히 큰 좌절감을 느낀다.

내가 세계 무역 체제의 영향을 논의하는 모임에서 시스템에 개입할 지점들의 목록을 제시한 날도 바로 그처럼 좌절한 순간이었다. 내가 여러분에게 그 목록을 설명하는 이유는 발전할 여지를 마련하고 싶다는 지극히 겸손한 바람 때문이다. 그날 내 머릿속에 떠오른 목록은 수많은 학자가 아주 다양한 시스템을 수십 년간 엄격하게 분석한 결과를 추출한 것이다. 하지만 복잡 시스템은 복잡하며 이를 일반화하는 일은 위험하다. 이제부터 여러분에게 설명할 내용도 여전히 연구가 진행 중이다. 지렛점을 찾기 위한 비법을 설명하는 것이 아니라 그보다는 차라리 시스템 변화를 더 폭넓게 고민하라는 권고에 가깝다.

시스템이 복잡해지면 시스템은 놀라운 움직임을 보인다. 여러분이 당좌 예금 계좌를 운영한다고 생각해보자. 수표를 발행하고 돈을 예치한다. (예금 잔액이 아주 크면) 약간의 이자가 계속 들어오고, 계좌에 돈이 없어도 은행 수수료가 빠져나가 부채가 쌓인다. 이제 당신의 당좌 예금 계좌가 다른 천 개의 계좌와 묶이고, 그렇게 묶여 변동하는 예금 잔고에 따라 은행이 대출을 실행하고, 그 천 개의 은행이 연방준비제도에 연결된다고 생각해보자. 그러면 간단한 저량과 유량들이 서로 연결되어 쉽게 파악할 수 없을 만큼 복합적이고 동태적으로 복잡한 시스템을 만들어낸다는 것을 알 수 있다.

지렛점이 흔히 직관적이지 않은 이유가 바로 이 때문이다. 시스템 이론은 충분히 설명한 듯하니 이제 지렛점 목록으로 넘어가자.

12. 숫자 - 보조금과 세금, 기준 등의 변수와 상수

1장에서 설명한 욕조의 기본적인 저량과 유량을 생각해보자. 유량의 크기는 숫자의 문제이며 그 숫자가 얼마나 빨리 변할 수 있느냐가 관건이다. 수도꼭지가 뻑뻑하면 열거나 잠글 때 시간이 좀 걸릴 것이다. 배수구가 막히면 아무리 활짝 열어도 물은 아주 조금씩만 흘러나갈 것이다. 수도꼭지가 소방호스처럼 물을 세차게 쏟아낼 수도 있다. 이런 변수 중에는 물리적으로 고정되어 변하지 않는 변수도 있지만, 변할 수 있어서 흔히 개입 지점으로 사용되는 변수가 많다.

국가 부채를 생각해보자. 국가 부채는 이상한 저량처럼 보일 것이다. 돈을 집어삼키는 구덩이이기 때문이다. 그 구덩이가 깊어지는 비율을 가리키는 말이 연간 적자다. 세수는 구덩이를 좁히고 정부 지출은 구덩이를 넓힌다. 의회와 대통령은 지출로 그 구덩이의 크기나 깊이를 확대하거나 과세로 축소하는 수많은 변수를 논의하며 대부분 시간을 보낸다. 이런 유량들은 유권자인 우리와 연결되기 때문에 정치적인 변수다. 하지만 아무리 격론을 벌이고 어느 당이 집권하건 상관없이 그 돈 구덩이는 매년 비율만 다를 뿐 수년째 계속해서 깊어지고 있다.

정부는 우리가 호흡하는 더러운 공기를 다시 정화하려고 대기질표준이라는 변수를 설정한다. 숲의 저량을 고정적으로 확보하려고 (혹은 벌목 회사의 자금 유량을 확보하려고) 연간 벌목 허용량을 설정한다. 기업은 최종 결과인 수익이라는 욕조의 수위를 지켜보며 임금률이나 상품 가격 등의 변수를 조정한다.

우리가 매년 보존지로 지정하는 땅의 면적. 최저임금. AIDS 연구나 스텔스 폭격기 개발에 지출하는 비용. 은행이 여러분 계좌에서 빼가는 서비스 수수료. 이 모든 것이 변수이며 수도꼭지 조절이다. 정치인을 비롯해 새로운 사람을 뽑고 해고하는 일도 마찬가지다. 수도꼭지를 다른 사람 손에 맡기면 수도꼭지가 돌아가는 속도가 바뀔 수 있다. 하지만 그 수도꼭지가 전과 다름없는 시스템과 연결되어 전과 다름없는 정보와 목표, 규칙에 따라 돌아간다면 시스템 움직임도 크게 달라지지 않을 것이다. 빌 클린턴을 대통령으로 뽑는 것과 조지 부시를 대통령으로 뽑는 것은 전혀 다르지만, 모든 대통령이 똑같은 정치 시스템에 연결된 점을 고려하면 크게 달라질 것이 없다(조급한 마음에 미리 이야기하면, 이 시스템에서 돈이 흐르는 방법을 바꾸면 훨씬 더 큰 차이를 만들어 낼 것이다).

숫자 즉, 유량의 크기는 내가 강력한 개입으로 제시하는 12가지 목록에서 최하위에 위치한다. 타이타닉호에서 갑판 의자를 정리하는 것처럼 세부적인 사항과 관련되기 때문이다. 우리는 변수에 90%, 아니 95%나 99%의 관심을 쏟지만 변수에는 지렛대가 많지 않다.

변수가 중요하지 않아서가 아니다. 변수는 특히 단기적일 때 그리고 유량의 변화를 직접 체감하는 사람에게는 아주 중요하다. 사람들이 세금과 최저임금 같은 변수에 촉각을 곤두세우며 격렬하게 투쟁하는 이유가 바로 이 때문이다. 하지만 이런 변수를 바꾼다고 국가 경제 시스템의 움직임이 바뀌는 일은 거의 일어나지 않는다. 변수를 바꾼다고 만성적인 침체에 빠진 시스템이 다시 일어서는 일은 드물다. 변수를 바꾸는 것으로는 지극히 가변적인 시스템을 안정시킬 수도 없고, 시스템이 통제에서 벗어나는 속도를 늦출 수도 없다.

예를 들어 선거 후원금 액수를 제한해도 부패한 정치가 깨끗해지는 것은 아니다. 연방준비제도가 이자율을 아무리 만지작거려도 경기 변동은 사라지지 않았다(우리는 경기 상승 기간에는 이런 사실을 잊고 지내다 경기가 하락기로 접어들면 늘 충격을 받는다). 수십 년간 전 세계가 아주 엄격한 대기오염기준을 적용한 결과 LA의 공기는 전보다 덜 탁하지만 여전히 깨끗하지 않다. 경찰에 투입하는 예산을 늘려도 범죄는 사라지지 않는다.

변수가 지렛점이 되는 사례들을 설명하기 전에 한 가지 중요하게 짚고 넘어갈 내용이 있다. 변수는 12가지 목록의 상위에 속한 개입 중 하나를 촉발할 범위 안에 들어갈 때 지렛점이 된다는 점이다. 예를 들어, 이자율이나 출생률이 강화 피드백 루프의 증가력을 통제하는 경우다. 시스템 목표도 커다란 차이를 만들어내는 변수다.

하지만 숫자가 이처럼 중요하게 작용하는 경우는 생각보다 드물다. 대부분 시스템은 중요한 변수의 범위를 벗어나도록 설계되거나 진화했기 때문이다. 그래서 대체로 숫자에 힘들게 매달릴 필요가 없다.

인터넷에 올라온 내 친구의 경험담도 바로 이 점을 시사한다.

나는 건물주가 되자 월세를 얼마나 받아야 '공정'할지 아주 오랫동안 고민했다.

세입자들의 상대적 소득과 나의 소득, 건물 유지비와 자본 비용으로 필요한 현금 흐름, 순지분 대 대출 상환 이자 비율, 건물에 들이는 내 노동력의 가치 등 모든 변수를 고려하려고 노력했다.

하지만 아무 소용이 없었다. 결국 돈에 관해 잘 아는 사람을 찾아가 조언을 구했다. 그가 이렇게 충고했다. "당신은 공정한 월세를 정하는 미세한 선이 있어서 그 선을 넘으면 세입자가 망하고 그 선에 미치지 못하면 당신이 망할 것처럼 행동하고 있어요. 사실 당신과 세입자가 좋은 거래, 최소한 공정한 거래를 할 수 있는 범위는 애매하고 아주 넓어요. 그러니 고민하지 말고 당신 삶을 찾아요."[4]

11. 완충제Buffers – 유량에 비해 안정적인 저량의 크기

물이 천천히 들어오고 흘러나가는 거대한 욕조와 물이 아주 빠르게 들어오고 흘러나가는 작은 욕조를 생각해보자. 호수와 강으로 비교하면 될 것 같다. 호수가 범람하는 경우보다 강이 범람해 재앙이 발생한 경우가 훨씬 더 많을 것이다. 유량에 비해 큰 저량이 유량에 비해 작은 저량보다 더 안정적이기 때문이다. 화학 등의 학문 분야에서 크고 안정적인 저량을 일컫는 말이 '완충제'다.

우리가 많건 적건 주머니에 들어오는 돈에 맞춰 살지 않고 은행에 돈을 예금하는 이유가 완충제의 안정력 때문이다. 상점에서 고객이 진열된 상품을 들고 나갈 때마다 새로운 상품을 주문하지 않고 재고를 보유하는 이유나 멸종위기종의 개체수를 번식에 필요한 최소한도 이상으로 유지해야 하는 이유도 모두 완충제의 안정력 때문이다. 미국 동부의 토양이 서부의 토양보다 산성비에 더 민감한데, 그 이유는 동부의 토양에 산성을 중화할 칼슘 완충제가 서부보다 적기 때문이다.

그래서 완충제의 용량을 늘리면 시스템이 안정되는 경우가 많다.[5] 하지만 완충제의 용량이 너무 크면 시스템이 경직된다. 반응속도가 너무 느려지는 것이다. 또한 저수지나 기업 재고 등 규모가 큰 완충제는 마련하거나 유지하는 데 돈이 많이 든다. 기업이 재고 적기 공급 방식을 개발한 이유도 가끔 발생하는 변수나 혼란에 취약한 재고 상태를 감수하는 비용이 일정한 재고를 확실하게 보유하는 비용보다 (어쨌든) 싸고, 처리하기 쉽게 적은 재고를 유지하면 수요 변화에 더 유연하게 대응할 수 있기 때문이다.

완충제 크기 변화 속에 지렛대가 있고, 그 지렛대가 마법 같은 효과를 발휘할 때도 있다. 하지만 완충제는 대체로 물리적 실체라서 변화시키기가 쉽지 않다. 미국 동부 토양의 산성 흡수 능력은 산성비 피해를 완화할 지렛점이 아니다. 댐의 저수 용량은 글자 그대로 확정적이다. 따라서 완충제도 지렛점 목록에서 상위에 들지 못한다.

10. 저량-유량 구조 - 물리적 시스템과 교차점

배관 구조 즉, 저량과 유량의 물리적 배치는 시스템 작동에 대단히 큰
영향을 미칠 수 있다. 헝가리는 국토의 한쪽에서 다른 쪽으로 이동하
는 차량이 모두 국토 중심지 부다페스트를 통과하도록 도로 시스템을
설계했는데, 이런 도로 배치가 바로 오염 방제 장치나 신호등, 속도 제
한으로 쉽게 해결할 수 없는 대기 오염과 출퇴근 정체를 유발한 주범
이다.

배관 구조가 형편없는 시스템을 고치는 방법은 하나뿐이다. 할 수
있다면 시스템을 재설계하는 것이다. 미국 로키마운틴연구소의 애모
리 로빈스Amory Lovins 연구팀은 그저 구부러진 파이프를 반듯이 펴고 너
무 작은 파이프를 큰 파이프로 교체하는 방법으로 에너지를 놀랄 만큼
절약했다. 이런 에너지 개보수 작업을 미국의 모든 건물에 적용하면
수많은 발전소를 폐쇄해도 될 것이다.

하지만 물리적 재설계는 시스템을 변화시킬 때 가장 느리고 가장 비
싼 방법이다. 저량-유량 구조 중에는 쉽게 바꿀 수 없는 구조들이 있
기 때문이다. 미국 인구를 팽창시킨 베이비붐 세대는 초등학교 시스템
부터 고등학교, 대학교, 일자리, 주택 시스템에 차례차례 부담을 주었
고, 이제는 우리가 이들의 은퇴 생활까지 지원하고 있다. 그렇다고 우
리가 할 수 있는 일은 많지 않다. 5세 아이가 우리가 예측한 대로 6세
가 되거나 64세 노인이 65세가 되는 것은 막을 수 없기 때문이다. 오

존층을 파괴하는 프레온가스 분자의 수명이나 오염 물질이 대수층에서 씻겨 나가는 속도, 비효율적인 차량이 폐차되기까지 10년에서 20년이 걸리는 사실도 마찬가지다.

물리적 구조는 시스템에서 매우 중요하지만, 지렛점이 되는 경우가 아주 드물다. 물리적 구조는 신속하게 바꿀 수 없고 쉽게 바뀌지 않기 때문이다. 이때는 적절한 설계를 하는 것이 바로 지렛점이다. 하지만 구조가 완성된 후에는 차선책을 찾아야 한다. 구조의 한계와 병목 지점을 파악하고 구조를 최대한 효율적으로 이용하고 구조의 능력에 부담을 주는 변동이나 팽창이 발생하지 않도록 막는 것이 지렛점이다.

9. 지연 - 시스템 변화 속도 대비 시간 길이

피드백 루프의 지연은 시스템 움직임을 결정하는 중요한 요소이며, 진동을 유발하는 주요인이다. 만일 당신이 목표에 맞춰 (매장 재고 등) 저량을 조절하려 하지만 저량의 상태에 관한 정보 전달이 지연되면, 목표를 초과하거나 목표에 미치지 못할 것이다. 반대로 정보가 시기적절하게 전달되어도 시기적절하게 반응하지 못하면 같은 결과가 빚어질 것이다. 예를 들어, 30여 년간 가동될 발전소 하나를 건설하려면 수년이 걸린다. 바로 이 시간 지연 때문에 급속히 바뀌는 전력 수요에 맞춰 정확히 필요한 수만큼 발전소를 세우지 못한다. 아무리 정밀하게 예측해도 전 세계 거의 모든 전력 산업이 용량 초과와 용량 부족 사이를 왔다갔다하는 진동을 겪는다. 장기적인 지연이 발생하면 시스템은 단기적인 변화에 대응하지 못한다. 이것이 소련이나 GM 같은 대규모 중앙 집권 시스템이 제대로 작동하지 못하는 필연적인 이유다.

눈을 돌리는 모든 곳에서 지연이 보이는 까닭은 우리가 지연이 중요하다는 것을 알기 때문이다. 예를 들어, 오염 물질을 땅에 폐기하는 시간과 오염 물질이 지하수로 스며드는 시간 사이에 지연이 있다. 아이가 태어나는 시간과 그 아이가 아이를 낳을 수 있는 시간 사이에도, 최초로 신기술 시험에 성공한 시간과 그 기술이 경제 전반에 자리 잡는 시간 사이에도, 수요 공급의 균형이 깨지는 시간과 그에 따라 가격이 조정되는 시간 사이에도 지연이 있다.

피드백 루프가 통제하려 하는 저량의 변화 속도와 관련해 중요한 것이 피드백 과정의 지연이다. 지연이 너무 짧으면 과잉 반응을 유발한다. '제 꼬리를 쫓는 개'처럼 성급한 반응이 진동만 증폭시킨다. 얼마나 길게 지연되느냐에 따라 다르지만, 지연이 너무 길면 진동이 줄거나 계속 이어지거나 폭발한다. 임계치나 위험 지점, 범위를 넘어서면 회복할 수 없는 피해를 입는 시스템에서 너무 긴 지연이 발생하면 시스템이 오버슈트하고 붕괴할 수 있다.

지연 시간을 지렛점 목록에서 상위로 올리고 싶지만 그러지 못하는 이유가 있다. 지연 시간은 좀처럼 쉽게 바뀌지 않기 때문이다. 모든 것은 지연될 만큼 지연된다. 주요 자산이 구축되는 시간이나 아이가 성숙하는 시간, 숲이 자라는 속도와 관련해 우리가 할 수 있는 일은 많지 않다. 불가피한 피드백 지연으로 아주 큰 문제가 발생하지 않도록 변화의 속도를 늦추는 편이 더 쉬운 방법이다. 성장 속도를 지렛점 목록에서 지연 시간보다 더 상위에 올린 이유가 이 때문이다.

포레스터 교수가 월드 모델에서 경제 성장 속도를 늦추는 지렛대가 기술 개발 속도를 높이거나 시장 가격을 더 자유롭게 푸는 지렛대보다 더 강력하다고 한 이유도 바로 이 때문이다. 기술 개발 속도를 높이거나 시장 가격을 더 자유롭게 푸는 지렛대는 조정 속도를 높이려는 시도다. 하지만 가격이 새로 바뀌거나 새로운 아이디어가 등장해도 공장과 보일러, 기술이 작동하는 구체적 징후 등 세상의 물적 자본 저량이 변하는 속도는 한계가 있다. 더욱이 가격이나 아이디어도 전 세계 문화를 관통하며 즉각적으로 변하지 않는다. 지연을 없애려고 하는 것보다 기술과 가격이 따라올 수 있도록 시스템의 속도를 늦추는 것에 더 많은 지렛대가 있다.

하지만 만일 시스템에 있는 지연이 바뀔 수 있다면, 그 지연을 변화시켜 큰 효과를 볼 수 있다. 이때 주의할 것이 있다. 반드시 올바른 방향으로 변화시켜야 한다는 것이다(예를 들어, 금융 시장에서 정보와 돈이 전달되는 지연 시간을 줄이려고 강력하게 밀어붙이면 정보와 돈의 격렬한 순환만 초래한다).

8. 균형 피드백 루프 - 피드백이 교정하려는 영향 대비 피드백의 힘

이제 시스템의 물리적 영역을 벗어나 더 많은 지렛대를 발견할 수 있는 정보와 통제 영역을 살펴본다.

균형 피드백 루프는 시스템 어디에나 있다. 자연은 균형 피드백 루프를 진화시키고, 인간은 중요한 저량을 안전한 범위 내에 두기 위한 통제 장치로 균형 피드백 루프를 고안했다. 온도조절기의 균형 피드백 루프가 그 대표적인 사례다. 온도조절기 균형 피드백 루프의 목적은 '실내 온도'라는 시스템 저량을 원하는 수준에 도달시킨 후 상당히 일정하게 유지하는 것이다. 균형 피드백 루프는 목표(온도조절기 설정), 목표 이탈을 감시해 신호를 보내는 장치(온도조절기), 대응 메커니즘(보일러, 에어컨, 선풍기, 펌프, 파이프, 연료 등)이 필요하다.

대체로 복잡 시스템은 가동할 수 있는 균형 피드백 루프가 많아서 조건과 영향이 다양하게 변해도 스스로 조정이 가능하다. 원자력 발전소의 비상 냉각 시스템이나 인간이 체온을 유지하려고 땀을 흘리거나 몸을 떠는 능력처럼 대부분 시간 동안 작동하지 않는 균형 피드백 루프들도 있다. 하지만 이런 루프들의 존재는 시스템의 지속적인 행복을 결정하는 중요한 요소다.

우리가 저지르는 가장 큰 실수 중 하나는 이런 비상 대응 메커니즘이 자주 쓰이지 않고 비용이 많이 들 것 같다는 이유로 제거하는 것이다. 이런 메커니즘을 제거하면 처음에는 영향이 없지만, 장기적으로는 시스템 생존에 필요한 조건들이 극단적으로 줄어든다. 비상 대응 메커니즘을 제거하는 가장 안타까운 사례 중 하나가 멸종위기종의 서식지를 잠식하는 것이다. 개인적으로 휴식을 취하고 취미를 즐기고 사회성을 기르고 명상할 시간을 잠식하는 것도 그런 사례다.

균형 루프의 힘 즉, 지정된 저량을 목표치에 맞추거나 그에 가깝게 유지하는 능력을 결정하는 것은 감시의 신속성과 정확성, 반응의 신속성과 힘, 교정 유량의 방향성과 크기 등 모든 변수와 관계의 조합이다. 여기서 지렛점들이 나타나기도 한다.

시장을 예로 들어보자. 시장은 많은 경제학자가 숭배하듯 바라보는 균형 피드백 시스템이다. 가격이 변동하며 공급과 수요를 조절하고 균형을 맞추는 모습을 보면 시장의 자기 조절 능력은 정말 경이로울 정도다. 가격은 생산자와 소비자에게 신호를 보내는 정보의 핵심이다. 가격이 투명하고 확실하고 시기적절하고 정직할수록 시장은 더 원활하게 돌아간다. 가격이 모든 비용을 빠짐없이 반영하면 소비자는 자신이 실제로 얼마를 부담할지 알 수 있고 효율적인 생산자는 보상을 얻는다. 기업과 정부는 가격이라는 지렛점에 치명적인 매력을 느끼지만, 보조금이나 세금 등 가격을 혼란하게 만드는 수단을 이용해 그 지렛대를 한사코 잘못된 방향으로 당기는 경우가 아주 많다.

기업과 정부가 정보를 자신에게 유리하게 왜곡하며 가격을 조정하면 시장의 피드백 힘이 약해진다. 진정한 지렛대는 기업과 정부가 정보를 왜곡하지 못하도록 막는 것이다. 그래서 반독점법과 허위광고 규제법, 환경오염 부담금 같은 비용을 모두가 이해하고 받아들이게 하는 시도가 중요하다. 또한 정도에서 벗어난 보조금의 폐지 등 시장 운동장을 평평하게 하는 조치가 필요하다.

가격을 산정하는 풀코스트 원칙[*] 등 시장 신호를 강화하고 투명하게 만드는 조치들이 오늘날 성공하지 못하는 이유는 또 다른 균형 피드백 루프가 약해졌기 때문이다. 즉, 민주주의의 균형 피드백 루프가 약해졌기 때문이다. 민주주의라는 위대한 시스템에서는 국민과 정부 사이에 자기 교정 피드백이 작동한다. 국민은 자신이 선출한 의원이 어떤 일을 하는지 정보를 전달받은 뒤 그 의원을 재선출하거나 탈락시키는 방식으로 반응한다. 이런 과정을 결정하는 것은 유권자와 지도자 사이에 주고받는 자유롭고 편견 없는 정보의 흐름이다. 투명한 정보의 흐름을 지배하기 위해, 그 흐름을 제한하고 불투명하게 만들기 위해 무수한 돈이 쓰인다. 시장 가격 신호를 왜곡하려는 사람들이 정부 지도층에 영향력을 행사하고 정보 유통자들이 이기적으로 협력하면 건강한 시장과 민주주의에 필수적인 균형 피드백 자체가 제대로 작동하지 못한다. 시장과 민주주의가 모두 망가지는 것이다.

균형 피드백 루프가 교정하려는 영향과 관련해 중요한 것이 피드백의 힘이다. 영향의 세기가 증가하면 피드백의 힘도 증가해야 한다. 온

---

* full-cost accounting, 제품 한 단위를 생산하는 데 드는 비용에 일정 비율을 곱해서 산출한 이윤을 더한 것으로 가격을 정하는 원칙-옮긴이

도조절 시스템은 추운 겨울에도 제대로 작동할 수 있지만, 창문을 모두 열어 두면 온도조절 시스템의 힘은 온도 변화를 감당하지 못한다. 민주주의는 중앙집중식 대중 매체의 세뇌 능력이 없어야 더 잘 돌아간다. 사람들이 음파 탐지나 유망 등의 기술을 이용해 마지막 남은 물고기마저 잡기 전까지는 전통적인 어업 규제로 충분했다. 거대 산업의 영향력은 거대 산업을 통제할 거대 정부의 힘을 요구한다.

시스템의 자기 교정 능력을 향상하기 위해 균형 피드백 루프의 통제력을 강화하는 사례는 다음과 같다.

- ◆ 인체의 질병 저항력을 강화하기 위한 예방의학과 운동, 충분한 영양 섭취
- ◆ 농작물 해충의 천적을 늘리는 통합 해충 관리
- ◆ 국가 비밀을 줄이는 정보 공개법
- ◆ 환경 피해를 보고하는 감시 시스템
- ◆ 내부고발자 보호
- ◆ 공공 비용으로 전가된 개인 이익을 환수하기 위한 개발 부담금과 환경 오염세, 이행보증

7. 강화 피드백 루프 - 추진 루프의 증가력

균형 피드백 루프는 자기 교정적이지만, 강화 피드백 루프는 자기 강화적이다. 강화 피드백 루프가 작동할수록 시스템의 움직임을 한쪽으로 밀고 나가는 힘이 더 커진다. 독감에 걸리는 사람이 늘수록 다른 사람에게 독감을 옮길 사람도 증가한다. 신생아가 증가할수록 아이를 낳을 사람도 늘어난다. 은행에 맡기는 돈이 많을수록 이자도 늘고 은행 잔고도 늘어난다. 토양이 침식될수록 흙을 지탱하는 식물이 줄고, 빗물이 쏟아지고 흘러내리는 힘을 완화할 뿌리나 잎이 줄수록 더 많은 토양이 침식된다. 임계 질량에 고에너지 중성자가 많을수록 더 많은 중성자가 핵과 충돌하며 더 많은 고에너지 중성자를 생성하기 때문에 핵폭발이나 원자로 노심 용융 사고를 일으킨다.

강화 피드백 루프는 시스템이 성장하고 폭발하고 침식되고 붕괴하는 원인이다. 강화 루프를 통제하지 못하는 시스템은 결국 무너진다. 이 때문에 거의 모든 시스템의 강화 루프가 통제되고, 때가 되면 균형 루프가 작동하는 모습이 일반적이다. 독감균도 언젠가는 독감을 옮길 사람을 더 찾지 못하거나, 사람들이 독감에 걸리지 않으려고 더 강력한 조치를 취할 것이다. 사망률이 증가해 출생률과 같아지거나, 인구 증가가 통제되지 않을 때 그 발생하는 결과를 목격한 사람들이 아이를 덜 낳을 것이다. 기반암이 드러날 때까지 토양이 침식되면 백만 년 뒤 기반암이 바스러져 새 흙이 되거나, 사람들이 과잉 방목을 중단하고 사방댐을 건설하고 나무를 심고 토양 침식을 막을 것이다.

위에서 설명한 사례의 앞부분은 강화 루프가 진행될 때 발생할 결과이고, 뒷부분은 강화 루프의 자기 증식력을 감소시키는 개입이 있을 때 발생할 결과다. 일반적으로 시스템에서 성장을 늦추는 것 즉, 강화 루프의 증가력을 줄이는 것이 균형 루프를 강화하는 것보다 강력한 지렛점이며, 강화 루프가 진행되도록 두는 것보다 훨씬 더 나은 방법이다.

월드 모델에서 인구 증가율과 경제 성장률이 지렛점인 이유는 인구나 경제 성장을 늦춤으로써 많은 균형 루프가 (모두 한계와 지연이 있는) 기술과 시장 등을 통해 다양하게 적응하며 작동할 시간이 마련되기 때문이다. 과속으로 운전할 때 더 예민하게 반응하는 브레이크나 조향 장치의 기술 발전을 바라기보다 자동차 속도를 늦추는 것과 같다.

우리 사회에는 경쟁에서 이긴 사람에게 다음번에 훨씬 더 큰 승리를 거둘 자원을 보상하는 강화 피드백 루프 즉, '성공한 사람에게 몰아주는' 덫이 많다. 부유한 사람은 이자를 받고, 가난한 사람은 이자를 낸다. 부유한 사람은 회계사를 고용하고 정치인에게 압력을 가해 세금을 줄인다. 가난한 사람은 이렇게 할 수 없다. 부자는 자녀에게 좋은 교육 기회를 제공하고 유산을 물려준다. 빈곤 퇴치 사업은 이처럼 강력한 강화 루프에 대응하려는 약한 균형 루프다. 이보다는 강화 루프를 약화시키는 방법이 훨씬 더 효과적이다. 누진소득세와 상속세, 보편적인 공교육 강화 프로그램 등이 여기에 해당한다. 만일 부자들이 이런 조치들을 강화하기보다 약화시키도록 정부에 영향력을 행사한다면, 정부가 균형 피드백 구조에서 성공한 사람에게 몰아주는 강화 피드백 구조로 전환한다.

출생률과 이자율, 침식률, '성공한 사람에게 몰아주기' 루프 등 많이 가질수록 더 많이 가질 가능성이 커지는 곳에서 지렛점을 찾아라.

6. 정보 흐름 - 정보 접근권을 지닌 자와 지니지 못한 자의 구조

4장에서 이야기한 네덜란드 주택의 전력 계량기 사례를 다시 생각해 보자. 어떤 집은 계량기를 지하에 설치하고, 어떤 집은 현관 복도에 설치했다. 그 외에는 모두 똑같은 조건에서 계량기가 현관 복도에 아주 잘 보이도록 설치된 집의 전력 소비량이 30%나 적었다.

내가 이 계량기 사례를 좋아하는 이유는 시스템 정보 구조의 강력한 지렛점을 보여주기 때문이다. 이는 변수 조정도 아니고 기존 피드백 루프의 강화나 약화가 아니다. 이전에 전달되지 않던 곳에 피드백을 전달하는 새로운 루프다.

시스템이 오작동하는 가장 흔한 원인 중 하나가 정보 흐름의 누락이다. 정보를 추가하거나 복원하는 일은 강력한 개입이 될 수 있으며 대체로 물리적 인프라를 다시 구축하는 방법보다 훨씬 쉽고 비용도 저렴하다. 전 세계 상업적 어업을 붕괴시키는 '공유지의 비극'은 어류 개체군의 상태를 어선 투자 결정으로 전달하는 피드백이 부족해서 발생한다. 경제적 견해와 달리 생선의 가격은 이런 피드백을 제공하지 못한다. 생선은 부족해질수록 가격이 올라가기 때문에 바다로 나가 얼마 남지 않은 마지막 생선을 잡는 것이 훨씬 큰 이익이다. 이는 선을 넘는 피드백이며, 붕괴로 이어지는 강화 루프다. 필요한 것은 생선의 가격 정보가 아니라 개체수 정보다.

누락된 피드백을 제자리에 강력하게 복구하는 것이 중요하다. 공유지의 비극 사례를 하나 더 살펴보자. 대수층을 이용하는 모든 사람에게 지하수위가 떨어지고 있다고 알리는 일만으로는 부족하다. 지하수를 바닥까지 퍼내려는 경쟁을 촉발할 수 있기 때문이다. 지하수가 다시 차는 속도보다 지하수를 퍼내는 속도가 빠르면 물값이 가파르게 인상되도록 설정하는 편이 더 효과적일 것이다.

강력한 피드백 사례는 찾기 어렵지 않다. 납세자들이 세금을 신고하며 자신이 납부하는 세금이 쓰일 정부 사업을 지정한다면 어떨까? (급진민주주의!) 강에 취수관*을 설치하는 마을이나 기업이 자신들의 폐수 배출관에서 흘러나오는 물을 직접 끌어다 쓰도록 하면 어떨까? 원자력 발전소 투자를 결정한 관공서, 공무원, 민간인에게 원자력 발전소 폐기물을 자기 집 마당에 쌓으라고 하면 어떨까? 흔히들 하는 말이지만, 전쟁을 선포한 정치인들을 최전선에 보냈다면 어떨까?

시스템적으로 인간은 자신의 결정에 따른 책임을 회피하는 경향이

---

* 하천, 호수 또는 저수지로부터 물을 끌어들이기 위하여 수중에 설치하는 관-옮긴이

있다. 수많은 피드백 루프가 누락되는 이유가 이 같은 경향 때문이며, 이런 종류의 지렛점이 흔히 대중에게는 인기가 있지만 권력자들에게는 인기가 없는 이유도 바로 그 때문이다. 만일 권력자들이 이런 지렛점을 선택하도록 만들 힘이 여러분에게 있다면 (혹은 여러분이 권력자가 이런 지렛점을 선택하도록 설득할 수 있다면) 효과를 발휘할 것이다.

5. 규칙 - 장려책과 처벌, 제약

시스템의 규칙은 시스템의 범위와 경계, 자유도를 규정한다. 살인하지 말라. 누구나 표현의 자유가 있다. 계약대로 이행해야 한다. 대통령은 4년 임기이며 최대 두 번까지만 중임할 수 있다. 한 팀의 선수는 9명이고, 모든 베이스를 터치해야 득점하고, 스트라이크를 세 번 당하면 아웃이다. 은행을 털다 잡히면 감옥행이다.

미하일 고르바초프가 소련의 권력을 장악한 뒤 글라스노스트 정책을 통해 정보 흐름을 개방하고, 페레스트로이카 정책으로 경제 규칙을 변경하자 소련이 급속도로 바뀌었다.

헌법은 가장 강력한 사회 규칙이다. 열역학 제2법칙 등의 물리학 법칙은 우리의 호불호와 이해를 떠나 절대적인 규칙이다. 그리고 법규부터 처벌, 장려책, 비공식적인 사회적 합의까지 순서대로 규칙의 힘이 약해진다.

나는 학생들에게 규칙의 힘을 설명할 때 대학의 규칙을 다르게 상상해보라고 권유한다. 예를 들어, 학생이 교수의 성적을 매기거나 학생과 교수가 서로 성적을 평가하면 어떨까? 학위 제도도 없어서, 뭔가 배우고 싶으면 대학에 오고 다 배운 뒤에는 그냥 대학을 떠난다면? 학술 논문을 발표하는 능력보다 현실 문제를 해결하는 능력에 따라 종신 교수직을 준다면? 개인의 성적이 아니라 반별로 집단 성적을 매기면?

규칙을 재구성할 때 우리 행동이 어떻게 바뀔지 상상해보면 규칙의 힘을 이해할 수 있다. 규칙은 강력한 지렛점이고, 규칙을 지배하는 힘이 진정한 힘이다. 그래서 의회가 법률을 제정할 때 로비스트들이 몰려들고, 규칙 제정에 관한 규칙 즉, 헌법을 해석하고 설명하는 대법원이 의회보다 훨씬 더 큰 힘을 지니는 것이다. 심각한 시스템 오작동을 이해하고 싶다면 규칙과 그 규칙을 지배하는 힘을 지닌 사람에게 주목하라.

새로운 세계 무역 시스템에 관해 알게 되었을 때 내가 시스템적 직관으로 경종을 울린 이유도 바로 이 때문이다. 새로운 세계 무역 시스템의 규칙은 기업의 이익을 위해 기업이 설계하고 기업이 운영하는 규칙이다. 다른 사회 분야의 피드백을 거의 모두 배제하는 규칙이다. 대부분의 회의 내용은 언론에 공개되지 않는다(즉 정보 흐름도 없고, 피드백도 없다). 이 규칙은 각국이 기업 투자를 유치하기 위해 환경적 사회적 안전장치를 서로 경쟁적으로 약화시키며 '바닥을 향해 질주하는' 강화 루프에 빠지게 한다. 이 규칙은 '성공한 사람에게 몰아주는' 루프가 엄청난 힘을 축적해 스스로 자멸할 거대한 중앙집중식 시스템을 만들 때까지 자유롭게 풀어놓는 방안이다.

4. 자기 조직화 – 시스템 구조를 추가하고 바꾸고 진화시키는 힘

살아있는 시스템과 일부 사회 시스템의 가장 놀라운 힘은 전혀 새로운 구조와 행동을 창출해 완전히 변하는 것이다. 생물학적 시스템에서는 이런 힘을 진화라 하고, 인간 경제에서는 기술 진보나 사회 혁명이라 부른다. 시스템 사고 용어로는 자기 조직화다.

자기 조직화는 지렛점 목록에서 하위에 있는 시스템의 어떤 측면이 변하는 것, 뇌나 날개, 컴퓨터처럼 완전히 새로운 물리적 구조를 추가하는 것, 새로운 균형 루프나 강화 루프, 새로운 규칙을 추가하는 것을 의미한다. 자기 조직화 능력은 가장 강력한 형태의 시스템 복원력이다. 진화할 수 있는 시스템은 스스로 변화함으로써 거의 모든 변화에서 살아남을 수 있다. 인간의 면역 시스템은 전에 없던 새로운 공격에 대해 새로운 반응을 만든다. 인간의 뇌는 새로운 정보를 받아들이면서 완전히 새로운 생각을 내놓는다.

자기 조직화의 힘은 경이로울 정도여서 우리는 흔히 자기 조직화를 하늘이 준 신비하고 기적적인 선물로 여긴다. 경제학자들은 대부분 기술을 마술처럼 생각한다. 무에서 나오고, 비용도 전혀 들지 않고, 매년 꾸준한 비율로 경제 생산성을 증가시키는 마술로 여긴다. 수백 년간 인간은 눈부시게 변화무쌍한 자연을 바라보며 똑같은 경외심을 느꼈다. 오직 신성한 창조주만이 그런 창조물을 낳을 수 있다고 말이다.

자기 조직적인 시스템을 깊이 탐구하면 혹여나 신성한 창조주가 있어도 굳이 진화의 기적까지 행할 필요는 없다는 사실이 드러난다. 창조주가 그저 놀랄 만큼 현명한 자기 조직화 규칙만 설정하면 진화의 기적이 일어나기 때문이다. 자기 조직화 규칙은 기본적으로 시스템이 어떤 조건에서 추가하거나 덜어낼 대상과 장소, 방법을 결정한다. 수많은 자기 조직적 컴퓨터 모델을 통해 확인한 결과, 아주 간단한 규칙에서도 복잡하고 매력적인 패턴이 나올 수 있다. 모든 생물학적 진화의 토대가 되는 DNA의 유전자 코드는 겨우 4개의 문자 중 3개 문자의 조합으로 표기된다. 이런 패턴과 유전자 코드를 복제하고 재배열하는 규칙이 약 30억 년간 꾸준히 이어지며, 자기 진화에 성공하거나 실패한 생물이 상상할 수 없을 만큼 다양하게 쏟아졌다.

기본적으로 자기 조직화의 관건은 진화 원료, 가능한 패턴을 선택할 수 있는 대단히 가변적인 정보 저량, 새로운 패턴을 선택해 시험하는 실험 수단이다. 생물학적 진화에서 원료는 DNA이고, 다양성의 원천은 자연발생 돌연변이이며, 실험 메커니즘은 일부 개체가 생존하고 번식하지 못하는 환경 변화다. 기술에서 원료는 과학이 축적하고 과학자의 두뇌와 도서관에 보관된 수많은 이해다. 다양성의 원천은 인간의 창의력이며, 시장의 보상이나 정부와 재단의 기금, 인간의 욕구 충족이 선택 메커니즘이 될 수 있다.

시스템 자기 조직화의 힘을 이해하면 경제학자들이 기술을 숭배하는 것보다 생물학자들이 생물다양성을 훨씬 더 숭배하는 까닭을 알 수 있다. 과학자를 훈련하는 대학과 과학 도서관, 과학 실험실이 기술 잠재력의 원천인 것과 마찬가지로 수십억 년에 걸쳐 진화하고 축적된 엄청나게 다양한 DNA 저량은 진화 잠재력의 원천이다. 종을 멸종시키는 것이 시스템 범죄인 것과 마찬가지로 특정한 과학 학술지나 특정 부류의 과학자를 무작위로 모두 제거하는 것은 시스템 범죄다.

인간 문화도 역시 마찬가지다. 인간 문화에는 수십억 년까지는 아니어도 수십만 년에 걸쳐 축적된 행동 목록이 저장되어 있다. 인간 문화는 사회적 진화가 일어나는 저량이다. 하지만 불행히도 사람들은 문화가 지닌 소중한 진화 잠재력을 전 세계 다람쥐의 유전적 변이보다 훨씬 더 낮게 평가한다. 내 생각에는 자신들의 문화가 다른 문화보다 절대적으로 우월하다는 믿음이 거의 모든 문화에 자리잡고 있기 때문인 것 같다.

단 하나의 문화만 고집하면 더 배울 것도 없고 복원력도 줄어든다. 생물학적 시스템이건 경제적 시스템이건 사회적 시스템이건 너무 굳어서 스스로 진화하지 못하는 시스템, 조직적으로 실험을 경멸하고 혁신 원료를 완전히 없애버리는 시스템은 가변적인 행성 지구에서 결국은 불행한 운명을 맞을 수밖에 없다.

이제 개입할 지점이 분명히 드러나지만, 사람들은 그 개입점을 좋아하지 않는다. 가변성과 실험, 다양성을 고무하는 개입이 '통제력 상실'을 뜻하기도 하기 때문이다. 백화제방百花齊放하면 무슨 일이 벌어질지 알 수 없다. 대개는 이런 상황을 원하지 않는다. 그래서 안전을 도모하며, 생물학적 문화적 사회적 다양성과 시장 다양성을 완전히 없애는 잘못된 방향으로 지렛대를 당기는 것이다.

3. 목표 - 시스템의 목적 혹은 기능

통제력을 추구하다 다양성을 파괴하는 결과에서 분명히 드러나는 것이 있다. 시스템 목표가 시스템의 자기 조직화 능력보다 뛰어난 지렛점인 이유다. 예를 들어 (칭기즈 칸 제국이나 교회, 중화인민공화국, 월마트, 디즈니 그룹처럼) 특정한 하나의 중앙집중식 시스템으로 세상을 통제하겠다는 목표를 세우면, 물리적 저량과 유량, 피드백 루프, 정보 흐름, 자기 조직화 행동 등 이제껏 설명한 모든 것이 그 목표에 맞춰 왜곡될 것이다.

내가 유전 공학이 '선'인지 '악'인지 논쟁에 가담하지 않는 이유도 바로 이 때문이다. 모든 기술이 그렇듯 유전 공학도 누가 어떤 목표에 맞춰 사용하느냐에 따라 선과 악이 결정된다. 한 가지 분명한 것은 기업들이 시장성 있는 상품을 생산할 목적으로 유전 공학을 이용한다면 그 목표는 이제껏 지구에 등장한 그 어떤 목표와도 다르며, 사뭇 다른 선택 메커니즘, 사뭇 다른 진화 방향을 만든다는 것이다.

단일 루프 사례들에서 이미 확인한 것처럼 시스템의 균형 피드백 루프는 대부분 목표가 있다. 욕조 물의 수위를 적절하게 맞추거나 실내 온도를 쾌적하게 유지하거나 재고품을 충분히 비축하거나 댐에 충분한 물을 가두는 등의 목표다. 이런 목표가 시스템 일부에 중요하게 작용하는 지렛점이고, 우리 대부분이 그 사실을 알고 있다. 방을 더 따뜻하게 하려면 온도조절기 설정이 개입 지점이라는 것을 안다. 하지만 이보다 불분명하지만, 더 크고 지렛점이 더 높은 목표가 있다. 전체 시스템의 목표다.

시스템 안에 있는 사람들도 자신들이 달성하려 애쓰는 전체 시스템 목표가 무엇인지 모를 때가 많다. 대부분 기업은 '이윤 창출'을 목표로 내세우지만, 이것은 게임을 계속하기 위한 필요조건, 규칙에 불과하다. 그 게임의 요점은 무엇인가? 불확실성의 위험에서 더 안전하게 벗어나 기업을 운영할 수 있도록 성장하는 것, 시장 점유율을 높이는 것, 기업이 통제하는 (고객과 공급자, 규제자 등) 세상을 점점 더 넓히는 것이다. 존 케네스 갤브레이스John Kenneth Galbraith는 모든 것을 집어삼키는 것이 기업 목표라는 사실을 이미 오래전에 간파했다.[6] 암의 목표도 모든 것을 집어삼키는 것이다. 사실 모든 생물 개체군의 목표도 모든 것을 집어삼키는 것이다. 이렇게 영역을 넓히며 급부상하는 존재가 세상을 좌지우지하지 못하도록 더 수준 높은 균형 피드백 루프로 상쇄해야 한다. 그렇지 않으면 이런 목표는 고약한 목표다. 시장 경쟁을 지키려는 목표가 경쟁자를 제거하려는 각 기업의 목표를 이겨야 한다. 생태계에서 여러 개체군을 균형 있게 진화시키려는 목표가 무한정 번식하려는 개별 개체군의 목표를 능가해야 하는 것과 다르지 않다.

앞에서도 설명했지만, 선수들이 경기하는 시스템이 예전과 똑같다면 시스템에서 선수를 교체하는 것은 수준 낮은 개입이다. 하지만 높은 위치에 있는 한 명의 선수가 시스템의 목표를 바꿀 힘이 있다면 이야기가 달라진다. 아주 드물긴 하지만, 다트머스대학부터 나치 독일에 이르기까지 한 조직에 새롭게 등장한 지도자가 새로운 목표를 내세우자 더없이 현명하고 합리적인 수백, 수천, 수백만 명이 새로운 방향으로 돌아선 모습은 놀라웠다.

로널드 레이건이 그런 인물이었고, 우리는 똑똑히 목격했다. 레이건이 취임하기 불과 얼마 전만 해도 대통령이 "정부가 당신을 위해 무엇을 할 수 있는지 묻지 말고 당신이 정부를 위해 무엇을 할 수 있는지 물으라"라고 요구하면, 비웃는 미국인이 아무도 없었다. 레이건은 국민이 정부를 돕게 하거나 정부가 국민을 돕게 하는 것이 아니라 정부가 국민을 간섭하지 않는 것이 목표라고 거듭거듭 설명했다. 더 큰 시스템이 변하고 정부를 지배하는 기업 권력이 등장해서 레이건 대통령이 그런 말을 했다고 주장하는 사람도 있을 것이다. 하지만 레이건 이후 미국과 세계의 공론이 철저하게 변화한 것은 새로운 시스템 목표를 분명히 밝히고 그 의미를 거듭 설명하고 옹호하고 강력히 요구하는 것이 얼마나 강력한 지렛대인지를 입증하는 증거다.

2. 패러다임
– 목표와 구조, 규칙, 지연, 변수 등 시스템이 만들어지는 사고방식

제이 포레스터가 남긴 유명한 시스템 명언 중 다음과 같은 내용이 있다. 한 나라의 세법이 어떻게 제정되는지는 중요하지 않다. 사회정신에는 세금 부담의 '공정한' 분배가 무엇인지 공통된 생각이 담겨 있다. 세법과 상관없이 실제 세금 납부는 분규를 일으키거나 속임수를 쓰거나 면제받거나 공제받거나 끊임없이 법규를 비난하는 등 수단 방법을 가리지 않고 '공정성'이라는 사회 통념과 맞설 것이다.

　사회정신에 깃든 공통된 생각, 겉으로는 언급하지 않는 거대한 추정이 그 사회의 패러다임 혹은 세상이 움직이는 방식에 대한 신념을 만든다. 이 신념은 드러나지 않는다. 이미 모두 알고 있어 굳이 밝힐 필요가 없기 때문이다. 돈은 실질적인 것을 측정하며 실질적인 의미가 있고, 따라서 월급이 적은 사람은 말 그대로 가치도 적다. 성장은 선善이다. 자연은 인간의 목적에 맞게 전환되는 자원 저량이다. 호모 사피엔스가 출현하며 진화는 멈췄다. 땅을 '소유'할 수 있다. 이런 신념들이 현재 우리 문화가 다른 문화를 완전히 바보 취급하고 명확하지 않다고 추정하는 패러다임의 일부다.

　패러다임은 시스템의 원천이다. 패러다임에서, 현실의 본질에 관한 공통된 사회적 합의에서 시스템 목표와 정보 흐름, 피드백, 저량, 유량 등 시스템과 관련한 모든 것이 나온다. 이런 사실을 누구보다 분명히 밝힌 사람이 랄프 왈도 에머슨Ralph Waldo Emerson이다.

> 모든 사람과 모든 국가는 사고 상태와… 정확히 일치하는 물질적 기구
> 로 즉각 자신을 에워싼다. 모든 진리와 모든 실수, 어떤 이의 마음속 생
> 각 하나하나가 어떤 사회와 주택, 도시, 언어, 예식, 신문의 옷을 입는지
> 보라. 오늘날의 사상을 보라… 목재와 벽돌, 석회, 석재가 많은 이의 마
> 음속에 군림하는 생각에 순응하는 형태가 되는 것을 보라… 따라서 당
> 연히 사상을 아주 조금만 넓혀도… 외부 사물을 바꿀 놀라운 변화를 만
> 든다는 결론에 이른다.[7]

고대 이집트인은 사후세계를 믿었기 때문에 피라미드를 건설했다.
우리는 도심지의 공간이 엄청나게 중요하다고 믿기 때문에 마천루를
세운다. 지구가 우주의 중심이 아님을 증명한 코페르니쿠스와 케플러,
물질과 에너지가 서로 교환될 수 있다는 가설을 세운 아인슈타인, 시
장 내 개별 행위자들의 이기적인 행동이 놀랍게도 공동의 이익으로 축
적된다고 말한 애덤 스미스 등 이제껏 패러다임 수준에서 시스템에 개
입할 수 있던 사람이 시스템을 완전히 변환시키는 지렛대를 당겼다.

시스템과 관련해 그 무엇보다 변화시키기 어려운 것이 패러다임이
다. 따라서 패러다임을 지렛점 목록에서 2위가 아닌 하위로 분류해야
한다고 생각할 수도 있다. 하지만 패러다임이 바뀌는 과정은 절대 물
리적이거나 돈이 많이 들거나 속도가 느리지 않다. 개인의 경우에는

찰나에 패러다임이 바뀔 수도 있다. 불현듯 깨닫고 눈에서 콩깍지가 떨어지며 시각이 새로워진다면 패러다임이 바뀔 수 있다. 전체 시스템은 다른 문제다. 전체 시스템은 그 무엇보다 패러다임에 대한 도전에 강력하게 저항하기 때문이다.

그렇다면 어떻게 낡은 패러다임을 바꿀 수 있을까? 대대적인 과학의 패러다임 전환을 주장한 토마스 쿤Thomas Kuhn의 독창적인 책이 이와 관련해 많은 것을 보여준다.[8] 낡은 패러다임의 이상과 실패를 계속 지적하라. 새로운 패러다임을 확신 있게 말하고 행동하라. 새로운 패러다임을 지닌 사람을 대중에게 잘 보이게 하고 힘 있는 자리에 앉혀라. 반동주의자들과 시간을 낭비하지 말고, 능동적인 변화를 준비하는 이들과 마음이 열린 중간 지대 사람들과 협력하라.

시스템 모델을 만드는 사람들은 모델을 만들면 시스템에서 벗어나 시스템 전체를 볼 수밖에 없으므로 패러다임이 바뀐다고 이야기한다. 나도 이 방법으로 내 패러다임을 바꾸었다.

1. 패러다임 초월

패러다임 전환보다 훨씬 더 강력한 지렛점이 있다. 그 지렛점은 바로 패러다임 영역에 얽매이지 않는 유연한 태도를 지키고, 그 어떤 패러다임도 '참'이 아님을 인식하는 것이다. 또한 자신의 세계관에 다정한 영향을 미치는 사람을 포함해 모든 이가 인간의 이해력을 초월하는 거대하고 경이로운 우주를 지극히 제한적으로 이해한다는 사실을 깨닫는 것이다. 패러다임들이 있다는 패러다임을 본능적으로 '파악'하고, 패러다임들이 있다는 것 자체가 패러다임임을 알며, 그 모든 인식을 끔찍이 우습게 여기는 것이다. 앎이 없음, 불가에서 이야기하는 무명無明으로 들어가는 것이다.

패러다임에 집착하는 사람들은 (즉, 우리 대부분은) 자신이 생각하는 모든 것이 분명히 터무니없다는 것을 알면 곧장 반대 방향으로 달려간다. 그 어떤 세계관에도 확실성이 없다는 생각 속에는 분명히 아무런 힘도 통제도 이해도 행동의 이유는 물론 존재 이유도 없다. 하지만 사실 이런 생각을 평생 혹은 잠시라도 한 사람들은 바로 그 생각이 철저한 권한 부여의 토대임을 발견했다. 만일 그 어떤 패러다임도 옳지 않다면 자신의 목적 달성에 도움이 될 패러다임을 선택하면 된다. 어디서 목적을 찾을지 모른다면 우주에 귀를 기울이면 된다.

패러다임을 통달한 바로 그 공간 속에서 사람들은 중독을 극복하고, 끊임없는 기쁨 속에 살고, 제국을 무너뜨리고, 감옥에 갇히거나 화형 당하거나 십자가에 못 박히거나 총에 맞고, 수천 년간 지속될 영향을 미친다.

지금까지 설명한 시스템 개입 지점 목록과 관련해 여러 가지 평가가 가능하다. 이 목록은 잠정적이며 순서도 확실하지 않다. 지렛점의 순서를 위아래로 바꿀 수 있는 예외들도 있기 때문이다. 나는 이 목록을 수년간 무의식 속에 넣고 살았지만 슈퍼우먼이 되지는 않았다. 지렛점이 높을수록 시스템은 더 강하게 변화를 거부하기 마련이다. 그래서 대체로 사회가 진정으로 깨달은 사람들을 제거하는 것이다.

어디에 있는지 그리고 어느 방향으로 당겨야 할지 알아도 마법의 지렛점은 접근하기 쉽지 않다. 통달에 이르는 왕도는 없다. 시스템을 철저히 분석하거나 아니면 자신의 패러다임을 철저히 내던지고 앎이 없는 겸손에 자신을 맡기거나 열심히 노력하는 수밖에 없다. 결국 통달은 지렛점을 당기는 것보다는 시스템을 전략적으로 완전히 풀어놓고 함께 춤추는 것과 연결된 듯하다.

07

세상을 더 잘 살아가기 위한 시스템 법칙

⋮

우리가 사는 이 세상의 진정한 문제는 세상이 불합리하다는 것도, 세상이 합리적이라는 것도 아니다. 가장 흔한 문제는 우리 세상이 거의 합리적이지만 완전히 합리적이지는 않다는 것이다. 삶은 비논리적이지 않다. 하지만 논리학자에게 삶은 함정과도 같다. 삶은 실제보다 아주 조금 더 수학적이고 규칙적으로 보인다.

_ G. K. 체스터튼 G. K. Chesterton, 20세기 작가[1]

산업 세계 안에서 성장한 사람이 시스템 사고에 열광하면 끔찍한 실수를 저지를 수 있다. 시스템 분석에, 상호연관성과 복잡성에, 바로 여기 컴퓨터의 힘 속에 예측과 통제의 열쇠가 있다고 추정하기 쉽다. 이런 실수를 저지르는 이유는 산업 세계의 사고방식이 모든 것에는 예측과 통제의 열쇠가 있다고 추정하기 때문인 것 같다.

나도 처음에는 그렇게 생각했다. MIT라는 대단한 기관에서 시스템을 열심히 연구하던 우리 모두가 그랬다. 순진하게도 새로운 렌즈를 통해 보는 것들에 매혹된 우리는 이전의 수많은 발견자의 전철을 밟았다. 우리의 발견을 과장했다. 사람들을 속일 의도는 아니었지만, 우리의 기대와 희망을 과장해서 표현했다. 우리에게 시스템 사고는 미묘하고 복잡한 놀이 이상이었다. 시스템을 작동시키는 것이었다.

인도로 가는 길을 찾아 나선 탐험가들이 우연히 서반구를 발견한 것처럼 우리도 뭔가 발견했지만, 그것은 우리가 발견했다고 생각한 것이 아니었다. 오히려 우리가 찾고 있던 것과 너무 달라서 당혹스러웠다. 시스템 사고가 더 낫다는 것을 알았으며 생각보다 더 큰 가치가 있는 것으로 밝혀졌지만, 우리가 생각했던 방식은 아니었다.

우리가 직면한 첫 번째 문제는 시스템을 고치는 방법을 이해하는 것과 실제로 시스템에 개입해 고치는 것이 전혀 다르다는 사실이었다. 우리는 '이행' 즉, '관리자와 시장, 기관장들이 우리 조언을 따르게 만들 방법'이라는 주제를 놓고 열띤 토론을 수없이 벌였다.

진실은 우리 자신도 우리 조언을 따르지 않았다는 것이다. 중독의 구조에 관해 깨우친 내용을 가르쳤지만, 우리 스스로 커피를 끊지 못했다. 목표 침식의 구조를 파악했지만, 조깅을 하겠다는 나의 목표를 달성하지 못했다. 단계적 확장과 부담 떠넘기기의 덫을 경고했지만, 자신의 결혼 생활에서 그 덫을 만들었다.

사회 시스템은 문화적 사고 패턴, 심오한 인간의 욕구와 감정, 강점, 약점의 외적 표명이다. 흔히 "이제 모두 변한다"고 말하거나 선을 아는 자가 선을 행할 것이라고 믿지만, 사회 시스템을 바꾸는 것은 말처럼 간단한 일이 아니었다.

문제는 또 있었다. 시스템 통찰로 이전에는 몰랐던 많은 것을 이해했지만, 모든 것을 이해할 수는 없었다. 시스템 통찰은 많은 해답을 제시한 만큼 많은 의문도 제기했다. 인류가 거시 우주와 미시 우주를 들여다보려고 개발한 여러 가지 렌즈와 마찬가지로 시스템 사고의 렌즈도 새롭고 경이로운 것들을 보여주었지만, 그중 상당수가 새롭고 경이로운 미스터리였다. 우리의 새로운 렌즈는 특히 인간의 정신과 마음, 영혼 속에 있는 미스터리들을 드러냈다. 시스템 작동 방식에 관한 통찰이 제기한 의문 몇 가지만 설명하자.

시스템 통찰은… 더 많은 의문을 제기할 수 있다.

시스템 사고자들이 이런 의문들을 처음으로 제기하거나 유일하게 제기한 사람들은 결코 아니다. 우리는 이런 의문들을 탐구하며 모든 학문과 도서관을 뒤졌고 어느 정도 해답도 찾았다. 우리 탐구가 독특했던 점은 해답이나 의문이 아니었다. 공학과 수학에서 탄생하고 컴퓨터로 실행되고 예측과 통제를 찾는 탐구와 기계론적 사고방식에서 끌어낸 시스템 사고라는 도구가 시스템 사고자를 인간의 가장 심오한 미스터리와 직면하게 만든다는 사실이었다. 시스템 사고는 더없이 헌신적인 기술관료들에게도 세상이라는 복잡 시스템 속에서 살아가려면 기술관료제 외에 더 많은 것이 필요하다는 사실을 분명히 알려준다.

자기 조직적인 비선형 피드백 시스템은 본래 예측할 수 없으며 통제도 불가능하다. 지극히 일반적인 방식으로만 이해할 수 있다. 미래를 정확히 예측하고 대비한다는 목표도 실현할 수 없다. 우리가 원하는 시스템의 이 지점에 새로운 정보 피드백 루프를 추가하면 시스템의 움직임이 훨씬 더 좋아질 것이다. 하지만 의사 결정자들은 필요한 정보를 받아들이려고 하지 않는다. 정보에 주의를 기울이지 않고, 신뢰하지 않고, 해석하는 법을 모른다.

이 피드백 루프가 다른 가치를 추구할 수 있게 한다면 시스템이 모두가 원하는 결과를 생성할 것이다(에너지 증가가 아니라 에너지 서비스 증가, GNP가 아니라 물질적 풍요와 안전, 성장이 아니라 진보라는 결과가 나올 것이다). 누군가의 가치관 을 바꿀 필요가 없다. 그저 시스템이 진정한 가치에 따라 작동하도록 만들기만 하면 된다.

이 시스템은 모든 면에서 뒤틀린 것 같다. 비효율, 추함, 환경 파괴, 인류 불행을 만든다. 그렇다고 해서 시스템 자체를 없애면 우리에게는 어떤 시스템도 남지 않는다. 이보다 더 무서운 일은 없다(내가 지금 염두에 두는 시스템은 소련이라는 옛 공산주의 시스템이지만, 이런 시스템 사례는 많다).

이 시스템에서 사람들이 유해한 행동을 참고 견디는 것은 변화를 두려워하기 때문이다. 이들은 시스템이 나아질 수 있다고 믿지 않는다. 시스템을 개선하거나 시스템 개선을 요구할 힘이 없다고 느낀다.

대로 복잡 시스템을 움직이도록 만들겠다는 생각은 기껏해야 일시적으로 실현될 뿐이다. 환원주의 과학이 심어준 기대와 달리 우리는 절대 우리 세상을 완벽하게 이해할 수 없다. 양자론에서 카오스 수학에 사람들이 이처럼 적극적으로 정보를 분류하고 차단하는 이유가 무엇일까? 받아들일 정보와 거부할 정보, 고려할 정보와 무시하거나 경시할 정보를 어떻게 결정할까? 똑같은 정보에 노출되어도 사람마다 받아들이는 메시지가 다르고 결론이 다른 까닭은 무엇일까?

가치란 무엇일까? 가치는 어디에서 나올까? 보편적일까 아니면 문화에 따라 다를까? 개인이나 사회가 '진정한 가치'를 포기하고 값싼 대체품에 만족하는 이유가 무엇일까? 피드백 루프를 우리가 측정할 수 있는 양 대신에 우리가 측정할 수 없는 질에 맞춰 조정할 방법은 무엇일까?

구조가 최소화되고 자유가 최대화되는 그 기간이 그토록 두려운 이유가 무엇일까? 세상을 보는 한 가지 패러다임이 널리 공유되어 제도와 기술, 생산 시스템, 건물, 도시가 그 시각에 맞춰 형성된 까닭이 무엇인가? 시스템은 어떻게 문화를 창조할까? 문화는 어떻게 시스템을 창조할까? 부족하다고 밝혀진 문화와 시스템은 붕괴와 혼돈을 통해 바뀔 수밖에 없을까?

사람들이 스스로 무력하다고 그토록 쉽게 확신하는 이유가 무엇일까? 스스로 비전을 달성할 능력이 있으면서도 그에 대해 냉소적인 태도를 보이는 까닭이 무엇일까? 사람들이 변화를 일으킬 수 있다는 말보다 변화를 일으킬 수 없다는 말에 더 귀를 기울이는 이유가 무엇일까?

이르기까지 과학은 우리를 환원할 수 없는 불확실성으로 이끈다. 우리는 가장 사소한 목적 외에 그 어떤 목적을 위해서도 최적화할 수 없다. 최적화할 것이 무엇인지도 모른다. 우리는 모든 것을 추적할 수 없다.

우리 인간이 전지전능한 정복자의 역할을 계속 고집한다면 자연이나 인간, 우리가 창조한 제도와 적절하고 지속 가능한 관계를 맺지 못할 것이다.

인간의 정체성을 모든 것을 아는 정복자라고 규정하는 사람은 시스템 사고의 불확실성을 받아들이지 못한다. 이해하고 예측하고 통제할 수 없다면 어떻게 해야 할까?

우리가 모든 걸 통제할 수 있다는 환상에서 깨어난다면 시스템 사고는 기다렸다는 듯 우리를 빛내고 확실한 또 다른 결론으로 이끈다. 시스템 사고는 우리에게 종류가 다른 '할 일'이 많다고 이야기한다. 미래를 예측할 수는 없지만 상상하고 아름답게 구현할 수는 있다. 시스템을 통제할 수는 없지만 설계하고 재설계할 수 있다. 우리는 놀랄 것 없는 세상 속으로 확신에 찬 발걸음을 내디딜 수는 없지만 놀라움을 느끼고 그 놀라움에서 교훈을 얻고 이익을 얻을 수도 있다. 시스템에 우리 의지를 강요할 수 없지만, 시스템의 목소리에 귀를 기울이고 시스템의 특성과 우리의 가치관이 협력해 더 나은 세상을 만들 방법을 찾을 수 있다.

우리는 시스템을 통제하거나 파악할 수 없다. 하지만 시스템과 어울려 춤출 수 있다.

어찌 보면, 나는 이미 이런 사실을 알고 있었는지 모른다. 급류타기나 정원 가꾸기, 악기 연주, 스키를 배우며 거대한 힘과 어울려 춤춰야 한다는 것을 깨우쳤기 때문이다. 급류타기 등을 배우려면 정신을 바짝

차려 집중하고 전력을 다하고 피드백에 반응해야 한다. 그런데 지적인 작업이나 경영, 정부, 사람의 관계에도 똑같은 조건이 적용된다는 생각은 미처 하지 못했다.

그런데 우리가 만든 모든 컴퓨터 모델이 다음과 같은 메시지를 전했다. 시스템 세상에서 성공적으로 살려면 계산하는 능력보다 더 많은 것이 필요하다. 합리성, 참과 거짓을 구분하는 능력, 직관, 연민, 비전, 도덕성 등 인간적인 특성이 중요하다.[2]

시스템 모델을 만드는 사람들과 교류하고 복잡 시스템 모델을 만들며 내가 깨달은 가장 일반적인 '시스템 지혜'를 요약하며 결론을 맺으려 한다. '시스템 지혜'는 우리가 직업적인 업무뿐만 아니라 불완전하게나마 모든 삶에 적용할 만큼 시스템 분야를 깊이 관통하는 개념과 실천이며 귀중한 교훈이다. 시스템 행동의 책임이 시스템에 있다는 생각과 피드백, 비선형성에 기초한 세계관의 행동 결과다. 다트머스대학의 공학 교수가 시스템 사고자들은 '다르다'며 그 이유를 설명했을 때, 그 교수가 주목한 시스템 사고자들의 다름이 바로 이 '시스템 지혜' 때문이었다는 생각이 든다.

나도 여전히 시스템을 배우는 사람이다. 따라서 지금 이야기할 '시스템 지혜' 목록은 불완전할 수 있으며 시스템 사고에만 독특하게 적용되는 목록도 아니다. 시스템과 춤추는 법을 배우는 길은 아주 많다. 하지만 이제부터 이야기할 목록은 우리 동료들이 새로운 시스템과 만날 때 시스템에 적응하기 위해 적용하는 내용이다.

시스템 박자를 파악하라

어떤 방식으로든 시스템에 간섭하기 전에 먼저 그 시스템이 어떻게 행동하는지 관찰하라. 음악이나 급류타기, 상품 가격 변동이라면 그 박자를 연구하라. 사회 시스템이라면 작동하는 모습을 관찰하라. 그 역사를 탐구하라. 오래전부터 지켜본 사람들에게 물어 무슨 일이 벌어졌는지 파악하라. 그리고 가능하면 시스템의 실제 데이터를 기록한 시계열 그래프를 찾거나 작성하라. 적절한 시기를 선택할 때 늘 인간의 기억에 의존할 수는 없기 때문이다.

언뜻 단순한 지침처럼 보일 것이다. 직접 실천하기 전까지는 이 지침으로 아주 많은 실수를 피할 수 있다는 사실이 믿기지 않을 것이다. 시스템 행동 관찰부터 출발하면 이론이 아닌 사실에 집중할 수밖에 없고, 자기 자신이나 다른 사람의 신념이나 오해 속으로 성급히 뛰어드는 잘못을 피할 수 있다.

얼마나 오해가 많은지 알면 놀랄 것이다. 예를 들어, 사람들은 강우량이 줄어들고 있다고 단언하지만, 데이터를 보면 실제 상황은 변동성 증가임을 알 수 있다. 가뭄은 더 심각해지고 홍수도 규모가 더 커지고 있다. 또한 권위 있는 사람들이 우유 가격이 하락하고 있는데도 가격이 상승하고 있다고 말하거나, 실효 금리가 상승하고 있는데 금리가 하락하고 있다거나, GNP 대비 적자율이 이전 그 어느 때보다 높다고 말하기도 한다.

시스템의 다양한 요소들이 함께 변하거나 변하지 않는 모습을 보면 특히 흥미롭다. 어떤 일이 벌어지고 있다고 설명하는 이론 대신에 실제 벌어지는 일을 관찰하면 경솔하게 세운 수많은 인과 가설을 깰 수 있다. 뉴햄프셔주의 도시 행정 위원 모두는 도시가 성장하면 세금이 낮아진다고 긍정적으로 생각하는 듯하지만, 성장률과 세율을 비교해 그래프를 그리면 뉴햄프셔 겨울 하늘에 뜬 별들처럼 데이터가 무작위로 흩뿌려진 그래프가 완성된다. 성장률과 세율 사이에 그 어떤 관계도 눈에 띄지 않는다.

시스템 행동 관찰부터 시작하면 우리의 생각은 정태적인 분석이 아닌 동태적인 분석으로 향한다. "뭐가 잘못이지?"뿐 아니라 "어떻게 해서 그렇게 되었지?", "우리가 할 수 있는 다른 행동 방식은 무엇일까?", "우리가 방향을 바꾸지 않으면 결국 어디로 가게 될까?"까지 생각하게 된다. 그리고 시스템의 강점에 주목하며 "여기서 제대로 작동하는 것은 무엇이지?"라고 묻게 된다. 서로 얽힌 여러 가지 변수의 역사부터 살피면 시스템 요소들뿐 아니라 그 요소들의 상호 관계도 드러난다.

끝으로, 역사부터 살피기 시작하면 우리가 흔히 저지르는 실수 즉, 핵심에서 벗어나 시스템의 실제 행동이 아니라 (더 많은 석유를 찾아야 한다는 것이 문제다, 문제는 낙태를 금지할 필요가 있다는 것이다, 문제는 영업사원이 충분치 않다는 것이다. 우리가 어떻게 이 도시에 더 큰 성장을 유도할 수 있느냐가 문제다 등으로) 우리 마음에 드는 해결책이 없다는 것으로 문제를 규정하는 경향도 피할 수 있다. 가족회의를 열거나 회사에서 위원회가 모여 회의하거나 언론에서 전문가들이 논의하는 내용을 들어보면 대체로 시스템이 어떤 행동을 왜 하는지 주의를 기울이지 않은 채 성급하게 '예측하거나 통제하거나 자신의 의지를 강요하는' 방식으로 해결책을 도출하는 모습을 보게 된다.

정신 모델을 분명히 드러내라

당신이 시스템 구조도를 그린 뒤 방정식을 작성한다면 자신의 추정을 가시화하고 엄밀하게 표현할 수밖에 없다. 시스템에 관한 추정 하나하나를 자신은 물론 다른 사람도 볼 수 있도록 제시해야 한다. 완전하고 앞뒤가 맞고 일관성 있는 모델을 만들어야 한다. 이번에 논의할 때는 이렇게 추정하고 그다음에 논의할 때는 이전과 모순되는 추정을 하는 등 논의 목적에 맞춰 그때그때 내용이 바뀌는 일관되지 않은 추정을 할 수 없다(사실 정신 모델은 대단히 불안정하다).

그렇다고 정신 모델을 반드시 도표와 방정식으로 제시할 필요는 없다. 말이나 목록, 도표, 화살표를 이용해 본인이 생각하는 것이 어떤 것과 연결되어 있는지 보여주면 된다. 어떤 형태로든 연결된 것을 더 많이 보여줄수록 생각이 더 분명해지고 자신의 불확실성을 더 빨리 인정하고 실수를 더 빨리 교정하고 더 유연하게 학습할 수 있다. 유연한 시스템 세상에서 살려면 이런 정신적 유연성 다시 말해, 시스템 경계를 다시 설정하고 시스템이 새로운 양상으로 바뀐 것에 주목해 구조를 재설계하는 자발적 자세가 필요하다.

당신이 아는 모든 것, 모든 사람이 아는 모든 것이 모델에 불과하다는 사실을 늘 기억하라. 당신의 모델을 드러내라. 다른 사람들이 당신의 추정을 검증하고 자신들의 추정을 추가하도록 하라. 유망한 해설이나 가설, 모델 하나만 고집하지 말고 가능한 한 많은 설명과 가설, 모델을 모으라. 분명한 증거가 나올 때까지는 그 모든 것이 합리적이라 여기고 배제하지 말라. 그래야 정서적으로 자기 정체성과 얽히게 될 추정을 배제할 증거를 찾을 수 있다.

가능한 빈틈없는 모델을 만들어 드러내고 증거를 뒷받침해 시험하고 뒷받침되지 않으면 기꺼이 폐기해야 한다. 다시 말해, 과학적 방법을 실천해야 한다. 과학적 방법은 과학에서도 실천하는 경우가 드물고, 사회 과학이나 경영, 정부, 일상에서는 실천하는 경우가 거의 없다.

정보를 귀하게 여겨 존중하고 배포하라

앞서 설명했듯, 정보가 시스템을 유지한다. 정보가 지연되거나 한쪽으로 치우치거나 흩어지거나 누락되면 피드백 루프가 오작동한다. 의사결정자는 정보가 없으면 대응 자체를 할 수 없고, 정보가 부정확하면 정확하게 대응할 수 없고, 정보가 지연되면 제때 대응할 수 없다. 내 생각으로는 시스템에서 발생하는 차질 대부분이 한쪽으로 치우치거나 지연되거나 누락된 정보 때문인 것 같다.

할 수만 있다면 십계명에 열한 번째 계명을 추가하고 싶다. 정보를 왜곡하거나 지연시키거나 숨기지 말라! 정보 흐름을 흐리면 시스템이 제대로 움직일 수 없다. 시스템에 더 시기적절하고 더 정확하고 더 완전한 정보를 전달할 수 있다면 놀랄 만큼 간단하게 시스템 작동을 개선할 수 있다.

예를 들어보자. 1986년 미국은 독성물질 배출량 목록이라는 새로운 연방법을 제정해 기업이 공장에서 배출하는 모든 유해 대기 오염물을 매년 보고하도록 규정했다. 그리고 (시스템 관점에서 볼 때 가장 중요한 국가 법률에 속하는) 정보 공개법에 따라 오염물 배출 정보는 공공 기록이 되었다. 1988년 7월 화학물질 배출에 관한 첫 번째 데이터가 발표되었다. 보고된 오염 배출량은 법에서 정한 한도를 벗어나지 않았지만, 진취적인 기자들이 '지역 오염원 상위 10위 기업' 목록을 작성해 지역 언론에 발표한 자료에 따르면 안심할 상황이 아니었다. 그것으로 끝이었다. 소송도 제기되지 않았고, 오염물 배출량 감축 요구도 없었고, 벌금도 처벌도 없었다. 하지만 2년이 지나자 미국 전역의 화학물질 배출량이 (최소한 언론 보도에 따르면) 40% 감소했다(실제 그만큼 감소했을 것으로 추정된다). 일부 기업은 오염물 배출량을 90% 줄이려는 정책도 세웠다. 이전에 숨기던 정보를 공개하고 배포하자 일어난 결과였다.[3]

정보가 힘이다. 힘에 관심 있는 사람은 정보가 힘이라는 사실을 아주 잘 알고 있다. 언론 매체, 홍보 담당자, 정치인, 광고인 등 공적인 정보 흐름의 상당 부분을 규제하는 사람은 우리 대부분이 생각하는 것보다 훨씬 더 큰 힘을 지닌다. 이들이 정보를 거르고 흘려보낸다. 당장의 사리사욕을 채우기 위해 정보를 거르고 흘려보낼 때도 많다. 우리 사회 시스템이 곧잘 엉망이 되는 것도 놀랄 일이 아니다.

언어를 신중하게 사용하고 시스템 개념으로 언어를 풍부하게 하라

정보 흐름은 주로 언어로 구성된다. 대부분의 정신 모델도 마찬가지다. 정보를 존중한다는 의미는 첫째, 언어 오염을 피하고 언어를 가능한 가장 확실하게 사용하는 것이다. 둘째, 복잡한 이야기도 할 수 있도록 언어를 확장하는 것이다.

프레드 코프먼Fred Kofman은 시스템 학술지에 다음과 같은 글을 실었다.

> 언어는 우리가 몰랐던 것을 새롭게 이해하도록 돕고 현실을 창조하게 돕는다. 이는 새롭게 이해된 것과 새로운 현실에 대해 이야기하면서 가능하다. 사실 우리는 우리가 보는 것에 관해 이야기하지 않는다. 우리가 이야기할 수 있는 것만 본다. 우리가 세상을 보는 관점은 신경계와 언어의 상호 작용에 달렸다. 우리는 신경계와 언어라는 두 필터를 통해 세상을 인지한다… 한 조직의 언어와 정보 시스템은 외부 현실을 객관적으로 묘

사하는 수단이 아니다. 언어와 정보 시스템이 기본적으로 조직 구성원의 인식과 행동을 조직한다. (사회의) 측정 및 소통 시스템을 개조하는 것은 가장 기본적인 수준에서 잠재적인 모든 상호 작용을 개조하는 것이다. 언어는… 전략이나 구조… 문화보다 더 근원적인 현실 표현이다.[4]

끊임없이 '생산성'을 이야기하지만 '복원력'이라는 말을 거의 이해하지 못하고 사용하지도 않는 사회는 생산적이지만 복원력은 갖추지 못한 사회가 된다. '수용력'이라는 말을 이해하지도 못하고 사용하지도 않는 사회는 수용할 줄 모른다. 기업만 '일자리 창조'를 할 수 있는 것처럼 이야기하는 사회는 대다수 시민에게 자신이나 다른 사람을 위해 일자리를 창조할 영감을 불어넣지 못한다. 근로자들의 '수익 창출' 역할도 제대로 평가하지 못한다. '피스키퍼[●]' 미사일이나 '부수적 피해', '최종적 해결', '인종 청소'에 대해 이야기하는 사회는 당연히 웬델 베리가 '폭군의 언어 tyrannese'라고 표현한 포학한 언어를 사용하는 사회다.

지난 150여 년간 무의미하거나 의미를 파괴하는 언어가 점점 늘어난 느낌이다. 나는 이처럼 신뢰할 수 없는 언어가 늘어난 이유가 개인과 공동체의 붕괴가 증가한 것과 연관 있다고 생각한다…

● peacekeeper, 미국의 대륙간 탄도 미사일-옮긴이

그리고 웬델 베리는 계속해서 이렇게 이야기했다.

퇴행적인 회계에서 언어는 지명권이 거의 없다. 양심적으로 특정한 것을 지칭하지 않기 때문이다. 관심을 두는 것은 백분율과 범주, 추상적인 함수다… 사용자가 지지하거나 따를 가능성이 큰 언어가 아니다. 왜냐하면 인간적으로 지지하고 따를 어떤 근거도 규정하지 않기 때문이다. 이 언어의 유일한 실용 가치는 이미 시작된 거대하고 비인간적인 기술적 행동을 '전문가 의견'으로 뒷받침하는 것이다… 포학한 언어 즉, 폭군의 언어다.[5]

언어를 존중하는 첫 번째 단계는 정보 흐름을 투명하게 하는 작업의 일환으로 언어를 가능한 구체적이고 유의미하고 진실하게 사용하는 것이다. 두 번째 단계는 확장된 시스템 이해도에 맞춰 언어를 넓히는 것이다. 알래스카의 이누이트의 언어에 눈과 관련된 단어가 많은 이유는 눈을 이용하는 방법을 연구하고 배웠기 때문이다. 이누이트는 눈을 자원으로, 함께 춤출 수 있는 시스템으로 바꾸었다. 최근 산업 사회가 시스템 관련 단어를 사용하는 것은 최근에야 비로소 복잡성에 주목하고 복잡성을 사용했기 때문이다. 시스템은 물론 수용력과 구조, 다양성이라는 오래된 단어들이 더 풍부하고 더 정확한 의미를 얻고 있다. 더불어 새로운 단어들도 발명되어야 한다.

나는 철자 검사 기능이 있는 워드프로세서를 이용해 이 책을 집필하며 본래 사전에 없던 단어들을 추가했다. 피드백, 처리량, 오버슈트, 자기 조직화, 지속가능성 등 흥미로운 단어들이 내 워드프로세서 사전에 새로 추가되었다.

수량화할 수 있는 것이 아니라 중요한 것에 주목하라

숫자에 집착하는 우리 문화는 측정할 수 있는 것이 측정할 수 없는 것보다 더 중요하다는 생각을 우리에게 심어 놓았다. 그 의미를 잠시 살펴보자. 이런 생각은 우리가 질보다 양을 더 중요하게 여긴다는 의미다. 만일 양이 피드백 루프의 목표라면, 양이 우리의 관심과 언어와 제도의 중심이라면, 우리가 양을 생산하는 능력에 따라 동기부여하고 평가하고 보상한다면, 양이 결과가 될 것이다. 주위를 돌아보면 여러분이 사는 세상에서 두드러진 특징이 양인지 질인지 판단할 수 있다.

우리는 모델을 만들 때 '편견'이나 '자부심', '삶의 질' 같은 변수를 포함시켜 동료 과학자들의 놀림을 여러 번 샀다. 하지만 컴퓨터는 숫자를 요구하기 때문에 우리는 이런 질적 개념을 측정할 양적 척도를 개발해야만 했다. "편견을 +10에서 -10까지 측정하고, 0은 편견이 전혀 없는 상태, -10은 부정적인 편견이 최대치인 상태, +10은 나쁜 일을 전혀 할 수 없을 만큼 긍정적인 편견이 최대치인 상태라고 하자. 이제, 당신이 -2나 +5, -8의 편견을 받는다고 가정하자. 그러면 직장에서 당신의 실적이 어떻게 될까?"

실제로 편견과 실적의 관계를 포함한 모델이 있다.[6] 한 기업의 의뢰를 받아 소수민족 근로자들의 관리를 개선해 승진시킬 방법을 연구한 모델이었다. 당시 조사한 모든 근로자가 분명히 편견과 실적 사이에 실질적인 관계가 있다고 대답했다. 1에서 5까지 혹은 0에서 100까지 편견을 측정하는 척도는 임의로 정했지만, '편견'을 제외했다면 편견을 포함할 때보다 훨씬 더 비과학적인 연구가 되었을 것이다. 그 기업의 근로자들에게 확인한 실적과 편견의 관계는 내가 이제껏 모델에서 본 가장 비선형적인 관계였다.

수량화하기 어렵다고 그것이 존재하지 않는 것처럼 생각하면 잘못된 모델이 완성된다. 앞서 설명한 대로 중요한 것이 아니라 쉽게 측정할 수 있는 것에 목표를 맞추면 시스템 덫이 출현한다. 그 덫에 빠지지 마라. 인간은 수를 세는 능력뿐 아니라 질을 평가하는 능력도 타고났다. 질을 감지하라. 걸어 다니는 가이거 계수기●처럼 질의 유무를 분명히 감지하라.

추한 것이 있으면 추하다고 밝혀라. 조잡하거나 부적절하거나 불균형하거나 지속 불가능하거나 부도덕하거나 생태계를 훼손하거나 인간을 비하하는 것이 있으면 그냥 지나치지 마라. "규정하고 측정할 수 없으면 주목할 필요가 없다"라는 말에 속지 마라. 정의나 민주주의, 안

● 이온화 방사선을 측정하는 장치-옮긴이

전, 자유, 진리, 사랑을 규정하거나 측정할 수 있는 사람은 없다. 그 어떤 가치를 규정하거나 측정할 수 있는 사람은 없다. 하지만 이런 것들을 강력하게 옹호하는 사람이 없으면, 시스템이 이런 것들을 생산하도록 설계되지 않으면, 우리가 이런 것들에 대해 이야기하고 그 유무를 가리키지 않으면, 이런 것들은 더 이상 존재하지 않을 것이다.

피드백 시스템을 위한 피드백 정책을 세우라

지미 카터 대통령은 피드백 측면에서 사고하고 피드백 정책을 세우는 능력이 남달랐다. 하지만 불행히도, 피드백을 이해하지 못하는 언론과 대중에게 피드백 정책을 설명하는 과정이 쉽지 않았다.

석유 수입이 급증하던 시기 지미 카터는 미국의 석유 수입량에 비례해 휘발유 세금을 부과하자고 제안했다. 수입량이 계속 늘어나면 수요를 억제하며 대체재를 찾고, 수입이 줄어들 때까지 세금을 인상하자는 제안이었다. 석유 수입량이 0으로 떨어지면 휘발유 세금도 0으로 떨어진다.

하지만 이 세법은 통과되지 못했다.

지미 카터 대통령은 멕시코에서 밀려오는 불법 이민 문제도 고민했다. 미국과 멕시코 사이에 크게 벌어진 기회와 생활수준의 격차가 해소되지 않는 한 불법 이민 문제를 해결할 수 없다고 주장했다. 그러면서 국경 수비와 장벽 설치에 돈을 쓰기보다 멕시코 경제 건설에 도움이 되는 지출을 늘리고 이민 행렬이 멈출 때까지 멕시코 경제를 지원해야 한다고 주장했다.

이 정책도 실현되지 못했다.

동태적이고 자기 조정적인 피드백 시스템이 정태적이고 완고한 정책으로 통제되지 못하는 이유를 여러분도 짐작할 수 있을 것이다. 시스템 상태에 따라 유연하게 대처하도록 정책을 설계하는 방법이 더 쉽고 더 효과적이며 대체로 돈도 훨씬 적게 든다. 특히 불확실성이 대단히 클 경우, 최고의 정책은 피드백 루프뿐만 아니라 메타 피드백 루프 다시 말해, 피드백 루프를 수정하고 교정하고 넓히는 루프까지 포함해야 한다. 이런 정책이 관리 절차를 학습하도록 설계된 정책이다.

이런 정책의 역사적인 사례가 성층권의 오존층을 보호하기 위해 발효된 몬트리올 의정서다. 1987년 의정서를 채택할 당시에는 오존층 상태가 위험하다는 확신도 없었고, 오존층이 파괴되는 속도나 다양한 화학물질이 오존층에 미치는 구체적인 영향에 관해 명확히 확인된 내용도 없었다. 몬트리올 의정서는 가장 유해한 화학물질의 발생을 신속하게 줄이기 위해 여러 목표를 정했다. 하지만 상황을 감시하다 오존층 파괴가 예상보다 빠르거나 느리다고 확인되면 국제회의를 재소집해 화학물질 생산 감축 일정을 수정한다는 조건도 규정했다. 그리고 불과 3년 뒤인 1990년 감축 일정을 앞당기며 더 많은 화학물질을 감축 대상에 포함시켰다. 오존층 파괴가 1987년에 예상한 정도보다 훨씬 더 심각하다고 밝혀졌기 때문이다.

몬트리올 의정서는 상황에 맞춰 학습하도록 구성된 피드백 정책이었다. 우리 모두 이 정책이 시기적절한 효과를 발휘했길 바란다.

전체의 이익을 추구하라

계층은 상위층이 아니라 하위층에 봉사하기 위해 존재한다는 것을 명심하라. 전체를 무시한 채 시스템의 일부나 하위 시스템을 최대화하는 실수를 저지르지 마라. 케네스 볼딩이 지적한 대로, 절대 하지 말아야 할 일을 최적화하는 것은 대단히 큰 문제를 일으키니 주의하라. 측정하기가 쉽건 어렵건 성장이나 안정성, 다양성, 복원력, 지속가능성 등 시스템의 전체 속성을 향상한다는 목표를 세우라.

시스템의 지혜에 귀 기울이라

시스템이 스스로 작동하도록 돕는 구조와 힘을 장려하고 지원하라. 이런 힘과 구조가 계층의 하위층에 얼마나 많은지 주목하라. 아무 생각 없이 개입해 시스템의 자기 유지 능력을 훼손하지 마라. 상황을 개선하려고 나서기 전 이미 존재하는 가치에 먼저 주목하라.

내 친구 네이선 그레이 Nathan Gray가 과테말라에서 국제 구호 활동에 참여한 적이 있다. 그는 '일자리를 창출'하고 '기업가 능력을 향상'하고 '외부 투자를 유치'하겠다는 구호 활동가들에게 크게 실망했다. 구호 활동가들은 바구니 제작자부터 채소 재배자, 육류 판매상, 사탕 장수에 이르기까지 온갖 종류의 소규모 사업가들이 스스로 일자리를 창출해 기업가 능력을 발휘하며 북적거리는 전통 시장을 그냥 지나쳤다. 네이선은 시장 사람들과 많은 시간을 보내며 삶과 사업에 관해 묻고 이들의 사업 확장과 소득 증진을 가로막는 장해물이 무엇인지 파악했다. 이들에게 필요한 것은 외부 투자가 아니라 내부 투자였다. 합리적인 이자를 받는 소액 대출을 시행하고 읽고 쓰는 법과 회계를 가르치면 외부에서 생산 공장이나 조립 공장을 유치할 때보다 훨씬 더 장기적인 공동체 이익을 창출할 수 있다는 결론에 도달한 것이다.

시스템에서 책임을 찾아라

시스템을 분석할 때나 설계할 때 모두 시스템에서 책임을 찾아라. 시스템을 분석할 때는 시스템이 움직임을 스스로 창출하는 방법을 찾아라. 시스템에서 바로 그 움직임을 일으킨 촉발 사건, 외부 영향에 주목하라. 외부 영향은 (전염병 발생을 억제하기 위해 식수 속 병원균을 줄이는 경우처럼) 통제할 수 있을 때도 있고, 통제할 수 없을 때도 있다. 외부 영향에 책임을 돌리거나 외부 영향을 통제하려 들면 시스템의 내재적 책임을 키우는 더 쉬운 길을 놓칠 수도 있다.

'내재적 책임'은 시스템이 결정에 대한 피드백을 의사 결정권자에게 신속하고 설득력 있게 직접 전달하도록 설계한다는 의미다. 항공기 조종사는 비행기 가장 앞자리에 타기 때문에 내재적인 책임이 있다. 항공기 조종사는 자신의 결정에 따른 결과를 직접적으로 경험할 것이다.

다트머스대학은 교수 연구실과 강의실의 온도조절기를 제거하고 온도조절 결정을 중앙 컴퓨터에 맡기며 내재적 책임을 줄였다. 에너지를 절감하려는 조치였다. 하지만 계층의 하위층에서 바라본 내 관찰에 따르면 이 결정에 따른 주요 결과는 실내 온도의 진동 증폭이었다. 연구실 실내 온도가 너무 높아지면 온도조절기를 끄는 대신 교정 반대편에 있는 관리실에 전화를 걸어야 했고, 관리실은 몇 시간이나 며칠이 지난 뒤에야 비로소 온도를 교정하기 시작했다. 온도를 과도하게 교정해 다시 온도를 높여달라고 관리실에 전화해야 할 때도 많았다. 다트머스대학은 시스템의 책임을 줄이는 대신 키워야 한다. 교수들이 각자 연구실의 온도를 조절하고 에너지 사용료를 직접 부담하는 방식을 적용해 공유지를 사유화했어야 한다.

시스템이 내재적 책임을 지도록 설계한다는 것은 예를 들어 폐수를 강에 방류하는 모든 도시와 기업이 자신들의 배수관 하류에 취수관을 설치하도록 요구하는 것이다. 혹은 흡연으로 인한 질병 치료비나 헬멧을 착용하지 않은 오토바이 운전자나 안전벨트를 매지 않은 차량 운전자의 교통사고에 따른 의료비를 보험 회사나 공공이 부담하지 않도록 하는 것이다. 의회가 면책특권을 확대하지 못하도록 막는 것일 수도 있다. (의회는 고용 차별 철폐나 환경영향평가 규정 등 많은 법규에 대해 면책특권의 혜택을 누리고 있다). 전쟁을 선언한 지배자들이 군대를 이끌고 전투에 나선다는 기대가 사라졌을 때 대단히 큰 책임이 사라졌다. 보이지도 않을 만큼 멀리 떨어진 곳에서 버튼만 누르면 엄청난 피해를 일으키게 되며 전쟁은 훨씬 더 무책임해졌다.

개릿 하딘은 낙태 금지를 주장하는 사람들에게 이렇게 지적했다. 낙태 금지 법 때문에 태어난 남의 아이를 직접 맡아 기를 의사가 없다면 내재적 책임을 실천하지 않는 것이다.[7]

이 몇 가지 사례만 살펴보아도 현재 우리의 문화가 행동을 발생시킨 책임을 시스템 안에서 찾는 경우가 얼마나 드문지, 행동에 따른 결과를 직접 경험하도록 시스템을 설계하는 일에 얼마나 서투른지 알 수 있다.

겸손하라 - 계속 학습하라

나는 시스템 사고를 통해 직관에 대한 신뢰는 키우고 계산하는 합리성에 대한 신뢰는 낮추며 직관과 합리성 모두에 최대한 의지하되 놀라움에 대비해야 한다는 것을 배웠다. 컴퓨터를 이용하거나 자연과 인간, 조직 속에서 시스템을 연구하며 내 정신 모델이 얼마나 불완전한지, 세상이 얼마나 복잡한지, 내가 모르는 것이 얼마나 많은지 끊임없이 깨우쳤다.

모르는 것이 있을 때 해야 할 일은 아는 척 허세를 부리거나 가만히 있는 것이 아니라 배우는 것이다. 그리고 실험을 통해 배워라. 버크민스터 풀러Buckminster Fuller의 표현에 따르면, 시도하고 실수하고 실수하고 또 실수하는 것이다. 복잡 시스템의 세상에서 경직되고 확고한 지시를 내리는 것은 적절치 않다. '꾸준히 한다'는 자세는 계획대로 순조롭게 진행된다는 확신이 들 때만 적절하다. 통제하지도 못하면서 통제하는 척한다면 실수를 저지를 뿐 아니라 실수에서 배울 기회도 놓치게 된다. 뭔가를 배우는 적절한 자세는 조금씩 발걸음을 내딛고 끊임없이 주위를 살피며 어디로 향하고 있는지 더 많은 정보를 얻으면서 기꺼이 경로를 수정하는 것이다.

쉽지 않은 일이다. 실수를 저지르고 더 나아가 실수를 인정하라는 의미이기 때문이다. 심리학자 돈 마이클Don Michael이 표현한 대로 '실수를 끌어안는다'는 의미이기 때문이다. 자신의 실수를 끌어안으려면 큰 용기가 필요하다.

우리가 마치 사실을 아는 듯, 모든 문제를 확실히 파악하고 알고 어떤 결과가 나올지 정확히 아는 듯, 가장 좋은 결과가 나오고 있다고 확신하듯 행동하면… 우리 자신도, 우리 동료도, 관련된 대중도 실제 어떤 일이 벌어지고 있으며 앞으로 어떤 일이 벌어질지 배우지 못한다. 게다가 복잡한 사회적 문제를 다룰 때 우리가 무슨 일을 하고 있는지 아는 듯 행동하면 신뢰성만 떨어진다… 제도와 권위자에 대한 불신이 커지고 있다. 이처럼 갈수록 악화하는 추세를 되돌리는 데 큰 도움이 될 행동은 불확실성을 인정하는 것이다.[8]

배움의 조건은 실수를 끌어안는 것이다. 성공을 예상하거나 희망했지만 실패한 원인에 대한 정보를 찾고 이용하고 나누는 것을 의미한다. 실수를 끌어안는 것, 대단히 높은 불확실성을 안고 사는 것은 모두 인간의 개인적 취약성과 사회적 취약성을 강조한다. 우리는 대체로 자신의 취약성을 다른 사람은 물론 자신에게도 숨긴다. 하지만… 자신의 책임을 진심으로 인정하는 사람이 되려면… 우리 사회 대부분 사람이 생각하는 수준을 훨씬 뛰어넘을 만큼 자신을 알고 자신에게 다가서야 한다.[9]

복잡성을 찬양하라

솔직히 말해서, 우주는 어지럽다. 비선형적으로 격변하고 동태적이다. 우주는 수학적으로 정돈된 평형 상태에 있지 않고, 다른 어딘가로 향하는 도중에 일시적인 행동을 하며 시간을 보낸다. 자기 조직화하며 진화한다. 다양성과 통일성을 만들어낸다. 세상이 흥미로운 것도 세상이 아름다운 것도 세상이 돌아가는 것도 모두 이 때문이다.

우리 마음속에는 곡선이 아닌 직선에, 분수가 아닌 정수에, 다양성이 아닌 통일성에, 미스터리가 아닌 확실성에 끌리는 뭔가가 있다. 하지만 우리에게는 이와 정반대되는 성향도 있다. 우리 인간은 복잡한 피드백 시스템에서 진화하고, 복잡한 피드백 시스템에 따라 형성되고, 복잡한 피드백 시스템으로 구성되었기 때문이다. 우리의 일부, 최근에 출현한 우리의 일부만 비타협적인 직선과 평평한 표면을 지닌 상자 형태로 건물을 설계한다. 우리의 또 다른 일부는 자연이 미시적 차원부터 거시적 차원까지 모든 차원의 세부 양식을 흥미로운 프랙털로 설계한다는 것을 본능적으로 인식한다. 이들이 고딕 대성당과 페르시아 양탄자, 교향곡, 소설, 마르디 그라 축제 의상, 인공지능 프로그램 등 우리가 주변 세상에서 발견하는 것과 거의 비슷하게 복잡한 장식을 지닌 모든 것을 만들었다.

우리는 자기 조직화와 무질서, 변종, 다양성을 축하하고 격려할 수 있다. 우리 일부는 이미 이렇게 하고 있고, 도덕률까지 만들었다. 알도 레오폴드가 주장하는 대지 윤리 land ethic가 그런 것이다. "어떤 것이 생명 공동체의 온전함과 안정, 아름다움을 보존하는 경향이 있으면 옳은 것이고, 그렇지 않으면 옳지 않은 것이다.[10]"

시간 지평을 확장하라

인류 최악의 개념 중 하나가 이자율이다. 이자율은 자금 회수 기간과

할인율이라는 개념과 연결되고, 이런 개념들이 장기적 시간을 무시하는 합리적이고 양적인 평계가 되었다.

산업 사회의 공식적인 시간 지평은 다음 선거 후 벌어질 상황, 현재 투자한 자금의 회수 기간을 넘지 않는다. 하지만 우리 가정의 시간 지평은 이보다 장기적이다. 자녀나 손자의 평생까지 확장된다. 아메리카 원주민들은 자신들의 결정이 7대손에 미칠 영향을 적극적으로 거론하며 고민한 문화가 많았다. 고려하는 시간 지평이 길수록 생존 가능성이 커진다. 케네스 볼딩은 이렇게 이야기했다.

> 정체성이 후대로 이어지지 못하고 긍정적인 미래상을 잃은 사회는 당장 눈앞에 닥친 문제를 해결할 능력도 잃고 이내 무너진다는 역사적 증거가 아주 많다… 우리가 새처럼 살아야 한다는 생각에는 늘 신선한 뭔가가 있었고, 후대는 여러 가지 의미에서 중요하지 않을지 모른다. 그러니 어쩌면 우리 모두… 밖에 나가 즐겁게 뭔가 오염시켜야 할 것이다. 하지만 내일을 깊이 고민하는 사람으로서 나는 이 해결책을 받아들일 수 없다…[11]

시스템적 의미에서 엄밀히 따지면, 장기와 단기를 구분할 수 없다. 시간 척도가 서로 다른 현상들이 중첩되기 때문이다. 현재 행동에 따르는 결과 중에는 즉각적으로 효과를 보이는 결과도 있고, 향후 수십 년간 지속적으로 효과를 미칠 결과도 있다. 지금 우리는 어제 그리고 수십 년 전, 수백 년 전 행동에 따른 결과를 경험한다. 아주 빠른 처리와 아주 느린 처리를 결합하면 강력한 효과가 나타날 때도 있고 약한 효과가 나타날 때도 있다. 느린 처리가 지배하면, 아무 일도 일어나지 않는 것처럼 보인다. 빠른 처리가 지배하면, 숨 막힐 만큼 빠르게 일이 발생한다. 시스템은 항상 큰 것과 작은 것, 빠른 것과 느린 것을 결합하고 분리한다.

만일 당신이 까다롭고 구불구불하고 장애물이 있는 놀라운 미지의 길을 걸을 때 고개를 아래로 떨구고 한 걸음 앞만 살피면 어리석은 행동일 것이다. 멀리 앞쪽만 내다보며 당장 발밑에 뭐가 있는지 살피지 않아도 마찬가지로 어리석은 행동일 것이다. 단기와 장기 모두 즉, 전체 시스템을 살펴야 할 것이다.

학문 분야에 얽매이지 마라

당신의 전공이 무엇이건, 교과서에 뭐라고 쓰여 있건, 당신이 자부하는 전문 분야가 무엇이건, 시스템이 향하는 곳으로 쫓아가라. 시스템은 분명히 전통적인 학문 분야를 뛰어넘을 것이다. 그 시스템을 이해하려면 경제학, 화학, 심리학, 신학 등 분야에 얽매이지 않고 배울 수 있어야 한다. 여러 학문 분야의 전문 용어를 이해하고 그 내용을 통합하고 여러 학문이 특정한 렌즈를 통해 진솔하게 볼 수 있는 것이 무엇인지 인식하고 그 렌즈가 편협하고 불완전해서 발생하는 왜곡을 제거할 줄 알아야 한다.

흔히 그렇듯 '학제적 접근'이 다양한 학문 분야의 전문가들이 모여 서로 이해하지 못하는 이야기를 나눈다는 의미라면, 시스템 전체를 보기 위해서는 '학제적 접근' 이상이 필요하다. 학제적 소통이 효과를 발휘하려면 실제 해결해야 하는 문제를 제시하고, 다양한 학문 분야의 전문가들이 학문적인 정확성보다 문제 해결에 전념해야 한다. 각 분야 전문가들이 배우려는 자세를 갖춰야 한다. 무지를 인정하고 서로에게 그리고 시스템에서 기꺼이 배우겠다는 마음을 먹어야 한다.

할 수 있다. 실제로 학제적 소통이 이루어지는 모습은 흥미진진하다.

배려의 지평을 넓혀라

복잡 시스템 세상에서 성공적으로 산다는 것이 시간 지평과 사고 지평의 확장만을 의미하는 것은 아니다. 가장 중요한 의미는 배려의 지평을 넓히라는 것이다. 배려의 지평을 넓히는 것이 도덕적으로도 타당하지만, 혹시 도덕적 근거로 부족하다면 이를 뒷받침할 실질적 근거를 시스템 사고에서 찾을 수 있다. 현실 시스템은 서로 연결되어 있다. 그어떤 인류도 다른 인간이나 지구 생태계와 분리될 수 없다. 통합된 세상이다. 폐가 망가지면 심장도 제대로 작동하지 못하고 근로자가 무너지면 기업도 성공할 수 없다. LA의 가난한 사람들이 무너지면 LA의 부자들도 번영할 수 없고, 아프리카가 무너지면 유럽도 발전할 수 없고, 지구 환경이 파괴되면 지구 경제도 성공할 수 없다.

시스템과 관련한 모든 것이 그렇듯 우리 대부분은 도덕적 규칙과 실질적 규칙도 결국 같은 규칙이 되는 상호연관성을 이미 알고 있다. 알고 있는 것을 믿기만 하면 된다.

인간의 선함에 대한 기대치를 낮추지 마라

'성과 저하를 향한 표류'라는 시스템 원형의 피해를 가장 분명히 보여주는 사례는 현대 산업 문화가 이제껏 도덕적인 목표를 침식한 과정이다. '성과 저하를 향한 표류'의 덫이 끔찍하게 작동한 전형적인 사례다.

인간이 저지른 악행을 드러내 언론이 이를 크게 키우고 문화로 확인하는 것이 요즘 일상이다. 우리는 인간의 악행이 일상이라고 생각하며 결국 우리는 인간일 뿐이라고 여긴다. 인간이 선행을 베푸는 사례가 훨씬 더 많지만, 거의 주목받지 못한다. 인간의 선행은 뉴스가 아니다. "성자가 틀림없어! 인간이 모두 저렇게 행동하길 바랄 수는 없어!"라며 예외로 치부한다.

이렇게 인간의 선함에 대한 기대치가 낮아진다. 바람직한 행동의 기준을 낮추는 것이다. 이상을 확인하고 되새기는 행동은 점점 줄어든다. 공론장에는 냉소주의만 가득하다. 눈에 띄게 부도덕하거나 비도덕적인 대중 지도자들은 부끄러움도 모르고, 책임도 지지 않는다. 이상주의는 비웃음을 사고, 도덕적 신념을 발표하면 의심을 산다. 공개적으로 사랑을 이야기하는 것보다 미움을 이야기하는 편이 훨씬 쉽다. 문학 평론가이자 박물학자인 조셉 우드 크루치Joseph Wood Krutch는 이렇게 지적했다.

> 이제껏 인간이 이토록 자신의 소유물에 안주한 적이 없고 마음먹은 대로 무엇이든 할 수 있다고 확신한 적이 없지만, 동시에 자기 존재를 이토록 낮게 평가한 적도 없다. 인간은 과학적 방법 덕분에 부를 창출하고 위력을 행사했고, 생물학과 심리학으로 자신을 설명할 수 있게 되었고, 최소한 전에 독특하거나 신비롭게만 보이던 것을 설명할 수 있게 되었다고 믿는다… 아무리 부유하고 힘이 있어도 사실 인간은 영혼이 궁핍하다.[12]

우리는 성과 저하를 향한 표류에 대처하는 방법을 이미 알고 있다. 좋은 뉴스보다 나쁜 뉴스에 더 큰 비중을 두지 않는 것이다. 기준을 절대적으로 유지하는 것이다.

시스템 사고는 우리에게 방법을 알려줄 뿐이며 실행은 우리의 몫이다. 다시 말하지만, 이해하는 것과 실천하는 것 사이에는 골짜기가 있다. 시스템 사고가 그 골짜기에 다리를 놓을 수는 없다. 시스템 사고는 시스템 분석으로 도달할 수 있는 벼랑 끝까지 우리를 안내한 뒤 그 골짜기 너머 인간의 영혼으로 건너야만 하고 건너갈 수 있는 지점을 가리킨다.

부록

시스템 원리 요약

시스템

- ◆ 시스템은 부분들의 합보다 크다.

- ◆ 시스템의 상호연관성은 정보의 흐름을 통해 움직이는 경우가 많다.

- ◆ 시스템에서 가장 불분명한 부분인 기능 혹은 목적이 흔히 시스템의 행태를 결정하는 가장 중요한 요인이다.

- ◆ 시스템 구조가 시스템 행동의 근원이다. 시스템 행동은 시간 흐름에 따른 일련의 사건으로 드러난다.

저량, 유량, 동적평형

- ◆ 저량은 시스템 내부에서 유량이 변한 역사의 기억이다.

- ◆ 유입 총량이 유출 총량을 초과하면 저량 수위가 올라간다.

- ◆ 유출 총량이 유입 총량을 초과하면 저량 수위가 내려간다.

- ◆ 유출 총량과 유입 총량이 같으면 저량 수위는 변하지 않는다. 동적평형을

유지할 것이다.

- ◆ 유출률을 낮춰도 유입률을 높여도 저량은 증가한다.

- ◆ 저량은 시스템에서 지연이나 완충재, 충격 흡수재 역할을 한다.

- ◆ 유입 유량과 유출 유량이 독립적으로 분리되고 일시적으로 균형이 깨져도 문제가 되지 않는 것은 저량 덕분이다.

피드백 루프

- ◆ 피드백 루프는 저량, 저량 수준에 따른 일련의 결정이나 규칙이나 물리적 법칙이나 조치, 다시 저량을 변화시키는 유량이 폐쇄적으로 연결된 인과 관계 사슬이다.

- ◆ 균형 피드백 루프는 시스템에서 평형을 유지하거나 목표를 추구하는 구조이며, 안정의 근원이자 변화에 대한 저항의 근원이다.

- ◆ 자기 향상적인 강화 피드백 루프는 시간이 지나며 지수적 성장이나 걷잡을 수 없는 붕괴로 이어진다.

- ◆ 피드백 루프로 전달된 정보는 미래 행동에만 영향을 줄 수 있다. 비물리적인 피드백도 마찬가지다. 피드백 루프는 현재의 피드백을 추진한 행동을 교정할 만큼 빠르게 신호를 전달할 수 없다.

- ◆ 저량을 유지하는 균형 피드백 루프는 반드시 저량에 영향을 주는 채움 과정이나 비움 과정을 적절히 보상하도록 목표를 설정해야 한다. 그렇지 않으면 피드백 과정에서 저량이 목표치에 도달하지 못하거나 목표치를 초과할 것이다.

◆ 피드백 구조가 비슷한 시스템들은 동태적 행태도 비슷하다.

지배 전환, 지연, 진동

◆ 시스템의 복잡한 행태는 흔히 피드백 루프들의 상대적인 힘이 변하며 행동을 지배하는 루프가 바뀌기 때문에 발생한다.

◆ 균형 피드백 루프의 지연은 시스템의 진동을 일으키기 쉽다.

◆ 지연 시간을 변화시키면 시스템 행동이 크게 변할 수 있다.

시나리오, 모델 검증

◆ 시스템 다이내믹스 모델은 가능한 미래를 탐구하고 '가정한' 질문을 제기한다.

◆ 그 누구도 구동 시나리오가 현실적인지 아닌지 확신할 수 없다. 따라서 모델의 유용성을 결정하는 것은 구동 시나리오가 현실적이냐의 여부가 아닌, 구동 시나리오가 현실적인 행동 패턴으로 반응하느냐 아니냐다.

시스템 제약

◆ 물리적이며 지수적으로 성장하는 시스템에는 최소한 성장을 추진하는 강화 루프 하나와 성장을 제한하는 균형 루프 하나가 있다. 왜냐하면 유한한 환경에서 영원히 성장할 수 있는 물리적 시스템은 없기 때문이다.

◆ 회복 불가능한 자원은 저량의 제약을 받는다.

◆ 회복 가능한 자원은 유량의 제약을 받는다.

회복탄력성, 자기 조직화, 계층

♦ 회복탄력성에는 한계가 있기 마련이다.

♦ 시스템은 생산성이나 안정성뿐만 아니라 회복탄력성 즉, 변동에서 회복
하는 능력, 스스로 복원하거나 복구하는 능력도 갖추도록 관리해야 한다.

♦ 시스템은 흔히 자기 조직화 속성을 띤다. 즉, 스스로 구조화하고 새로운
구조를 창출하고 학습하고 다양해지고 복잡해지는 능력을 지닌다.

♦ 계층적 시스템은 가장 낮은 단계부터 진화한다. 상부 계층의 목적은 하부
계층의 목적에 기여하는 것이다.

시스템 놀라움의 근원

♦ 시스템에는 비선형적 관계가 많다.

♦ 따로 분리된 시스템은 없다. 세상은 연속체다. 시스템 주변 어디에 경계
를 그을 것인지는 논의의 목적에 달렸다.

♦ 시스템에 가장 중요한 투입은 언제나 가장 제한적인 투입이다.

♦ 투입과 산출이 다양한 물리적 실체는 겹겹이 쌓인 한계에 둘러싸이기 마
련이다.

♦ 성장에는 늘 한계가 따르기 마련이다.

♦ 한계를 향해 지수적으로 성장하는 양이 그 한계에 도달하는 시간은 놀랄
만큼 짧다.

♦ 피드백 루프에 긴 지연이 있으면 선견지명이 꼭 필요하다.

♦ 시스템 내 행위자 각자의 제한된 합리성은 시스템 전체의 복지를 키우는

결정으로 이어지지 않을 수 있다.

사고방식, 모델

◆ 우리가 세상에 대해 안다고 생각하는 것은 모두 모델이다.

◆ 우리의 모델은 세상과 대부분 일치한다.

◆ 우리의 모델은 현실 세계를 온전히 반영하지는 못한다.

시스템 덫 뛰어넘기

정책 저항

덫: 다양한 행위자들이 서로 다른 목표를 향해 시스템 저량을 끌어당기면 정책 저항이라는 결과가 발생할 수 있다. 새로운 정책, 특히 효과적인 신규 정책이 시스템 저량을 다른 행위자들의 목표에서 더 멀리 끌어당기며 추가적인 저항을 유발하면, 아무도 원치 않는 결과를 유지하려고 모든 행위자가 상당한 노력을 기울이는 상황만 발생한다.

탈출법: 포기하라. 모든 행위자를 참여시키고 저항에 쓰이던 에너지를 이용해 모두가 만족할 수 있도록 모든 목표를 이룰 방법을 찾거나 모두 함께 추구할 수 있는 더 크고 더 중요한 목표를 다시 설정하라.

공유지의 비극

덫: 자원을 함께 공유하면 이용자 각자가 자원을 이용하며 직접적인 혜택을 누리지만, 남용에 따른 대가는 다른 모든 사람에게 돌아간다. 따라서 자원 이용자의 의사 결정과 자원 상태를 연결하는 피드백이 아주 약하다. 그 결과 자원이 남용되고, 그 누구도 이용할 수 없을 때까지 침식된다.

탈출법: 이용자들이 자원 남용의 결과를 이해하도록 교육하고 훈계하라. 그리고 이용자 각자가 남용의 결과를 직접적으로 느끼게끔 자원을 사유화하거나 (사유화할 수 없는 자원이 많으니) 모든 이용자의 자원 접근권을 규제하는 방법을 적용해 누락된 피드백 연결을 복구하거나 강화하라.

성과 저하를 향한 표류

덫: 성과 기준이 과거의 성과에 영향을 받고 특히 부정적인 편견으로 과거의 성과를 인지하면 목표를 침식하는 강화 피드백 루프가 작동해 시스템이 성과 저하를 향해 표류한다.

탈출법: 성과 기준을 절대적으로 지켜라. 최악의 결과가 아니라 실제 최고의 결과에 따라 기준을 높이면 훨씬 더 좋다. 바로 이 구조를 이용해 성과 제고를 향해 나아가라.

단계적 확대

덫: 어떤 저량의 상태가 또 다른 저량의 상태를 능가하려는 노력에 따라 결정되면 강화 피드백 루프가 시스템을 군비 경쟁이나 재산 경쟁, 인신공격,

음량 확대, 폭력 확대로 몰아간다. 단계적 확대는 지수적으로 커지기 때문에 놀랄 만큼 빠르게 극단으로 치달을 수 있다. 그대로 방치하면 그 소용돌이는 누군가의 파멸로 끝이 난다. 지수적 성장은 영원히 지속될 수 없기 때문이다.

탈출법: 단계적 확대의 덫에서 탈출하는 가장 좋은 방법은 그 덫에 걸리지 않는 것이다. 단계적 확대 시스템에 사로잡히면 어느 하나가 경쟁을 거부함으로써 (일방적으로 군비를 축소함으로써) 강화 루프를 차단할 수 있다. 혹은 단계적 확대를 통제할 균형 루프를 갖춘 새로운 시스템을 협상할 수 있다.

성공한 사람에게 몰아주기

덫: 만일 경쟁에서 승리한 사람이 다시 승리할 수단을 체계적으로 보상받고, 그에 따라 생성된 강화 피드백 루프가 아무런 제약 없이 작동한다면, 결국 승자가 모든 것을 차지하고 패자는 도태된다.

탈출법: 경쟁에서 패배한 사람들이 그 게임에서 벗어나 다른 게임을 시작할 수 있도록 하는 다양화. (반독점법처럼) 승자가 차지할 몫에 대한 엄격한 제한. 아주 강한 경쟁자의 이점을 일부 제거하거나 아주 약한 경쟁자의 이점을 증가시키며 운동장을 평평하게 만드는 정책. 성공한 사람이 다음 경쟁에서 편파적으로 유리한 위치에 서지 않도록 보상하는 정책.

개입자에게 부담 떠넘기기

덫: 부담 떠넘기기나 의존성, 중독은 시스템 문제에 대한 해결책이 증상을

(변장시키거나) 완화할 뿐 근본적인 문제를 전혀 해결하지 못할 때 발생한다. 인식을 무디게 하는 물질이건 근본적인 문제를 숨기는 정책이건 중독은 실제 문제를 해결할 조치를 취하지 못하도록 방해한다.

문제를 해결하려는 개입이 본래 시스템의 자기 유지 능력을 위축시키거나 약화시키면 파괴적인 강화 피드백 루프가 작동한다. 시스템은 악화하고, 점점 더 많은 해결책이 필요해진다. 시스템은 점점 더 개입에 의존하며 스스로 바람직한 상태를 유지할 능력을 잃게 될 것이다.

탈출법: 다시 말하지만, 가장 좋은 탈출법은 덫에 빠지지 않는 것이다. 실제 문제를 해결하지 못하고 증상만 완화하거나 신호를 무시하는 정책이나 관행을 경계하라. 일시적인 증상 완화에 몰두하지 말고 장기적인 구조 재편에 집중하라.

만일 당신이 개입자라면 스스로 문제를 해결하는 시스템의 능력을 복구하거나 강화한 후 물러나라.

만일 당신이 견딜 수 없을 만큼 의존 상태에 빠져 있다면 우선 당신 시스템 자체의 능력을 재구축한 뒤 개입자를 제거하라. 지금 당장 시작하라. 미루면 미룰수록 금단 과정이 더 힘들어질 것이다.

규칙 회피

덫: 시스템을 통제하는 규칙이 규칙 회피 즉, 규칙을 준수하거나 목표를 달성하는 것처럼 보이지만 실제로는 시스템을 왜곡시키는 회피 행동을 초래할 수 있다.

탈출법: 규칙을 회피하는 쪽이 아니라 규칙의 목적을 달성하는 쪽으로 창의력을 발휘하도록 규칙을 설계하거나 재설계하라.

잘못된 목표 추구

덫: 시스템 행동은 특히 피드백 루프의 목표에 민감하게 반응한다. 목표 즉, 규칙 준수 지표를 부정확하거나 불완전하게 규정한다면, 시스템이 고분고분하게 규칙을 따르며 실제 의도하거나 원하지 않은 결과를 만들 것이다.

탈출법: 시스템의 진정한 복지를 반영하는 지표와 목표를 명시하라. 특히 노력과 결과를 혼동하지 않도록 주의하라. 그렇지 않으면 결국 시스템이 노력만 하고 결과를 내지 못할 것이다.

시스템 개입 지점(효과가 커지는 순서로 정리)

12. **숫자** - 보조금과 세금, 기준 등의 변수와 상수

11. **완충제** - 유량에 비해 안정적인 저량의 크기

10. **저량-유량 구조** - 물리적 시스템과 교차점

9. **지연** - 시스템 변화 속도 대비 시간 길이

8. **균형 피드백 루프** - 피드백이 교정하려는 영향 대비 피드백의 힘

7. **강화 피드백 루프** - 추진 루프의 증가력

6. **정보 흐름** - 정보 접근권을 지닌 자와 지니지 못한 자의 구조

5. **규칙** – 장려책과 처벌, 제약

4. **자기 조직화** – 시스템 구조를 추가하고 바꾸고 진화시키는 힘

3. **목표** – 시스템의 목적 혹은 기능

2. **패러다임** – 목표와 구조, 규칙, 지연, 변수 등 시스템이 나오는 사고방식

1. **패러다임 초월**

시스템 세상에서 살기 위한 지침

1. 시스템 박자를 파악하라.

2. 정신 모델을 분명히 드러내라.

3. 정보를 귀하게 여겨 존중하고 배포하라.

4. 언어를 신중하게 사용하고 시스템 개념으로 언어를 풍부하게 하라.

5. 수량화할 수 있는 것이 아니라 중요한 것에 주목하라.

6. 피드백 시스템을 위한 피드백 정책을 세우라.

7. 전체의 이익을 추구하라.

8. 시스템의 지혜에 귀 기울이라.

9. 시스템에서 책임을 찾아라.

10. 겸손하라 – 계속 학습하라.

11. 복잡성을 찬양하라.

12. 시간 지평을 확장하라.

13. 학문 분야에 얽매이지 마라.

14. 배려의 경계를 확장하라.

15. 선의의 목표를 침식하지 마라.

모델 방정식

컴퓨터를 이용하지 않아도 시스템에 관해 많은 것을 배울 수 있다. 하지만 아주 단순한 시스템의 움직임을 탐구하더라도 공식적인 시스템 수학 모델을 구축하는 방법을 배우고 싶을 것이다. 이 책에 예시된 모델은 본래 (하이 퍼포먼스 시스템High Performance Systems이었던) 아이씨 시스템isee systems Inc.사의 모델링 소프트웨어 스텔라STELLA로 만들었지만, 아이씨 시스템사의 아이싱크iThink나 스텔라, 벤타나 시스템Ventana Systems Inc.사의 벤심Vensim 등 여러 가지 모델링 소프트웨어에 쉽게 적용하도록 방정식을 정리했다.

1장과 2장에 예시된 아홉 가지 시스템 모델의 방정식에서 '컨버터'는 시스템 모델의 다른 요소들에 기초한 계산이나 상수일 수 있다. 시간은 (t)로 표기하고, 계산과 계산 사이 시간 변화 즉, 시간 간격은 (dt)로 표기한다.

01
욕조: 도표 5~7
저량: 욕조 물(t)=욕조 물$(t$-$dt)$+(유입-유출)$\times dt$

최초 저량값: 욕조 물=50갤런

t=분

dt=1분

실행 시간=10분

유입 유량: 유입=0갤런/분(0~5분까지), 5갤런/분(6~10분까지)

유출 유량: 유출=5갤런/분

냉각되는 커피와 가열되는 커피: 도표 10~11

냉각

저량: *커피 온도(t)=커피 온도(t-dt)-(냉각×dt)*

최초 저량값: *커피 온도=100˚C 혹은 80˚C, 60˚C*(세 가지 모델 비교)

t=분

dt=1분

실행 시간=8분

유출 유량: *냉각=차이×10%*

컨버터: *차이=커피 온도-실내 온도*

실내 온도=18˚C

가열

저량: *커피 온도(t)=커피 온도(t-dt)+(가열×dt)*

최초 저량값: *커피 온도=0˚C 혹은 5˚C, 10˚C*(세 가지 모델 비교)

t=분

dt=1분

실행 시간=8분

유입 유량: *가열=차이×10%*

컨버터: *차이=실내 온도-커피 온도*

실내 온도=18˚C

예금 계좌: 도표 12~13

저량: *계좌 잔고(t)=계좌 잔고(t-dt)+(이자율×dt)*

최초 저량값: *계좌 잔고=100달러*

t=연

dt=1년

실행 시간=12년

유입 유량: *이자율(달러/년)=계좌 잔고×이자율*

컨버터: *이자율=연 2% 혹은 4%, 6%, 8%, 10%*(다섯 가지 모델 비교)

02

온도조절기: 도표 15~20

저량: *실내 온도(t)=실내 온도(t-dt)+(보일러 열 공급-외부 열 손실)×dt*

최초 저량값: *실내 온도=10˚C*(추운 방 난방 시), *18˚C*(따뜻한 방 냉각 시)

t=시간

dt=1시간

실행 시간=8시간과 24시간

유입 유량: 보일러 열 공급=실내 온도 실제값과 실내 온도 목표값의 차이의
최소치 혹은 5

유출 유량: 외부 열 손실=실내 온도와 실외 온도의 차이×10%('일반' 주택),
실내 온도와 실외 온도의 차이×30%(단열 부실 주택)

컨버터: 온도조절기 설정값=18˚C

실내 온도 실제값과 실내 온도 목표값의 차이=(온도조절기 설정값-실내 온도)
의 최대치 혹은 0

실내 온도와 실외 온도의 차이=실내 온도-10˚C(실외 온도가 일정할 때, 도표
16~18), *실내 온도-24시간 주기 실외 온도(실외 온도가 주야로 오르내릴 때,*
도표 19~20)

24시간 주기 실외 온도는 주간 10˚C(50˚F)에서 야간 -5˚C(23˚F)로 변동
(아래 그래프 참조)

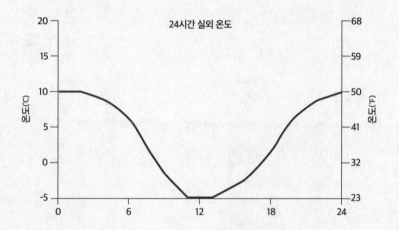

인구: 도표 21~26

저량: *인구(t)=인구(t-dt)+(출생-사망)×dt*

최초 저량값: *인구=66억*

t=연

dt=1년

실행 시간=100년

유입 유량: *출생=인구×출산율*

유출 유량: *사망=인구×사망률*

컨버터:

도표 22:

사망률=0.009(인구 1,000명당 9명 사망)

출산율=0.021(인구 1,000명당 21명 출생)

도표 23:

사망률=0.030

출산율=0.021

도표 24:

사망률=0.009

출산율은 0.021로 시작해 시간이 지나며 0.009 낮아짐(아래 그래프 참조).

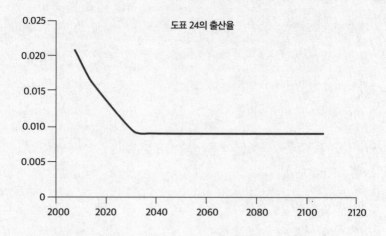

도표 24의 출산율

도표 26:

사망률=0.009

출산율은 0.021로 시작해 0.009로 낮아진 뒤 0.030으로 다시 증가함(아래 그래프 참조)

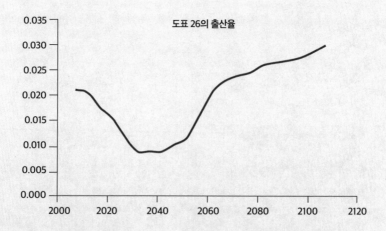

도표 26의 출산율

자본: 도표 27~28

저량: *자본 저량(t)=자본 저량(t-dt)+(투자-감가상각)×dt*

최초 저량값: *자본 저량=100*

t=연

dt=1년

실행 시간=50년

유입 유량: *투자=연간 생산×투자율*

유출 유량: *감가상각=자본 저량/자본 수명*

컨버터: *연간 생산=자본 저량×자본 단위당 산출률*

자본 수명=10년 혹은 15년, 20년(세 가지 모델 비교)

투자율=20%

자본 단위당 산출률=1/3

재고: 도표 29~36

저량: *전시장 자동차 재고(t)=전시장 자동차 재고(t-dt)+(입고-판매)×dt*

최초 저량값: *전시장 자동차 재고=200대*

t=일

dt=1일

실행 시간=100일

유입 유량: *입고=20(0~5일까지), 공장 주문량(t-입고 지연) (6~100일까지)*

유출 유량: *판매=전시장 자동차 재고의 최소치 혹은 고객 수요*

컨버터: 고객 수요=20대/일(0~25일까지), 22대/일(26~100일까지)

인지된 판매=인지 지연 기간 중 평균 판매(즉, 인지 지연 기간으로 고르게 분산한 판매)

바람직한 재고=인지된 판매×10

차이=바람직한 재고−전시장 자동차 재고

공장 주문량=(인지된 판매+차이)의 최대치 혹은 0(도표 32), (인지된 판매+차이/반응 지연)의 최대치 혹은 0(도표 34~36)

지연, 도표 30:

인지 지연=0

반응 지연=0

입고 지연=0

지연, 도표 32:

인지 지연=5일

반응 지연=3일

입고 지연=5일

지연, 도표 34:

인지 지연=2일

반응 지연=3일

입고 *지연*=5일

지연, 도표 35:

인지 지연=5일

반응 지연=2일

입고 지연=5일

지연, 도표 36:

인지 지연=5일

반응 지연=6일

입고 지연=5일

회복 가능한 저량과 이를 제약하는 회복 불가능한 저량: 도표 37~41

저량: *자원(t)=자원(t-dt)-(채굴×dt)*

최초 저량값: *자원*=1000(도표 38과 40, 41), 1000 혹은 2000, 4000(도표 39의 세 가지 모델 비교)

유출 유량: *채굴=자본×자본 단위당 추출률*

t=연

dt=1년

실행 시간=100년

저량: *자본(t)=자본(t-dt)+(투자-감가상각)×dt*

최초 저량값: *자본=5*

유입 유량: *투자=수익의 최소치 혹은 성장 목표*

유출 유량: *감가상각=자본/자본 수명*

컨버터: *자본 수명=20년*

수익=(가격×채굴)−(자본×10%)

성장 목표=자본×10%(도표 30~40), 자본×6% 혹은 8%, 10%, 12%(도표 40의 네 가지 모델 비교)

가격=3(도표 38~40), 도표 41에서 가격은 자본 단위당 추출률이 높을 때 1.2에서 출발해 자본 단위당 추출률이 떨어지면 10으로 상승함. (아래 그래프 참조)

자본 단위당 추출률은 자원 저량이 클 때 1에서 출발해 자원 저량이 줄면 0으로 떨어짐. (아래 그래프 참조)

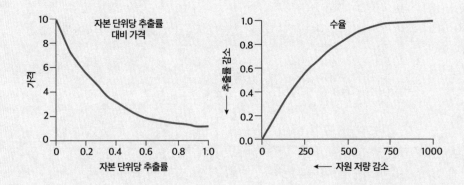

회복 가능한 저량과 이를 제약하는 회복 가능한 저량: 도표 42~45

저량: *자원(t)=자원(t-dt)+(재생-수확)×dt*

최초 저량값: *자원*=1000

유입 유량: *재생=자원×재생률*

유출 유량: *수확=자원×자본 단위당 수확률*

t=연

dt=1년

실행 시간=100년

저량: *자본(t)=자본(t-dt)+(투자-감가상각)×dt*

최초 저량값: *자본*=5

유입 유량: *투자=수익의 최소치 혹은 성장 목표*

유출 유량: *감가상각=자본/자본 수명*

컨버터: *자본 수명*=20

성장 목표=자본×10%

수익=(가격×수확)-자본

가격은 자본 단위당 수확률이 높을 때 1.2에서 출발해 자본 단위당 수확률
이 떨어지면 10으로 상승함. 앞서 설명한 모델과 마찬가지로 이 모델에서
도 가격과 수확의 관계는 비선형적인 관계임.

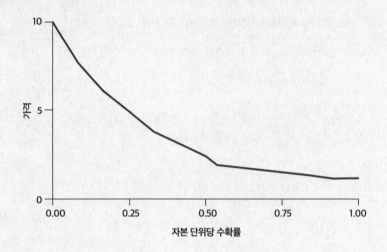

재생률은 자원 저량이 가득하거나 완전 고갈일 때 0이며, 그 중간 지점에서 나타나는 재생률의 정점은 0.5에 근접함.

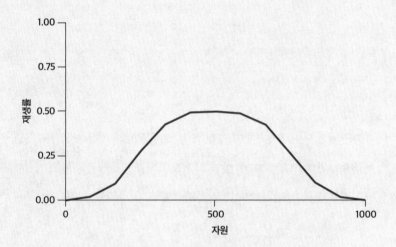

*자본 단위당 수확률*은 자원 저량이 가득할 때는 1이지만, 자원 저량이 감소하면서 (비선형적으로) 떨어짐. 자본 단위당 수확률은 도표 43의 가장 낮은 단계부터 도표 44의 조금 더 높은 단계, 도표 45의 가장 높은 단계까지 전체적으로 수율이 증가함.

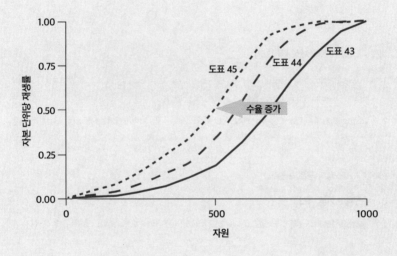

미주

서문 시스템 렌즈로 세상 바라보기

1　Russell Ackoff의 〈The Future of Operational Research Is Past〉 (1979년 2월 《Journal of the Operational Research Society》 30권 2호 p.93~104)

2　Idries Shah의 《Tales of the Dervishes》 (1970년 E. P. Dutton 출판) p.25

PART 1 시스템의 구조와 행동

01 시스템의 기본 법칙

1　Arthur Koestler의 《The Ghost in the Machine》 (1968년 Macmillan 출판) p.59에 인용된 내용

2　Ramon Margalef의 〈Perspectives in Ecological Theory〉 (1975년 여름 《Co-Evolution Quarterly》 p.49)

3　Jay W. Forrester의 《Industrial Dynamics》 (1961년 The MIT Press 출간) p.15

4　George P. Richardson의 《Feedback Thought in Social Science and Systems Theory》 (1991년 University of Pennsylvania Press 출간) p.54에 인용된 내용

5　위 책 p.44에 인용된 내용

02 다양한 시스템 유형들

1　Albert Einstein의 〈On the Method of Theoretical Physics〉, 1933년 6월 10일 옥스퍼드대에서 진행된 허버트 스펜서 기념 강연 (1934년 4월 《Philosophy of Science》 1권 2호 p.163~169)

2 '시스템 동물원'은 독일 카셀대의 하르트무트 보셀Hartmut Bossel 교수가 만든 개념이다. 보셀 교수는 '시스템 동물원'에 관한 책 세 권에서 100가지가 넘는 시스템 '동물' 설명과 시뮬레이션 모델 자료를 발표했고, 그 일부를 수정해서 이 책에서 실었다. Hartmut Bossel의 《System Zoo 1 Simulation Models: Elementary Systems, Physics, Engineering》, 《System Zoo 2 Simulation Models: Climate, Ecosystems, Resources》, 《System Zoo 3 Simulation Models: Economy, Society, Development》 (2007년 Books on Demand 출간)

3 더 완전한 모델은 Dennis L. Meadows 외 편집한 《Dynamics of Growth in a Finite World》 (1974년 Wright-Allen Press 출판)의 'Population Sector'장 참조

4 Donella Meadows와 Jørgen Randers, Dennis Meadows의 《Limits to Growth: The 30-Year Update》 (2004년 Chelsea Green Publishing Co. 출판) 2장의 사례를 참조하기 바람.

5 Jay W. Forrester가 1989년에 발표한 〈The System Dynamics National Model: Macrobehavior from Microstructure〉 (1989년 Springer-Verlag 출간한 P. M. Milling과 E. O. K. Zahn 편집 《Computer-Based Management of Complex Systems: International System Dynamics Conference》에 수록)

PART 2 우리 인간과 시스템

03 시스템이 훌륭하게 작동하는 이유

1 Aldo Leopold의 《Round River》 (1993년 Oxford University Press 출간)

2 C. S. Holling 등 편집 《Adaptive Environmental Assessment and Management》 (1978년 John Wiley & Sons 출간) p.34

3 Ludwig von Bertalanffy의 《Problems of Life: An Evaluation of Modern Biological Thought》 (1952년 John Wiley & Sons 출간) p.105

4 Jonathan Swift의 〈Poetry, a Rhapsody, 1733〉, 《The Poetical Works of Jonathan Swift》 (1959년 Little Brown & Co. 출간)에 수록됨

5 Herbert Simon의 《The Sciences of the Artificial》 (1969년 MIT Press 출간) p.90~91과 p.98~99에서 발췌한 내용

04 우리가 시스템에 놀라는 이유

1 Wendell Berry의 《Standing by Words》 (2005년 Shoemaker & Hoard 출간) p.65

2 Kenneth Boulding의 〈General Systems as a Point of View〉 (1964년 John Wiley & Sons 출간한 Mihajlo D. Mesarovic 등 편집《Views on General Systems Theory: Proceedings of the Second Systems Symposium at Case Institute of Technology》에 수록)

3 James Gleick의《Chaos: Making a New Science》(1987년 Viking 출간) p.23 - 24

4 참고 자료: C. S. Holling의 〈The Curious Behavior of Complex Systems: Lessons from Ecology〉 (1977년 Addison-Wesley 출간한 H. A. Linstone의《Future Research》에 수록), B. A. Montgomery 외 〈The Spruce Budworm Handbook〉 (1982년 11월 Michigan Cooperative Forest Pest Management Program, Handbook p.82~87,《The Research News》 (University of Michigan, 1984년 4~6월), Kari Lie의 〈The Spruce Budworm Controversy in New Brunswick and Nova Scotia〉 (1980년 봄,《Alternatives》 10권 10호, p.5~13, R. F. Morris의 〈The Dynamics of Epidemic Spruce Budworm Populations〉, (1963년《Entomological Society of Canada》 31호)

5 Garrett Hardin의 〈The Cybernetics of Competition: A Biologist's View of Society〉 (1963년《Perspectives in Biology and Medicine》 7권 1호, p.58~84)

6 Jay W. Forrester의《Urban Dynamics》(1969년 The MIT Press 출간) p.117

7 Vaclav Havel의 프랑스 학사원 연설 (1992년 11월 13일 〈International Herald Tribune〉 7면에 인용됨)

8 Dennis L. Meadows의《Dynamics of Commodity Production Cycles》 (1970년 Wright-Allen Press, Inc. 출간)

9 Adam Smith의《An Inquiry into the Nature and Causes of the Wealth of Nations》 (1976년 Edwin Cannan 편집, University of Chicago Press 출간) p.477~478

10 Herman Daly 외《Toward a Steady-State Economy》(1973년 W. H. Freeman and Co. 출간), Herbert Simon의 〈Theories of Bounded Rationality〉 (1972년 North-Holland Pub. Co. 출간한 R. Radner와 C. B. McGuire 편집《Decision and Organization》에 수록)

11 만족화satisficing란 용어는 ('만족시키다satisfy'와 '충분하다suffice'를 합쳐서 만든 용어로) 허버트 사이먼이 정보가 불완전한 상황에서 결과를 극대화하려고 애쓰기보다 요구를 적당히 충족시키기로 결정하는 행동을 설명하기 위해 처음 사용했다(1957년 Wiley 출간한 H. Simon의《Models of Man》)

12 Philip G. Zimbardo의 〈On the Ethics of Intervention in Human Psychological Research: With Special Reference to the Stanford Prison Experiment〉 (1973년《Cognition》 2권 2호 p.243~256)

13 1973년 덴마크 콜레콜레에서 열린 학회에 참석했을 때 들은 이야기

05 시스템 속의 덫과 기회

1 1992년 12월 16일 〈International Herald Tribune〉 24면에 실린 Barry James의 인터뷰 기사 〈Voltaire's Legacy: The Cult of the Systems Man〉에서 재구성

2 John H. Cushman, Jr.의 〈From Clinton, a Flyer on Corporate Jets?〉 (1992년 12월 15일 〈International Herald Tribune〉 11면)

3 세계은행의 《World Development Report 1984》 (1984년 Oxford University Press 출간) p.157, Petre Muresan과 Ioan M. Copil의 〈Romania〉 (1974년 McGraw-Hill Book Company 출간한 B. Berelson 편집의 《Population Policy in Developed Countries》 p.355~384)

4 Alva Myrdal의 《Nation and Family》 (1968년 MIT Press 출간, 초판은 1941년 Harper & Brothers 출간)

5 〈Germans Lose Ground on Asylum Pact〉 (1992년 12월 15일 〈International Herald Tribune〉 5면)

6 Garrett Hardin의 〈The Tragedy of the Commons〉 (1968년 12월 13일 《Science》 162권 3859호 p.1243~1248)

7 Erik Ipsen의 〈Britain on the Skids: A Malaise at the Top〉 (1992년 12월 15일 〈International Herald Tribune〉 1면)

8 Clyde Haberman의 〈Israeli Soldier Kidnapped by Islamic Extremists〉 (1992년 12월 14일 〈International Herald Tribune〉 1면)

8 Sylvia Nasar의 〈Clinton Tax Plan Meets Math〉 (1992년 12월 14일 〈International Herald Tribune〉 15면)

9 Jonathan Kozol의 《Savage Inequalities: Children in America's Schools》 (1991년 Crown Publishers 출간) 참조

10 Thomas L. Friedman의 〈Bill Clinton Live: Not Just a Talk Show〉 (1992년 12월 16일 〈International Herald Tribune〉 6면)에 인용된 내용

11 Keith B. Richburg의 〈Addiction, Somali-Style, Worries Marines〉 (1992년 12월 15일 〈International Herald Tribune〉 2면)

12 만화 Calvin and Hobbes (1992년 12월 18일 〈International Herald Tribune〉 22면)

13 Wouter Tims의 〈Food, Agriculture, and Systems Analysis〉 (국제응용시스템분석연구소의

《Options》 1984년 제2호 p.16)

14 〈Tokyo Cuts Outlook on Growth to 1.6%〉 (1992년 12월 19~20일 〈International Herald Tribune〉 11면)

15 1968년 3월 18일 로버트 케네디Robert F. Kennedy의 캔자스대학 연설 (https://www.jfklibrary.org/learn/about-jfk/the-kennedy-family/robert-f-kennedy/robert-f-kennedy-speeches/remarks-at-the-university-of-kansas-march-18-1968)

16 Wendell Berry의 《Home Economics》 (1987년 North Point Press 출간) p.133

PART 3 시스템의 원리를 이용한 혁신 창조

06 지렛점 - 시스템 개입 지점

1 Lawrence Malkin의 〈IBM Slashes Spending for Research in New Cutback〉 (1992년 12월 16일 〈International Herald Tribune〉 1면)

2 J. W. Forrester의 《World Dynamics》 (1971년 Wright-Allen Press 출간)

3 Forrester의 《Urban Dynamics》 (1969년 The MIT Press 출간) p.65

4 칠레 산티아고 David Holmstrom의 이야기

5 Dennis L. Meadows가 《Dynamics of Commodity Production Cycles》 (1970년 Wright-Allen Press, Inc. 출간)에 제시한 생필품 가격 변동 모델 참조

6 John Kenneth Galbraith의 《The New Industrial State》 (1967년 Houghton Mifflin 출간)

7 Ralph Waldo Emerson의 1838년 3월 보스턴 강연 〈War〉 (1887년 Houghton, Mifflin & Co. 출간한 《Emerson's Complete Works》 11권 p.177 수록)

8 Thomas Kuhn의 《The Structure of Scientific Revolutions(과학혁명의 구조)》 (1962년 University of Chicago Press 출간)

07 세상을 더 잘 살아가기 위한 시스템 법칙

1 G. K. Chesterton의 《Orthodoxy(정통)》 (1927년 Dodd, Mead and Co. 출간)

2 기업 경영의 맥락에서 인간의 여러 가지 특성과 시스템 사고가 훌륭하게 결합하는 사례는 Peter Senge의 《The Fifth Discipline: The Art and Practice of the Learning Organization(학습하는 조직)》 (1990년 Doubleday 출간) 참조

3   Philip Abelson의 〈Major Changes in the Chemical Industry〉 (1992년 3월 20일 《Science》 255권 5051호 p.1489)

4   Fred Kofman의 〈Double-Loop Accounting: A Language for the Learning Organization〉 (1992년 2월 《The Systems Thinker》 3권 1호)

5   Wendell Berry의 《Standing by Words》 (1983년 North Point Press 출간) p.24와 p.52

6   Pugh-Roberts Associates의 Ed Roberts가 들려준 이야기

7   Garrett Hardin의 《Exploring New Ethics for Survival: the Voyage of the Spaceship Beagle》 (1976년 Penguin Books 출간) p.107

8   Donald N. Michael의 〈Competences and Compassion in an Age of Uncertainty〉 (1983년 1/2월 《World Future Society Bulletin》)

9   H. A. Linstone과 W. H. C. Simmonds 편집 《Futures Research》 (1977년 Addison-Wesley 출간) p.98~99에 인용된 Donald N. Michael의 글

10 Aldo Leopold의 《A Sand County Almanac and Sketches Here and There(모래 군의 열두 달)》 (1968년 Oxford University Press 출간) p.224~225

11 Kenneth Boulding의 〈The Economics of the Coming Spaceship Earth〉 (1966년 Johns Hopkins University Press 출간한 H. Jarrett 편집 《Environmental Quality in a Growing Economy: Essays from the Sixth Resources for the Future Forum》 p.11~12)

12 Joseph Wood Krutch의 《Human Nature and the Human Condition》 (1959년 Random House 출간)

시스템 관련 참고 자료

미주에 소개된 자료 외에 여기서 추천하는 참고 자료는 출발점이다. 시스템을 보고 배울 더 많은 방법을 찾아 나설 출발점이다. 시스템 사고와 시스템 다이내믹스 분야는 아주 광범위해서 여러 학문 분야로 연결된다. www.ThinkingInSystems.org에서 더 많은 자료를 확인할 수 있다.

시스템 사고와 모델

도서

Bossel, Hartmut. *Systems and Models: Complexity, Dynamics, Evolution, Sustainability*. (Norderstedt, Germany: Books on Demand, 2007). A comprehensive textbook presenting the fundamental concepts and approaches for understanding and modeling the complex systems shaping the dynamics of our world, with a large bibliography on systems.

Bossel, Hartmut. *System Zoo Simulation Models*. Vol. 1: *Elementary Systems, Physics, Engineering*; Vol. 2: *Climate, Ecosystems, Resources*; Vol.

3: *Economy, Society, Development*. (Norderstedt, Germany: Books on Demand, 2007). A collection of more than 100 simulation models of dynamic systems from all fields of science, with full documentation of models, results, exercises, and free simulation model download. Forrester, Jay. *Principles of Systems*. (Cambridge, MA: Pegasus Communications, 1990). First published in 1968, this is the original introductory text on system dynamics.

Laszlo, Ervin. *A Systems View of the World*. (Cresskill, NJ: Hampton Press, 1996).

Richardson, George P. *Feedback Thought in Social Science and Systems Theory*. (Philadelphia: University of Pennsylvania Press, 1991). The long, varied, and fascinating history of feedback concepts in social theory.

Sweeney, Linda B. and Dennis Meadows. *The Systems Thinking Playbook*. (2001). A collection of 30 short gaming exercises that illustrate lessons about systems thinking and mental models.

단체와 웹페이지, 정기간행물, 소프트웨어

Creative Learning Exchange—an organization devoted to developing "systems citizens" in K-12 education. Publisher of *The CLE Newsletter* and books for teachers and students. www.clexchange.org isee systems, inc.—Developer of *STELLA* and *iThink* software for modeling dynamic systems. www.iseesystems.com

Pegasus Communications—Publisher of two newsletters, *The Systems Thinker* and *Leverage Points*, as well as many books and other resources on systems thinking. www.pegasuscom.com

System Dynamics Society—an international forum for researchers, educators, consultants, and practitioners dedicated to the development and use of systems thinking and system dynamics around the world. *The Systems Dynamics Review* is the official journal of the System Dynamics Society. www.systemdynamics.org

Ventana Systems, Inc.—Developer of *Vensim* software for modeling dynamic systems. vensim.com

시스템 사고와 기업

Senge, Peter. The Fifth Discipline: The Art and Practice of the Learning Organization. (New York: Doubleday, 1990). Systems thinking in a business environment, and also the broader philosophical tools that arise from and complement systems thinking, such as mental-model flexibility and visioning.

Sherwood, Dennis. Seeing the Forest for the Trees: A Manager's Guide to Applying Systems Thinking. (London: Nicholas Brealey Publishing, 2002).

Sterman, John D. Business Dynamics: Systems Thinking and Modeling for a Complex

World. (Boston: Irwin McGraw Hill, 2000).

시스템 사고와 환경

Ford, Andrew. *Modeling the Environment*. (Washington, DC: Island Press,1999.)

시스템 사고와 사회, 사회 변화

Macy, Joanna. *Mutual Causality in Buddhism and General Systems Theory*. (Albany, NY: Stat University of New York Press, 1991). Meadows, Donella H. *The Global Citizen*. (Washington, DC: Island Press, 1991).

편집자의 감사 인사

이 책이 탄생하기까지 수많은 분이 힘을 보탰다. 유고에서 저자 도넬라 H. 메도즈는 발라톤 그룹Balaton Group, 카셀대학의 환경 시스템 분석 그룹Environmental Systems Analysis Group, 다트머스대학의 환경 연구 프로그램, 첼시 그린 출판사의 이안 볼드윈Ian Baldwin과 마고 볼드윈Margo Baldwin, 하르트무트 보셀Hartmut Bossel과 리케 보셀Rike Bossel, (현재 아이씨 시스템isee systems으로 이름을 바꾼) 하이 퍼포먼스 시스템High Performance Systems사를 비롯해 수많은 독자와 평론가에게 감사 인사를 전했다. 뉴햄프셔주 플레인필드의 유기농 농장에서 수년간 함께 살며 일한 '농장 가족들'에게도 고마운 마음을 전했다.

저자의 유고를 출간한 편집자로서 감사 인사를 보태고 싶다. 출간 작업을 열렬히 지원한 세 번째 천년 재단Foundation for the Third Millennium의 안

줄리거 Ann Zulliger와 한스 줄리거 Hans Zulliger, 지속가능성 연구소 Sustainability Institute의 임직원에게 감사 인사를 전한다. 하르트무트 보셀과 탐 피더먼 Tom Fiddaman, 크리스 소더퀴스트 Chris Soderquist, 필 라이스 Phil Rice, 데니스 메도즈 Dennis Meadows, 베스 사윈 Beth Sawin, 헬렌 와이브로우 Helen Whybrow, 짐 슐레이 Jim Schley, 피터 스타인 Peter Stein, 버트 코헨 Bert Cohen, 헌터 로빈스 Hunter Lovins, 프레시디오 경영대학원생 등 많은 분이 원고를 읽고 모델을 검토해 비평과 조언을 준 덕분에 세상에 유용한 책이 나올 수 있었다. 복잡한 원고를 깔끔하게 정리하느라 고생한 첼시 그린 출판사 편집팀에도 감사하다는 인사를 전한다. 우리가 우리 고향 행성을 더 잘 보살피도록 힘을 보탠 모든 분께 고마운 마음을 전한다.

끝으로 이 책을 편집하며 배운 모든 것에 대해 도넬라 H. 메도즈에게 감사한다.